中国证券投资基金业年报（2017）

2017 CHINA SECURITIES INVESTMENT FUND FACT BOOK

中国证券投资基金业协会　编著

中国财经出版传媒集团
中国财政经济出版社

图书在版编目（CIP）数据

中国证券投资基金业年报.2017 / 中国证券投资基金业协会编著.—北京：中国财政经济出版社，2018.12
ISBN 978-7-5095-8719-5

Ⅰ.①中… Ⅱ.①中… Ⅲ.①证券投资-基金-中国-2017-年报 Ⅳ.①F832.51-54

中国版本图书馆 CIP 数据核字（2018）第 289326 号

责任编辑：郁东敏　　　　　　　　责任校对：胡永立
封面设计：李运平

中国财政经济出版社 出版

URL：http://www.cfeph.cn
E-mail：cfeph@cfeph.cn

（版权所有　翻印必究）

社址：北京市海淀区阜成路甲 28 号　邮政编码：100142
营销中心电话：010-88191537　北京财经书店电话：64033436　84041336
北京时捷印刷有限公司印刷　各地新华书店经销
787×1092 毫米　16 开　14.5 印张　218 000 字
2018 年 12 月第 1 版　2018 年 12 月北京第 1 次印刷
定价：78.00 元
ISBN 978-7-5095-8719-5
（图书出现印装问题，本社负责调换）
打击盗版举报热线：010-88191661　QQ：2242791300

编委会

主　　编：洪　磊

副 主 编：胡家夫　钟蓉萨　王　鲁　郑富仕　陈春艳
　　　　　黄丽萍

编委会委员（按姓氏拼音排序）：
　　　　　丁伯轩　董煜韬　韩　冰　胡立峰　黄钊蓬
　　　　　蒋海军　贾丽丽　黎　明　刘亦千　李　星
　　　　　吕　娟　王　强　熊飞龙　张宣传　张　蓉
　　　　　张宇华　张　勇

执行编辑： 蔡恒培　师　潭　张　航

编写组成员—中国证券投资基金业协会（按姓氏拼音排序）：
　　　　　陈硕夫　方思源　黄筛成　靳珂语　刘净姿
　　　　　罗　晨　沈　宁　王　艺　魏　鑫　吴莎莎
　　　　　胥　清　杨　哲　郑　兴　朱安文

编写组成员—资产管理行业机构：
　　　　　赵　威　上海证券基金评价研究中心
　　　　　李　颖　上海证券基金评价研究中心
　　　　　李　兰　银河证券有限责任公司
　　　　　贾　志　天相投资顾问有限公司
　　　　　张伟强　清华大学中国金融研究中心
　　　　　俞伟敏　普华永道中天会计师事务（特殊普通合伙）
　　　　　陈轶杰　普华永道中天会计师事务（特殊普通合伙）
　　　　　张晓阳　普华永道中天会计师事务（特殊普通合伙）

图1 1月9日,由中国证券投资基金业协会、英国国际贸易部共同主办的"2017年中英资产管理行业圆桌会议"在北京召开。中国证券投资基金业协会会长洪磊先生、英国国际贸易部公使衔参赞Sherry Madera女士、英国投资行业协会首席运营官Jack Knight先生参会并作主旨发言

图2 1月17日,中国证券投资基金业协会在京举办"传统基础设施领域政府和社会资本合作(PPP)项目资产证券化业务专题培训",来自地方发改委、地方证监局以及行业机构的近200名学员参加。协会副秘书长陈春艳主持培训

图3　1月18日，中国证券投资基金业协会与爱尔兰基金行业协会（Irish Funds）共同举办资产管理晚间沙龙。爱尔兰财政部国务部长出席并发表致辞，爱尔兰基金行业协会主席Alan O'Sullivan先生、首席执行官Pat Lardner先生及行业专家围绕爱尔兰基金行业发展经验、英国脱欧、跨境产品等议题发表演讲

图4　2月27日，中国证券投资基金业协会第二届理事会第二次会议暨第二届监事会第二次会议在北京召开，协会党委书记、会长洪磊主持会议

图5　3月15日，中国证券投资基金业协会资产管理业务专业委员会举行2017年第一次全体会议，协会副会长张小艾、副秘书长陈春艳出席会议

图6　3月17日，由中国证券投资基金业协会与联合国责任投资原则（UNPRI）共同主办的"负责任的投资原则：ESG定义投资新趋势研讨会"在北京举行。基金业协会党委书记、会长洪磊作会议致辞，联合国责任投资原则主席Martin Skancke作主题发言

图7　3月22日，中国证券投资基金业协会与中欧国际交易所在北京、上海联合举办欧洲ETF专题系列研讨会。公募基金管理公司的高管及主要业务骨干共110余人参会，协会副会长钟蓉萨作会议致辞

图8　3月22日，中国证券投资基金业协会与国务院发展研究中心金融研究所就《上市公司ESG评价指标体系》课题举行开题座谈会，基金业协会会长洪磊、副秘书长陈春艳，研究所所长张承惠及相关研究人员参加会议

图9　13月29日,由中国证券投资基金业协会和欧洲公共房地产协会共同举办的"欧洲REITs政策与投资实践国际研讨会"在京举行。协会党委书记、会长洪磊先生发表致辞,欧洲公共房地产协会香港主席 Philip Charls先生、中国REITs联盟秘书长王刚先生发表主题演讲

图10　4月20日,中国证券投资基金业协会第二届国际业务专业委员会成立会议暨第一次工作会议在北京召开,协会副会长张小艾出席会议

图11 5月8日，中国证券投资基金业协会召开"基金服务养老金第三支柱建设"专题研讨会，来自国务院办公厅、财政部、发改委、人社部、人民银行、法制办、银监会、证监会、社保基金理事会等政府有关部门的代表，以及市场机构和媒体代表共300余人参加会议。协会副会长钟蓉萨主持会议，党委书记、会长洪磊发表致辞

图12 5月9日，由中国证券投资基金业协会私募股权及并购基金专业委员会主办的"私募股权及并购百人论坛"在上海举行。协会会长洪磊、副会长张小艾出席会议

图13　5月10日，中国证券投资基金业协会党委书记、会长洪磊和副会长张小艾带领43家私募股权投资机构、70位高管走进中国商用飞机有限责任公司，进行实地调研与深度交流

图14　5月17-18日，中国证券投资基金业协会在北京举办2017年度全国媒体培训班，来自全国81家媒体、115位记者编辑参加培训。协会副会长张小艾为培训班开班并致辞，协会会长洪磊和副会长钟蓉萨为培训班专题授课

图15 5月22日,中国证券投资基金业协会召开"公募基金与养老金"高端研讨会。领航集团主席兼首席执行官F.William(Bill) McNabb先生就养老金投资管理经验作经验分享,各基金公司高管参与讨论,中国证监会办公厅、市场部、机构部等相关同志出席,协会副会长钟蓉萨主持会议

图16 6月6日,中国证券投资基金业协会于成立5周年之际,携手中国上市公司协会、亚洲公司治理协会在天津共同举办"2017年中国责任投资论坛"。来自相关政府机构、境内外知名资产管理机构、专家学者以及媒体机构的500余位嘉宾参加论坛

图17　6月17日，中国证券投资基金业协会党委书记、会长洪磊受邀参加2017（第十九届）中国风险投资论坛，并发表主题讲话

图18　6月22日，中国证券投资基金业协会召开纪委（扩大）会议，集中传达学习2017年证券期货监管系统全面从严治党暨纪检监察工作会议的精神要求，协会党委副书记、纪委书记胡家夫同志出席并讲话

图19　6月24日，由中国证券投资基金业协会和杭州市人民政府联合主办的第三届(2017)全球私募基金西湖峰会顺利召开。基金业协会党委书记、会长洪磊出席会议并发表主题演讲

图20　7月6日，由中国证券投资基金业协会创业投资基金专业委员会和早期投资专业委员会主办的"创业投资和早期投资百人论坛"在深圳举行。协会党委书记、会长洪磊出席会议并发表题为"建设行业信用　引领创新发展"的致辞

图21　7月15日，中国养老金融50人论坛2017上海峰会在沪召开，300多位来自海内外政、商、学界的专家参与了此次峰会。中国证券投资基金业协会副秘书长郑富仕受邀出席峰会并发表题为"发扬受托责任传统，做好养老金管理服务"讲话

图22　7月26日，中国证券投资基金业协会资产证券化业务专业委员会成立大会暨第一次全体会议在北京召开，中国证监会李超副主席、债券部主任蔡建春、基金业协会会长洪磊、副秘书长陈春艳出席会议

图23　8月4日，中国证券投资基金业协会第二届理事会第三次会议暨第二届监事会第三次会议在北京召开。协会党委书记、会长洪磊主持会议

图24　8月24日，北京市金融局党组书记霍学文、北京股权投资基金协会会长方风雷带队拜访中国证券投资基金业协会，中国证监会北京监管局党委书记、局长王建平参加座谈。基金业协会党委书记、会长洪磊介绍了协会自律服务工作，双方就共同促进私募基金行业健康发展展开交流

图25　9月5日，由中国金融学会绿色金融专业委员会、联合国环境规划署等机构联合主办的2017年绿色金融国际研讨会在北京举行。中国证券投资基金业协会副秘书长陈春艳受邀出席并发表主题演讲。会上，中国证券投资基金业协会等七家单位共同签署发布《中国对外投资环境风险管理倡议》

图26　9月10日，由中国证券投资基金业协会捐建的"中国证券投资基金业协会生态林"在阿拉善举行揭碑仪式。协会副秘书长郑富仕出席仪式并致辞

图27 9月18日，由中国证券投资基金业协会资产管理业务专业委员会主办的2017年证券期货经营机构私募资产管理百人论坛在南京举行，中国人民银行、中国证监会、基金业协会、保险资管业协会等监管部门和自律组织，证券期货基金等行业机构以及相关研究单位共108家机构的135名专业人士出席了论坛。基金业协会会长洪磊发表致辞

图28 9月14日，为建设风清气正的廉洁干部队伍，中国证券投资基金业协会召开新员工廉政教育大会，协会党委书记、会长洪磊同志和党委副书记、纪委书记胡家夫同志出席会议并讲话

图29　9月19日，中国证券投资基金业协会郑富仕副秘书长出席中证指数公司第十一届指数与指数化论坛并发表讲话

图30　10月27日,中国证券投资基金业协会在北京召开私募证券投资基金管理人会员信用指标体系工作座谈会。基金业协会会长洪磊、副会长张小艾出席会议

图31 10月13日,"中国投资者责任与义务及ESG整合"圆桌论坛在北京举行。中国证券投资基金业协会副秘书长陈春艳受邀出席会议,并发表题为"机构投资者先行 引领责任投资"的主旨演讲

图32 10月27日,中国证券投资基金业协会在上海举办公募基金管理公司合规培训班。120余家公募基金管理人的合规管理负责人及业务骨干等共计230余人参加了此次培训。协会副秘书长郑富仕出席并作开班致辞

图29　9月19日,中国证券投资基金业协会郑富仕副秘书长出席中证指数公司第十一届指数与指数化论坛并发表讲话

图30　10月27日,中国证券投资基金业协会在北京召开私募证券投资基金管理人会员信用指标体系工作座谈会。基金业协会会长洪磊、副会长张小艾出席会议

图31 10月13日,"中国投资者责任与义务及ESG整合"圆桌论坛在北京举行。中国证券投资基金业协会副秘书长陈春艳受邀出席会议,并发表题为"机构投资者先行 引领责任投资"的主旨演讲

图32 10月27日,中国证券投资基金业协会在上海举办公募基金管理公司合规培训班。120余家公募基金管理人的合规管理负责人及业务骨干等共计230余人参加了此次培训。协会副秘书长郑富仕出席并作开班致辞

图33　11月4日，中国证券投资基金业协会党委书记、会长洪磊出席第三届中国并购基金年会，并发表题为"回归金融本源 恪守基金本质 筑牢基金行业安全与发展制度基础"主题演讲

图34　11月7日，中国证券投资基金业协会在西安举办"私募基金服务军民融合发展主题私享汇"，协会副会长张小艾出席会议，来自全国26家私募投资基金与陕西10家军民融合领域科研院所、民营企业代表参加会议

图35　11月10日，由广发基金主办、中国证券投资基金业协会作为指导单位的2017资产配置高峰论坛在广州成功举办。协会副会长钟蓉萨受邀参加论坛并作题为"做好FOF服务养老，迎接基金行业春天的绽放"的致辞发言

图36　11月13日，中国证券投资基金业协会在北京举办"私募股权投资基金在多层次资本市场建设中的功能与作用"主题研讨会。中国证监会私募基金监管部副主任刘健钧、基金业协会会长洪磊、副会长张小艾、副秘书长陈春艳出席会议

图37 11月16日,中国证券投资基金业协会养老金专业委员会召开第二次工作会议。协会副会长钟蓉萨主持会议,中国证监会证券基金机构监管部、中国证券登记结算有限责任公司有关负责人出席会议

图38 11月20日,中国证券投资基金业协会母基金专业委员会成立仪式暨第一次工作会议在成都举行。协会党委书记、会长洪磊宣布专委会组成人员名单,并为各位委员授予聘任铭牌

图39　11月21日,中国证券投资基金业协会母基金专委会在成都举办"2017中国母基金百人论坛"。业内知名母基金、政府引导基金、PPP基金、银行资管、保险资管、社保基金、家族财富等100余家机构代表出席论坛

图40　11月23日上午,中国证券投资基金业协会第二届托管与运营专业委员会成立大会在北京举行。协会副会长钟蓉萨主持,证监会基金机构监管部副主任吴孝勇、建设银行副行长黄毅等嘉宾出席会议并致辞

图41 11月23日下午,中国证券投资基金业协会第一届托管机构联席会议在北京成功举行,协会会长洪磊主持会议,证监会私募部处长高天红、建设银行总行资产托管部总经理纪伟等嘉宾出席会议并致辞

图42 11月28日,中国证券投资基金业协会在深圳召开公募基金专业委员会2017年第三次会议。协会会长洪磊、副秘书长郑富仕出席会议

图43　12月2日-3日，由中国证券投资基金业协会与宁波市政府联合主办的第四届中国（宁波）私募投资基金峰会成功召开。中共宁波市委常委、宁波副市长刘长春、中国证监会私募基金监管部主任陈自强、中国证券投资基金业协会会长洪磊等出席会议并讲话

图44　12月14日，中国证券投资基金业协会私募股权及并购投资基金专业委员会2017年第四次工作会议在北京召开。协会会长洪磊、副会长张小艾出席会议

图45 12月23日，中国证券投资基金业协会党委书记、会长洪磊受邀参加"2017外滩金融·上海国际股权投资论坛"并作主题演讲

前 言

2017年，是资产管理行业不平凡的一年。五年一次的全国金融工作会议召开，提出服务实体经济、防控金融风险、深化金融改革三项任务，指出金融工作的重要原则为回归本源、优化结构、强化监管、市场导向。在全国金融工作会议的任务部署下，国务院金融稳定发展委员会成立，加强金融监管协调，确保金融安全与稳定发展；中国人民银行、原中国银监会、中国证监会、原中国保监会、国家外汇管理局联合发布《关于规范金融机构资产管理业务的指导意见（征求意见稿）》，在引导资产管理回归本源、强化功能监管方面迈出坚实步伐；一行三会等金融监管机构针对银行、证券、基金、保险出台一系列监管政策，推动资产管理行业不断规范、健康发展。过去一年里，中国证监会发布实施《关于避险策略基金的指导意见》，打破了保本基金"刚性兑付"的认知；出台《证券公司和证券投资基金管理公司合规管理办法》，进一步强调基金管理公司内部合规管理；施行《公开募集开放式证券投资基金流动性风险管理规定》，聚焦开放式基金流动性风险的管控。《私募投资基金管理暂行条例（征求意见稿）》公开征求意见，私募行业的立法历程向前推进；中国证券投资基金业协会发布实施《私募投资基金服务业务管理办法（试行）》、登记备案系列问答，自律规则体系不断健全完善，私募行业监管规范和行为准则不断明晰，正本清源、优胜劣汰效应显现。

在行业防风险、严监管的同时，行业发展空间也进一步拓展，主动管理能力、专业化水平、对外开放深度不断提升，服务实体经济能力不断增强。中国证监会就《养老目标证券投资基金指引（试行）》公开征求意见，首批公募FOF基金获批，标志着公募基金将在养老金市场化改革、大类资产配置中发挥更大的作用。私募资管业务结构化调整优化明显，通道业务规模持续下降，主动管理能力进一步增强。创投、天使投资税收优惠政策开展试点，有效促进私募基金快速发展。对外开放方面，中国A股纳入MSCI新兴市场指数和全球基准指数，外商独资私募机构成功备案，对我国资本市场的进一步成熟完善和国际化带来积极影响。

2017年，资产管理行业在全面从严监管和有序促进发展的态势下，机遇与挑战并存，成绩与问题共生，也出现了一些新特征、新趋势。为客观认识基金行业现状，把握未来发展方向，适应行业最新变化，中国证券投资基金业协会编辑撰写了《中国证券投资基金业年报（2017）》，并在以往年报内容基础上，对2017年内容做出了部分调整，增加了行业历史演进、制度安排、基本特征等内容，从行业发展、政策环境、行业数据等维度，对2017年资产管理、公私募基金、基金管理人、基金持有人、基金服务机构、政策法规、行业自律、国际环境等方面进行介绍分析，试图全面客观展现资产管理行业2017年发展概况。

由于编写时间紧迫，难免有疏漏之处，望业内同仁和广大读者指正。

中国证券投资基金业协会

2018年11月

目　录

第一篇　行业发展篇

第一章　资产管理业概览 / 3

　　第一节　现代资产管理内涵 / 3

　　第二节　公募基金概览 / 6

　　第三节　非公开募集资产管理业务概览 / 10

第二章　公开募集证券投资基金 / 14

　　第一节　综述 / 14

　　第二节　开放式基金 / 19

　　第三节　专业化 / 28

　　第四节　基金销售 / 33

　　第五节　ESG 责任投资 / 35

　　第六节　基金费率 / 36

第三章　基金管理公司及其子公司特定客户资产管理业务 / 47

　　第一节　基金管理公司专户业务 / 47

　　第二节　基金子公司专户业务 / 51

　　第三节　管理全国社保基金 / 56

　　第四节　管理企业年金 / 58

第四章　证券公司和期货公司资产管理业务 / 59

　　第一节　证券公司资产管理业务 / 59

　　第二节　期货公司资产管理业务 / 65

第五章　私募投资基金 / 67

　　第一节　私募证券投资基金 / 67

　　第二节　私募股权、创业投资基金 / 72

　　第三节　私募 FOF 基金 / 76

第六章　基金管理人 / 78

　　第一节　基金管理人股东和股权结构 / 78

　　第二节　基金管理公司决策结构 / 83

　　第三节　基金管理公司参与上市公司治理 / 84

　　第四节　基金管理公司人力资本情况 / 85

　　第五节　基金管理公司及其子公司财务分析 / 89

第七章　私募基金管理人 / 117

　　第一节　私募基金管理人股权结构 / 117

　　第二节　私募基金管理人人力资源情况 / 120

第八章　基金投资者 / 126

第一节　公开募集证券投资基金持有人 / 126

第二节　私募基金投资者 / 134

第三节　证券期货经营机构私募资产管理计划投资者 / 135

第九章　基金服务机构 / 136

第一节　概述 / 136

第二节　业务开展情况 / 136

第十章　金融科技 / 143

第一节　金融科技现状及发展 / 143

第二节　金融科技监管 / 145

第二篇　政策环境篇

第十一章　法律与监管环境 / 151

第一节　公募基金稳中有进 / 151

第二节　私募基金规范发展 / 152

第三节　证券期货经营机构资产管理业务结构优化 / 153

第四节　投资者保护不断加强 / 154

第五节　对外开放不断深化 / 155

第十二章　行业自律与风险防范 / 156

第一节　完善协会治理，打造多层有机行业治理生态 / 156

第二节　坚持法律保障，夯实行业发展制度根基／157

第三节　完善行业自律规则，促进市场信用建设／158

第四节　坚持技术引领，提升风险监测和信用管理能力／159

第五节　坚持服务宗旨，着力解决行业痛点问题／160

第六节　丰富投资者教育，提升行业国际水平／162

第七节　坚持社会责任，落实价值投资与扶贫攻坚／163

第三篇　行业数据篇

一、公开募集证券投资基金概况Ⅰ（开放式和封闭式）／167

二、公开募集证券投资基金概况Ⅱ（ETF和LOF）／168

三、开放式基金概况：按投资类型（2008～2017年）／169

四、开放式基金（认）申购与赎回（季，2015～2017年）／170

五、基金管理公司基本经营数据统计表（2017年）／171

六、全球开放式基金净资产／189

七、全球开放式基金资产净值：按基金类别／190

八、全球开放式基金净销售额／193

附　录

一、基金行业发展进程／194

二、2017年协会大事记／220

后记／224

第一篇
行业发展篇

第一章

资产管理业概览

第一节　现代资产管理内涵

一、资产管理的定义

根据国内外行业共识，资产管理是资产管理人受投资者委托，为实现投资者的特定目标和利益，进行证券和其他金融产品投资管理服务，并收取费用的行为。从参与方来看，资产管理包括委托人和受托人，委托人为投资者，是资产所有人和受益人，受托人为资产管理人，在公私募证券投资基金等资产管理形态中，受托人还包括托管机构，形成双重受托人制度。从受托资产来看，主要为货币等金融资产，一般不包括房地产、固定资产等实物资产。从管理方式来看，资产管理主要通过投资于证券、期货、基金、银行存款等金融资产、未上市公司股权以及其他可被证券化的资产实现增值。从融资方式来看，资产管理提供受托管理服务并收取一定的管理费用，投资风险由受托人承担，是社会直接融资的重要组成部分。根据以上定义，从实质重于形式的角度看，境内资产管理行业主要包括公募基金、私募投资基金、资金信托计划、证券基金期货经营机构特定客户资产管理业务、保险公司投资型产品、银行理财等。

二、资产管理的本质

资产管理的本质是基于信任而履行受托职责，实现委托人利益最大化，通俗地讲，是"受人之托，代人理财"。资产管理人必须尽到"诚实信用，勤勉尽责"的信托责任，恪守忠诚义务与专业义务。忠诚义务要求管理人应当以实现投资人利益为最高目的，将自身的利益妥善地置于投资人利益之下，不得与投资人利益发生冲突。专业义务要求管理人应当具备专业的投资管理和运作能力，充分发挥专业投资管理价值。资产管理的本质具体表现为以下几点：

（一）一切资产管理活动都要求风险与收益相匹配

资产管理提供的是代客理财服务，与储蓄产品有本质区别。首先，对储蓄而言，存款人与银行是债权人和债务人关系，银行必须按照约定到期偿还本金、支付利息。而对资产管理而言，投资人与管理人是委托人和受托人关系，投资人自担风险、自享收益，管理机构只作为管理顾问收取一定比例的管理费。第二，资产管理人对于投资人的根本效用价值在于通过集合资金，组合投资，有效地管理风险，获取更合理的风险回报，所获取的收益与其承担的风险相匹配。

（二）管理人必须坚持"卖者尽责"

卖者尽责，是指管理人受人之托，必须忠人之事，在产品设计、投资管理和产品销售的全链条做到诚实守信、勤勉尽责，严格兑现对持有人的法律承诺，始终坚持"持有人利益至上"原则，不能与持有人利益发生冲突，更不能利用自身优势为他人图利，损害投资人的利益。卖者尽责还要求，管理机构在销售产品时，要实事求是，不弄虚作假，充分履行风险告知，做好信息披露，严格保护投资者利益。

（三）投资人必须做到"买者自负"

买者自负，是指投资人承担最终的收益和风险，不存在保底保收益等"刚性兑付"。投资人要清醒、切实地意识到，如果不承担市场波动带来的风险，就不可能获取投资的收益。作为委托人，投资人要根据自身风险承受能力选择合适的产品，获取与所承担风险相一致的收益。

三、资产管理的外延

从资产管理的外延来看，我国资产管理广泛涉及银行、保险、证券、基金、信托、期货等行业机构。从资产管理的本质特征出发，可以将我国资产管理行业的外延从机构类型和业务两个维度作出如下界定，具体见表1-1。

表1-1　我国资产管理行业外延

机构类型	资产管理业务
基金管理公司及子公司	公募基金和各类非公募资产管理计划
私募机构	私募证券投资基金、私募股权投资基金、创业投资基金等
信托公司	单一资金信托、集合资金信托
证券公司及其子公司	集合资产管理计划、定向资产管理计划、专项资产管理计划、私募股权及创投类基金（直投，含FOF）
期货公司及其子公司	期货资产管理业务
保险公司、保险资产管理公司	万能险、投连险、管理企业年金、养老保障及其他委托管理资产
商业银行	非保本银行理财产品、私人银行业务

注：中国证券投资基金业协会整理。

四、资产管理业构成

从资产管理的外延出发，我国资产管理业构成大致如下：截至2017年底，中国（除港澳台地区）共有公募基金11.60万亿元，非公募资产管理计划（包括基金管理公司普通专户、管理全国社保和企业年金、基金子公司资产管理计划、证券公司及其子公司资产管理计划、期货公司及其子公司资产管理计划）30.87万亿元，私募投资基金（包括私募证券投资基金、私募股权投资基金、创业投资基金及其他私募投资基金）11.50万亿元，商业银行非保本理财产品22.17万亿元，信托公司资金信托计划21.91万亿元，保险公司万能险、投连险、管理企业年金、养老保障产品及其他委托管理资产 4.45 万亿元，合计达 102.50 万亿元[①]。

统计表明，公募基金、私募投资基金和各类非公募资产管理计划合计资产管理规模达 53.97 万亿元，占可统计资产管理规模总量的 52.7%（见图 1-1）。

图 1-1　资产管理行业规模构成

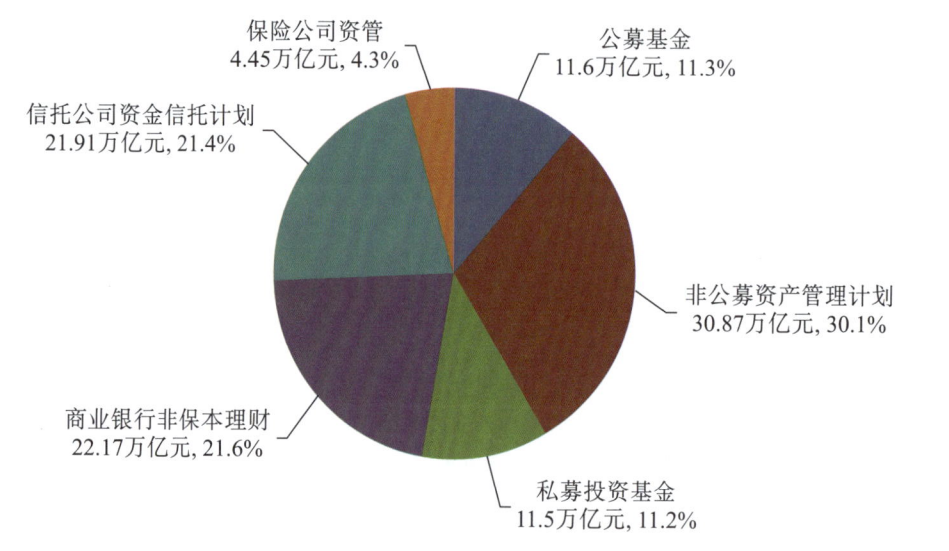

资料来源：中国证券投资基金业协会整理。

第二节　公募基金概览

一、公募基金制度特征

公募基金（公开募集证券投资基金），是指通过发售基金份额，将众多不特定投资者的资金汇集起来，形成独立财产，由基金管理人进行投资管

---

① 不同金融机构资产管理业务规模按各自公开的口径简单加总，未剔除重复计算部分。

理，基金托管人进行财产托管，由基金投资人共享投资收益、共担投资风险的集合投资方式。基金管理机构和托管机构作为基金管理人和基金托管人，依法履行受托义务，一般按照基金的资产规模获得一定比例的管理费收入和托管费收入。

组合投资、分散风险是公募基金的基本特征之一。基金管理人运用基金财产进行证券投资，除中国证监会另有规定外，应当采用资产组合的方式。组合投资是公募基金的核心特征，是分散投资风险、保持基金财产适当流动性和收益稳定性的重要手段。

集合理财、专业管理。公募基金将众多投资者的资金汇集起来，由基金管理人进行共同投资，表现出集合理财的特点。基金管理人一般拥有大量的专业投资研究人员和强大的信息网络，能够更好地对证券市场进行全方位的动态跟踪与深入分析，进行专业化的投资管理和运作服务。

公募基金实行利益共享、风险共担的原则。基金投资者是基金的所有者，基金投资收益在扣除由基金承担的费用后的盈余全部归基金投资者所有，基金投资者一般按持有的基金份额比例进行分配。为基金提供服务的基金管理人、基金托管人一般按照基金合同的规定从基金资产中收取一定比例的管理费、托管费，不参与基金收益的分配。

由于是面向不特定对象公开募集，牵涉广大公众利益，因此公募基金受到《证券投资基金法》的严格规制。《证券投资基金法》规定，公开募集基金应当经中国证监会注册，未经注册，不得公开或变相公开募集基金。基金管理人、基金托管人和其他基金信息披露义务人应当依法披露基金信息，并保证所披露信息的真实性、准确性和完整性。《证券投资基金法》赋予了基金财产的独立性地位，基金管理人负责基金的投资管理和运作，本身并不参与基金财产的保管，基金财产保管由独立于基金管理人的基金托管人负责，这种相互制约、相互监督的制衡机制为投资者的利益提供了重要保障。依照《证券投资基金法》，信托法律关系落实到公募基金产品运作各个层面，包括风险自担的产品设计和销售规范、强制托管制度、每日估值制度、信息披露制度、公平交易制度以及严格的监管执法。20年来，围绕信义义务构建的市场体系为基金行业长治久安、可持续发展提供了坚实保障。

二、公募基金的发展

截至2017年底，我国公募基金管理机构共计127家，其中，基金管理公司113家，取得公募基金管理资格的证券公司或证券公司资管子公司共12家，取得公募基金管理资格的保险资管公司2家。公募基金共计4 841只，较2016年末增长27.2%；公募基金资产规模115 996.86亿元，较2016年末增长26.6%（见图1-2）。

图1-2　公募基金发展

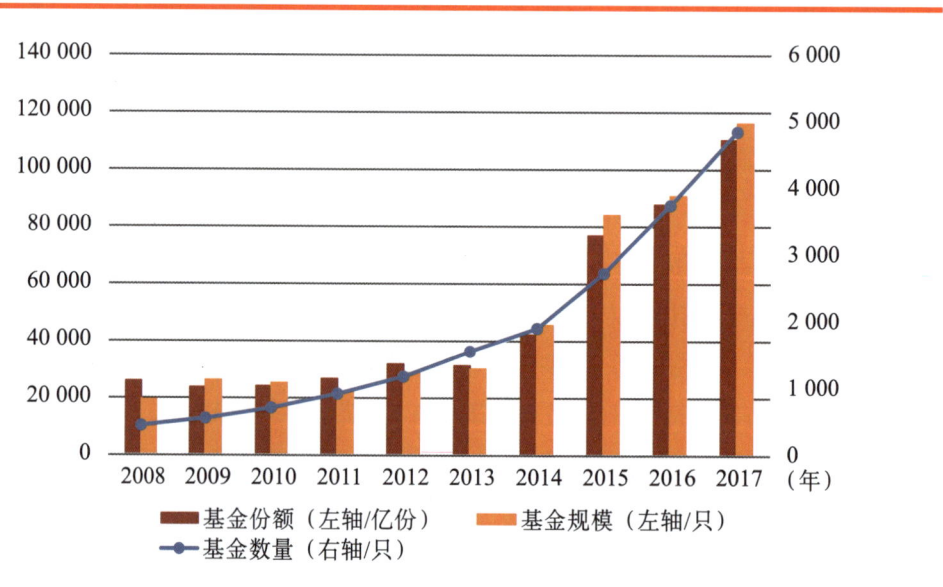

资料来源：中国证券投资基金业协会整理。

三、在宏观经济金融中的地位

公募基金是宏观经济、金融和资本市场的重要组成部分。2017年，公募基金业在经济、金融和资本市场中的规模占比略有下滑。

截至2017年底，公募基金资产规模为11.60万亿元，相当于当年GDP总量的14.0%，相当于当年M2总量的6.9%，相当于年末金融机构存款余额的6.6%，相当于年末股市流通市值的25.8%，相当于年末债券市场托管余额的15.7%（详见表1-2）。

表1-2 公募基金在宏观经济金融部门中的规模占比

年份	项目	公募基金	宏观经济 GDP	货币金融		资本市场	
				M2	金融机构存款余额	股市流通市值	债券余额
2017	资产（万亿元）	11.60	82.71	167.68	169.27	44.93	74.00
	占比（%）	100.00	14.02	6.92	6.58	25.82	15.68
2016	资产（万亿元）	9.06	74.41	155.01	155.52	40.81	63.80
	占比（%）	100.00	12.18	5.84	5.83	22.20	14.20

资料来源：原中国银监会、中国证券业协会、中国证券投资基金业协会、中国信托业协会、原中国保监会。

四、在全球共同基金中的地位

2017年末，我国开放式基金（共同基金）资产规模排在全球第9位，占全球共同基金总规模的比重为3.4%，较2016年末上升0.4个百分点；占亚太地区共同基金规模的比重为26.0%，较2016年末上升1.5个百分点。美国共同基金资产规模占到全球总规模的44.9%，卢森堡为10.1%。与我国世界第二的经济总量相比，共同基金发展仍处于较低水平，发展潜力巨大。

图1-3 2017年共同基金资产规模全球排名前十位的国家

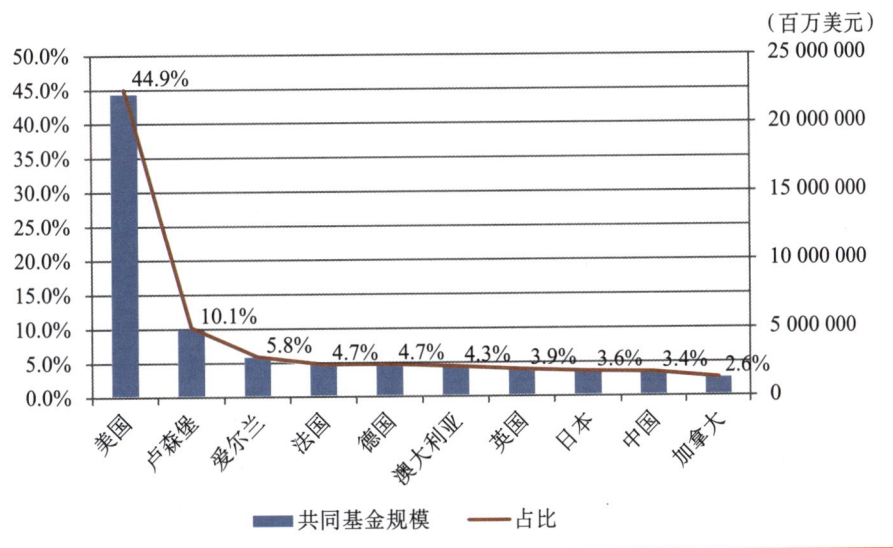

资料来源：美国投资公司协会（ICI）。

第三节　非公开募集资产管理业务概览

一、非公开募集资产管理业务制度特征

本报告所指的非公募资产管理业务是采用非公开募集方式、向特定对象募集资金，且合格投资者人数累计不超过 200 人的资产管理业务，包括证券期货经营机构私募资产管理业务和在中国证券投资基金业协会登记的私募基金管理人管理的私募投资基金。其中，证券期货经营机构私募资产管理业务是指证券公司、基金管理公司、期货公司及其依法设立的子公司管理的特定客户资产管理计划；私募管理人管理的私募投资基金是指在中国境内以非公开方式向投资者募集资金设立的投资基金，包括契约型基金、资产由基金管理人或者普通合伙人管理的以投资活动为目的设立的公司或者合伙企业。

2012 年 12 月 28 日，修订后的《证券投资基金法》由第十一届全国人大常委会第三十次会议表决通过，并自 2013 年 6 月 1 日起施行。新《证券投资基金法》设专章对非公开募集基金作出规定，明确由基金行业协会对非公开募集基金进行登记备案，中国证监会对协会自律管理进行指导和监督。根据《证券投资基金法》和中国证监会 2014 年 8 月 21 日发布的《私募投资基金监督管理暂行办法》，担任私募投资基金的基金管理人，应当按照规定向基金业协会履行登记手续，报送基本情况。非公开募集基金募集完毕，应当向基金业协会备案。根据《证券投资基金法》相关规定、《中编办关于私募股权基金管理职责分工的通知》和 2014 年 8 月中国证监会颁布的《私募投资基金监督管理暂行办法》，私募股权投资基金正式纳入基金法调整范围。2014 年以来，基金业协会陆续发布一系列自律规则，并利用 AMBERS 系统开展登记备案信息报送和运营数据收集与披露工作，初步形成以信用约束和信用博弈为主导的现代行业治理格局。

二、规模构成

截至2017年底,各类非公募资产管理业务发展较快,总规模达到42.37万亿元。其中,基金公司专户产品管理人111家,管理普通专户产品规模4.96万亿元,管理全国社保、企业年金专户1.47万亿元;基金管理子公司79家,管理特定客户资产管理计划规模7.31万亿元;私募资产管理业务的证券公司及其子公司管理资产规模16.88万亿元;私募资产管理业务的期货公司及其子公司管理规模2 458亿元。截至2017年底已在中国证券投资基金业协会完成登记的私募投资基金管理人22 446家,管理资产规模11.50亿元。其中,私募证券投资基金管理人8 467家,私募证券投资基金资产规模2.57万亿元;私募股权、创业投资基金管理人13 200家,私募股权投资基金资产规模6.29万亿元。创业投资基金资产规模6 077亿元;其他私募投资基金管理人779家,其他私募投资基金资产规模2.03万亿元(见图1-4)。

图1-4 非公开募集资产管理业务规模构成

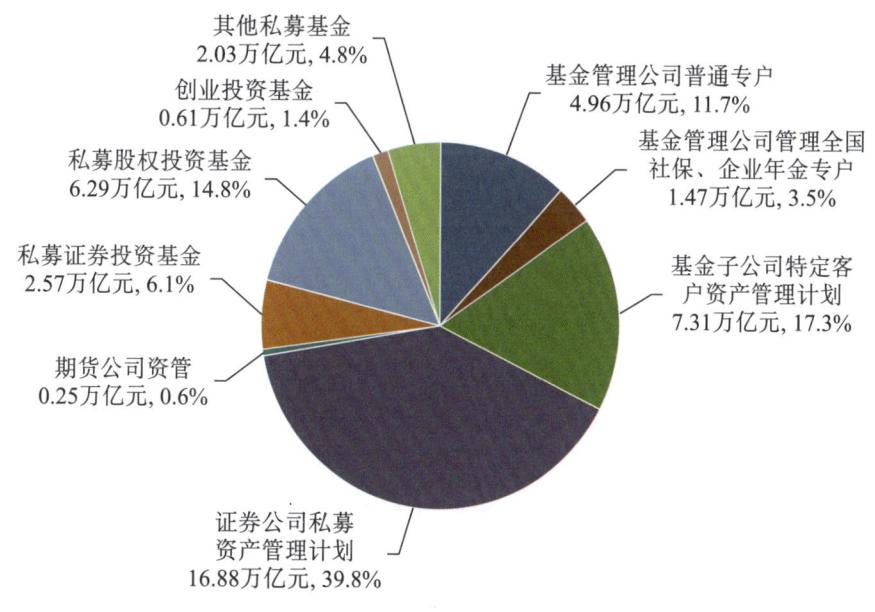

资料来源:中国证券投资基金业协会(AMAC)。

三、在宏观经济金融中的地位

各类非公募资产管理业务是现代资产管理业的重要组成部分。2014年以来，各类非公募资产管理业务发展迅猛，已经成为资产配置和实体经济发展的重要支持性力量。截至2017年底，各类非公募资产管理业务规模达42.37万亿元，相当于当年GDP总量的51.2%，当年广义货币M2的25.3%，年末金融机构存款余额的25.0%，年末股市流通市值的94.3%，年末债券市场托管余额的57.3%。其中，可统计的通过股权、债权等形式直接投向实体企业的规模约13.50万亿元，相当于2017年12月末社会融资规模存量的7.7%（见表1-3）。

表1-3 非公募资产管理业务在宏观经济金融部门中的规模占比

年份	项目	非公募资产管理业务	宏观经济 GDP	货币金融 M2	金融机构存款余额	资本市场 股市流通市值	债券余额
2017	资产（万亿元）	42.37	82.71	167.68	169.27	44.93	74.00
	占比（%）	100.00	51.23	25.27	25.03	94.30	57.26
2016	资产（万亿元）	42.72	74.41	155.01	155.52	40.81	63.80
	占比（%）	100.00	57.41	27.56	27.47	104.68	66.96

资料来源：中国人民银行、原中国银监会、中国证券业协会、中国证券投资基金业协会、中国信托业协会、原中国保监会。

三、在养老金管理中的地位

我国养老金资产包括全国社会保障基金理事会受托管理的全国社保基金、基本养老保险基金，人力资源与社会保障部监督管理的企业年金和职业年金。在18家全国社保基金外部委托的境内投资管理人中，基金管理公司占据了16席；在21家基本养老保险基金证券投资管理机构中，基金公司14席；在20家企业年金和职业年金的投资管理人中，基金管理公司占据了11席。

截至2017年底，全国社保基金管理资产总额22 231.24亿元，其中基金管理公司管理的社保基金规模为9 972亿元，占44.9%，规模比2016年底增长1 370亿元，整体占比下降2.8个百分点。

截至2017年底，基本养老保险基金资产总额3 155.19亿元。其中：直接投资资产934.69亿元，占基本养老保险基金资产总额的29.62%；委托投资资产2 220.50亿元，占基本养老保险基金资产总额的70.38%。

截至2017年底，企业年金规模为1.2万亿元。其中，基金管理公司管理的企业年金规模为4 678亿元，占比从2016年底的38.5%下降到37.8%。

2017年12月，新疆维吾尔自治区发布首单职业年金计划，8家机构入选新疆维吾尔自治区社会保险管理局新建职业年金计划法人受托机构。这是全国职业年金计划法人受托机构第一次招标，标志着职业年金即将正式起航。

第二章

公开募集证券投资基金

第一节 综　　述

我国公募基金起步于1998年。与其他金融行业相比，公募基金自始即大量吸收成熟市场行之有效的制度经验，并持续改进，为行业长治久安奠定了法治基础。1997年11月，国务院证券委员会颁布《证券投资基金管理暂行办法》，确立了集合投资、受托管理、独立托管和利益共享、风险共担等基金基本原则。1998年3月，经中国证监会批准，南方基金管理公司和国泰基金管理公司分别发起设立两只封闭式基金——基金开元和基金金泰，拉开了我国证券投资基金发展序幕。1998年和1999年，分别有5家基金管理公司设立，俗称"老十家"。2000年10月，中国证监会发布并实施《开放式证券投资基金试点办法》。2001年9月，我国第一只开放式公募基金——华安创新诞生，揭开公募基金发展新篇章。2002年，首家中外合资基金管理公司成立。2003年6月，《证券投资基金法》颁布，系统地规范了基金当事人的权利义务，尤其是受托人信义义务，为行业规范运作奠定坚实的基础。中国证监会陆续颁布《证券投资基金管理公司管理办法》等6个部门规章。"一法六规"为公募基金和基金管理公司规范运作奠定了制度基础。2005年，基金管理公司外资持股比例上限提高至49%，一大批中外合资基金管理公司成立或获得外资增股。2007年，行业规模超过万亿元。2012年中国证券投资基金业协会成立。2013年6月，《证券投资基金法》完成重大修订并正式实施。新《证券投资基金法》全面落实信义义务要求，进一步优化行政监管,强化行业自律,全面加强基金持有人权益保护。在不断完善的法治环境下,基金业市场化、国际化不断推进,并相互促进。公募基金市场交易机制透明,风险收益归属清晰,业绩竞争较为充分,已成为大众理财的理想工具。

2017年末,公募基金管理机构发展到127家,管理资产规模达到11.60万亿元。公募基金在资产管理领域率先建立了最先进、最完善的制度体系,确立了基金财产独立制度、强制托管制度、风险自担的产品设计和销售规范、每日估值制度、信息披露制度、公平交易制度以及严格的监管执法,是信托关系落实最为充分的资产管理行业。20年间未发生系统性金融风险,成为财富管理行业的标杆。

一、封闭式基金和开放式基金

2017年末,公开募集证券投资基金产品数量达到4 841只,比2016年增加了25.2%,其中封闭式基金480只,开放式基金4 361只(见图2-1A)。公开募集证券投资基金总规模达到115 996.86亿元,比2016年增加了26.6%,其中,封闭式基金资产规模为6 097.99亿元;开放式基金资产规模为109 898.87亿元(见图2-1B)。2017年公开募集证券基金产品数量和规模均有所增长,公募基金管理规模首次突破10万亿元大关。

图2-1　公开募集证券投资基金构成:按运作方式

资料来源:中国证券投资基金业协会(AMAC)。

图 2-2　封闭式基金发展情况

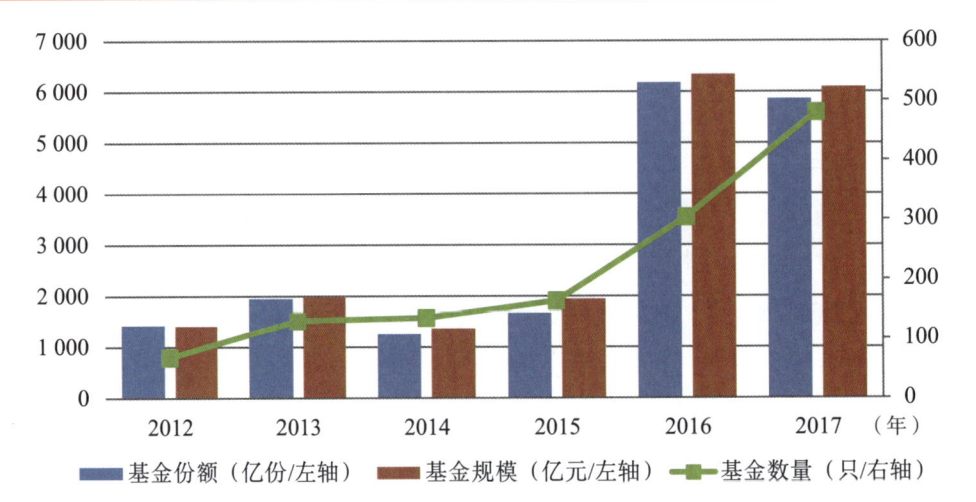

资料来源：中国证券投资基金业协会（AMAC）。

2017 年，开放式基金数量继续高速增长，达到历史新高。与 2016 年相比，开放式基金数量从 3 717 只增加到 4 361 只，基金份额从 87 156.62 亿份增加到 104 326.82 亿份，基金资产规模从 90 117.00 亿元增加到 109 898.87 亿元，分别增长 17.3%、19.7% 和 22.0%（见图 2-3）。

图 2-3　开放式基金发展情况

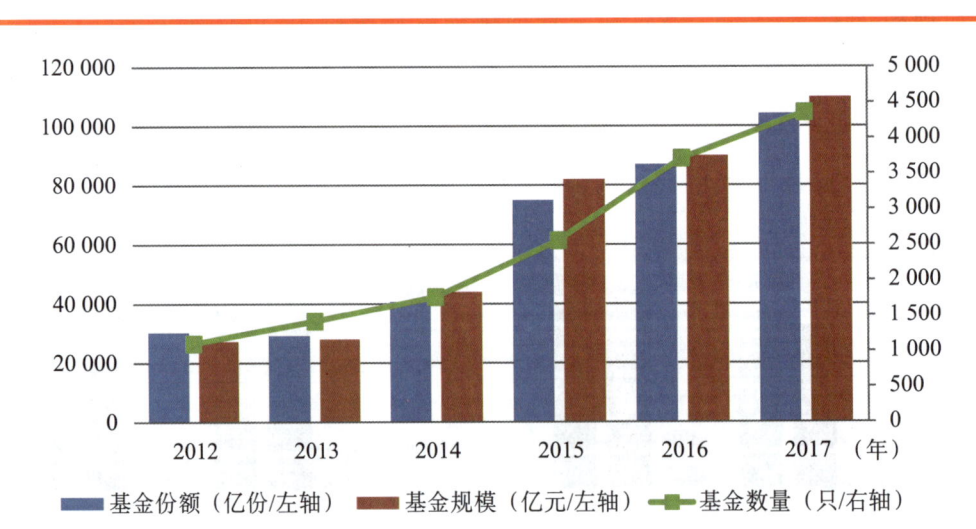

资料来源：中国证券投资基金业协会（AMAC）。

与 2016 年相比，2017 年各类开放式基金资产中，货币市场型基金增长幅度最大，份额增长达 24 523.18 亿份，规模增长达 24 516.45 亿元；股票型基金份额减少 602.53 亿份，规模增加 543.38 亿元；2016 年增长幅度最大的债券型基金，2017 年份额和规模仅小幅增长，分别增长 781.03 亿份和 408.30 亿元；2017 年混合型基金份额减少 2 352.30 亿份，规模降低 711.83 亿元；QDII 基金出现负增长，份额和净值分别减少 271.73 亿份和 110.37 亿元；封闭式基金份额和规模分别减少 315.87 亿份和 242.12 亿元（见图 2-4）。除 2016 年外，近十年来货币型基金持续保持增长态势，2017 年底达到历史高点。

图 2-4　2017 年各类公募基金份额、净值变化

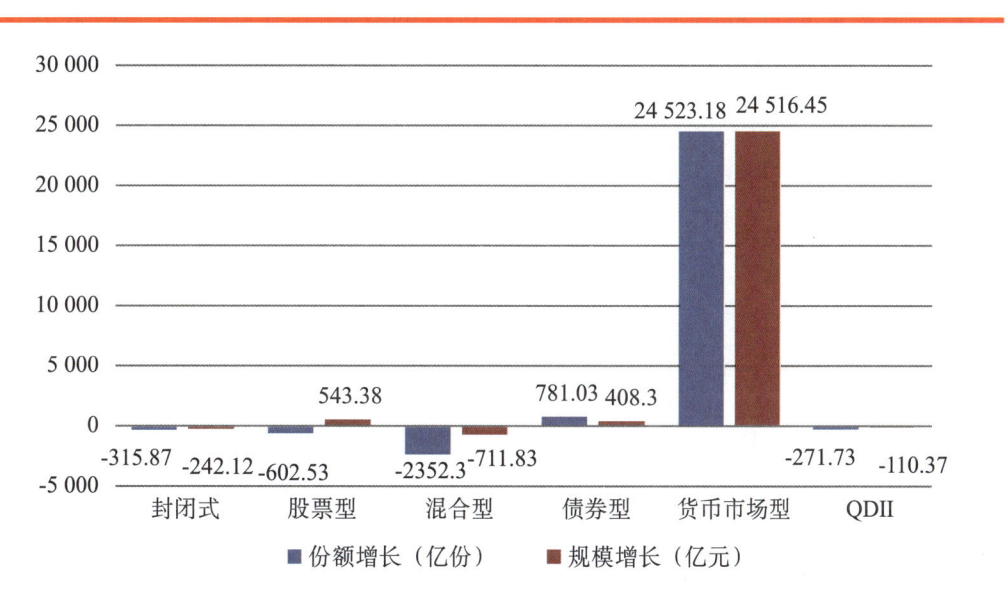

资料来源：中国证券投资基金业协会（AMAC）。

二、交易型开放式指数基金（ETF）和上市开放式基金（LOF）

ETF 是一种在交易所上市交易的、基金份额可变的开放式基金。ETF 以某一选定的指数所包含的成分证券（股票、债券等）或商品为投资对象，依据构成指数的证券或商品的种类和比例，采取完全复制或抽样复制进行被动投资。ETF 采用实物申购、赎回机制，一级市场与二级市场交易并存。

LOF 是一种既可以在场外市场进行基金份额申购、赎回，又可以在交易所（场内市场）进行基金份额交易和基金份额申购或赎回的开放式基金。

它是我国证券投资基金的本土化创新。LOF 结合了银行等代销机构和交易所交易网络两者的销售优势,为开放式基金销售开辟了新的渠道。

ETF 和 LOF 都具有开放式申购、赎回和场内交易的特点,但两者存在本质区别。主要表现为:一是申购、赎回的标的不同。ETF 与投资者交换的是基金份额与一篮子证券或商品;LOF 申购、赎回的是基金份额与现金的对价。二是申购赎回的场所不同。ETF 通过交易所进行;LOF 既可以在代销网点进行也可以在交易所进行。三是对申购赎回的限制不同。只有资金在一定规模以上的投资者才能参与 ETF 一级市场的申购赎回交易;而 LOF 无特别要求。四是基金投资策略不同。ETF 通常采用完全被动式管理方法;LOF 则是普通的开放式基金增加了交易所的交易方式,可以是指数基金,也可以是主动管理型基金。截至 2017 年底,全市场共有 170 只 ETF 和 272 只 LOF,资产份额分别为 2 333.01 亿份和 1 815.15 亿份(见表 2-1)。2017 年新成立的 ETF 共 21 只,其中非货币型 17 只。从首次发行规模看,新成立的 ETF 募集规模合计为 199.73 亿份,其中非货币型 ETF 募集规模 65.25 亿份。

表 2-1　上海证券交易所、深圳证券交易所 ETF、LOF 概览

年份	ETF		LOF	
	只数	份额(亿份)	只数	份额(亿份)
2004	1	54.35	1	27.71
2005	1	81.12	13	86.09
2006	5	89.96	17	331.37
2007	5	77.23	26	2 388.79
2008	5	154.91	28	2 267.82
2009	9	363.39	37	2 389.09
2010	20	702.04	57	2 323.16
2011	37	949.17	82	2 400.96
2012	50	1 156.11	97	2 501.66
2013	87	1 159.50	109	2 186.90
2014	107	1 251.48	124	1 856.87
2015	129	3 544.20	162	1 509.24
2016	147	3 030.06	207	2 201.34
2017	170	2 333.01	272	1 815.15

资料来源:上海证券基金评价研究中心、Wind 资讯。

三、基金中基金（FOF）

基金中基金，是指以其他证券投资基金为投资对象的基金，其投资组合由其他基金组成。FOF 是基金市场壮大发展到一定阶段的产物，这类产品的基本特点是将大部分资产投资于"一篮子"基金，而不是直接投资于股票、债券等金融工具。

过去，我国 FOF 产品主要由私募基金、券商、银行、信托等机构发起，以这些机构为载体形成了私募 FOF、券商 FOF、银行理财 FOF、信托 FOF 等各类 FOF 产品。2016 年 9 月 11 日，中国证监会发布《公开募集证券投资基金运作指引第 2 号——基金中基金指引》，为公募基金发展 FOF 业务设定了基础框架，公募 FOF 产品随之诞生。

第二节 开放式基金

一、数量与规模：按产品类型

与 2016 年相比，2017 年不同类型开放式基金的数量、份额和管理规模结构基本一致。数量上，混合型基金接近五成，债券型基金次之，股票型基金紧随其后且与债券型基金相差不大；份额上，货币型基金占比提升了超过 10 个百分点，混合型基金份额占比下降，不足货币型基金份额的一半；管理规模上，货币型基金扩张较快，占比已经超过六成，其余类型的开放式基金管理规模占比均有所下降，混合型基金的份额和规模占比减少最多。

分类别看，2017 年股票型基金数量、份额和规模占比分别为 18.1%、5.6% 和 6.9%，较 2016 年分别下降了 2.2%、28.2% 和 16.7%。混合型基金数量、份额和规模占比分别为 48.1%、15.6% 和 17.6%，基金数量较 2016 年增长了 0.4%，基金份额和规模较 2016 年分别下降了 31.3% 和 25.4%。债券型基金数量、份额和规模占比分别为 22.7%、13.5% 和

13.3%,相比于 2016 年,数量占比上升了 2.7%,份额和规模分别下降 16.7% 和 20.4%。货币市场型基金数量、份额和规模占比分别为 8.0%、64.5% 和 61.3%,与 2016 年相比,基金数量占比持平,基金份额和规模分别上升 24.0% 和 21.9%。QDII 基金数量、份额和规模分别占 3.1%、0.8% 和 0.8%,较 2016 年分别下降 8.8%、38.5% 和 33.3%(见图 2-5)。

图 2-5 开放式基金数量与规模:按产品类型

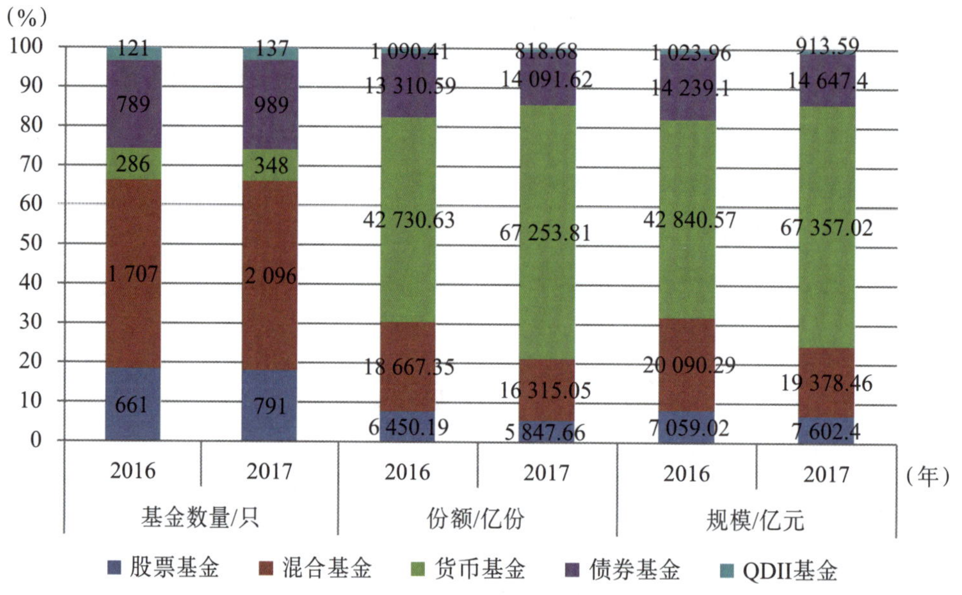

	2016	2017
基金数量/只		
QDII基金	121	137
债券基金	789	989
货币基金	286	348
混合基金	1 707	2 096
股票基金	661	791
份额/亿份		
QDII基金	1 090.41	818.68
债券基金	13 310.59	14 091.62
货币基金	42 730.63	67 253.81
混合基金	18 667.35	16 315.05
股票基金	6 450.19	5 847.66
规模/亿元		
QDII基金	1 023.96	913.59
债券基金	14 239.1	14 647.4
货币基金	42 840.57	67 357.02
混合基金	20 090.29	19 378.46
股票基金	7 059.02	7 602.4

资料来源:中国证券投资基金业协会(AMAC)。

二、新成立基金数量与规模

2017 年新成立基金达 975 只,较 2016 年减少了 177 只。2017 年新成立混合基金 457 只,占比达 46.9%,为新成立数量最多的基金;债券基金新成立 299 只,占比 30.7%,仅次于混合基金;股票基金新成立 129 只,占比 13.2%;货币市场基金新成立 72 只,占比 7.4%(见图 2-6)。较 2016 年,新成立基金中,除股票基金和货币市场基金分别增加 47 只和 4 只之外,其余类型基金新成立数量均减少,其中债券基金和混合基金减少最多,分别减少了 113 只和 102 只。

图 2-6　2008~2017 年各类型开放式基金新成立数量

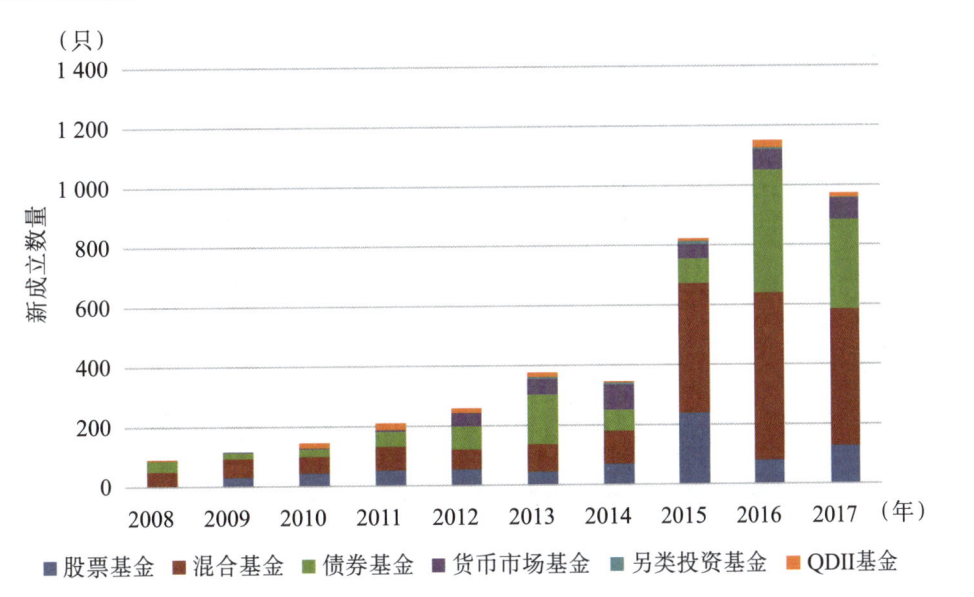

资料来源：Wind 资讯。

总体来看，基金年度发行数量自 2008 年以来整体呈上升态势。受益于新基金分类审批制度的实施，2010 年后新基金数量增长较为稳定。2013 年常规产品实行报备制后，基金发行成立节奏进一步加快。2014 年受市场行情影响，基金发行成立节奏有所放缓。随着市场行情转暖，以及基金销售渠道进一步丰富，2015 年新发基金数量呈爆发式增长，2016 年继续保持增长并达到峰值。2017 年较 2016 年新发行数量小幅下降，其中混合型基金新发数量减少最多。

在新基金募集份额方面，2017 年各类新发行基金募集总份额 7 865 亿份，较 2016 年减少 2 978 亿份，降幅达 27.5%。分类型看，债券型基金一枝独秀，募集份额 3 700 亿份，占比 47.0%，但较 2016 年减少 18.5%；混合型基金募集份额 2 499 亿份，占比 31.8%，较 2016 年减少 44.2%；货币市场基金募集份额 931 亿份，占比 11.8%，较 2016 年减少 21.2%；股票型基金募集份额 678 亿份，占比 8.6%，较 2016 年增加 40.0%；QDII 基金募集份额 52 亿份，占比 0.7%，较 2016 年减少 62.8%（见图 2-7）。

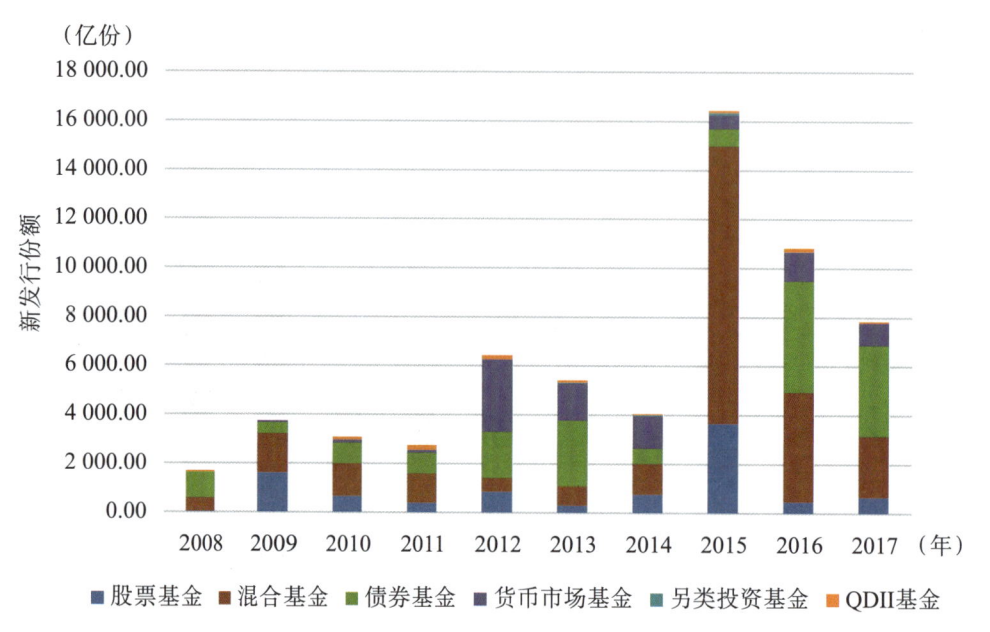

图 2-7　2008~2017 年各类型开放式基金新发行份额

资料来源：Wind 资讯。

从平均募集份额看，2017 年平均募集 8.07 亿份，较 2016 年下降 14.3%。2017 年货币型和债券型基金平均募集规模领先。其中，货币型基金平均募集份额 12.93 亿份，居各类型之首，但较 2016 年下降 25.5%；债券型基金平均募集份额为 12.38 亿份，较 2016 年增加 12.3%。风险相对较高的股票型和混合型基金平均募集份额为 5.25 亿份和 5.47 亿份，分别较 2016 年下降 11.0% 和 31.7%。QDII 基金平均募集份额 3.25 亿份。其他类型 2.52 亿份。

三、开放式基金持有人结构

2017 年末，开放式基金持有人按有效账户数计，个人有效账户占有效账户总数的 99.97%，与 2016 年末相比基本不变；机构有效账户数占比仅为 0.03%。按持有净值计，个人有效账户持有净值占比 51.6%，较 2016 年末增加 9.2 个百分点（见图 2-8）。

图 2–8　个人和机构投资者开放式基金账户数量变化情况

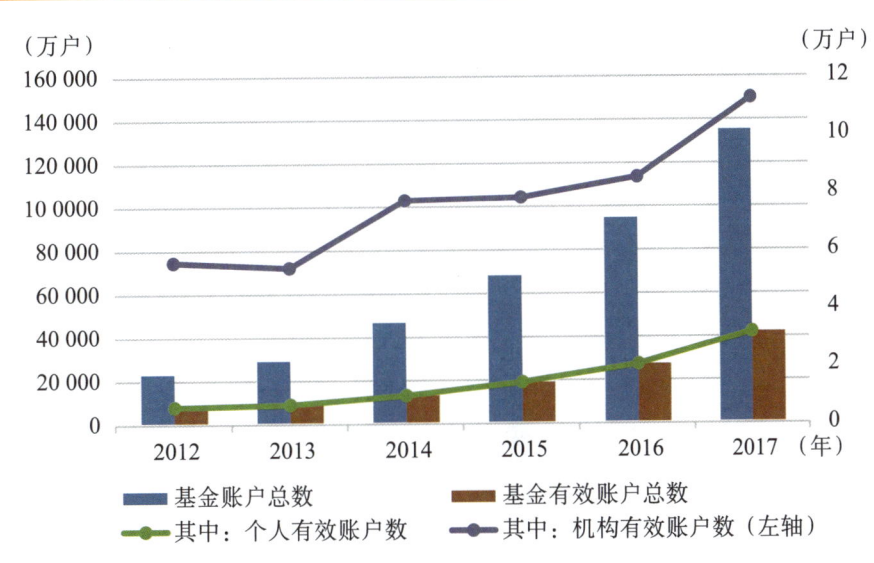

资料来源：中国证券投资基金业协会（AMAC）。

个人和机构投资者持有开放式基金资产规模变化情况见表 2–2。

表 2–2　个人和机构投资者持有开放式基金资产规模变化情况

年份	持有资产规模（亿元）	
	个人	机构
2015	31 950.88	40 477.65
2016	34 763.93	47 215.17
2017	55 510.24	52 125.47

资料来源：中国证券投资基金业协会（AMAC）。

四、认/申购与赎回

2017 年各季度，货币市场基金均为资金净流入，全年资金净流入达 27 924 亿元；QDII 基金均为净流出，全年资金净流出 286 亿元（见图 2–9）。此外，股票型基金全年净流出 222 亿元，混合型基金全年净流出 2 552 亿元，债券型基金全年净流入 1 030 亿元。整体来看，公募基金增长的主要动力来源于货币市场基金。2016 年四季度债券市场流动性偏紧导致各类机构投资者赎回货币基金，2017 年货币基金增长回暖并于二季度出现快速增长，

《公开募集开放式证券投资基金流动性风险管理规定》（以下简称"流动性新规"）发布后，货币市场基金增速有所放缓。

图 2-9　开放式基金认/申购与赎回（季度）

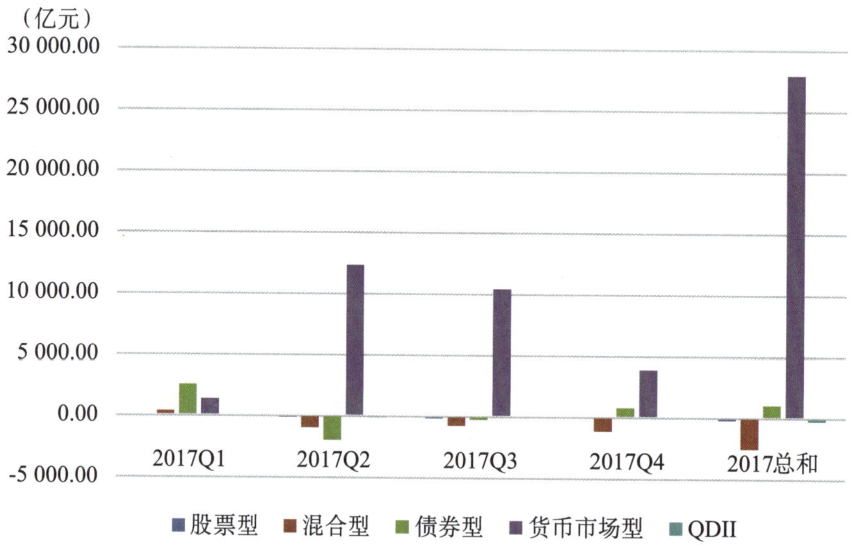

(亿元) 股票型、混合型、债券型、货币市场型、QDII，横轴为 2017Q1、2017Q2、2017Q3、2017Q4、2017总和。

资料来源：中国证券投资基金业协会（AMAC）。

五、行业偏好度

本报告使用行业偏好度指标来衡量公募基金对不同行业的投资偏好情况[①]。2017年底，全部开放式基金持有市值居前三位的行业分别是制造业、金融业以及房地产业，三大行业持有市值占开放式基金全部持股市值的80%，基金持有的信息传输、软件和信息技术服务业市值大幅缩水，退出前三，排名第四，2015年底该行业曾超越金融业成为基金持有的第二大行业（见图2-11）。在前三大市值行业（流通市值在3万亿元以上）中，开放式基金对制造业保持了140%以上的行业偏好，对金融业和采掘业依然保持较低的配置偏好，分别仅有53%和27%，但金融业的配置偏好较2016年

---

① 行业偏好度的计算方式：如某行业的流通市值占市场总流通市值比为5%，而公募基金投资该行业的市值占基金股票投资市值的10%，表明公募基金将更大比例的资金投向该行业，此时该行业偏好度为200%；反之亦然。将行业偏好度在80%~120%之间视为标配，高于120%的视为超配，值越高，偏好越强；低于80%的视为低配，值越低，偏好越弱。

底的33%有显著提升，采掘业的配置偏好较2016年底的37%大幅下降。

截至2017年底，在前九大市值行业中，基金仅对批发和零售业略有超配，行业偏好度为130%。对信息服务的偏好度较2016年底的148%大幅下降，仅有81%，处于标配偏低的状态，自2015年一季度末的最高点378%持续下降。交运和电力保持低配，交运偏好度所有上升，电力偏好度所有下降。房地产行业偏好度有所上升，从低配到标配。建筑业维持低配，偏好度大幅下降（见图2-10）。

图2-10 前九大行业配置偏好度

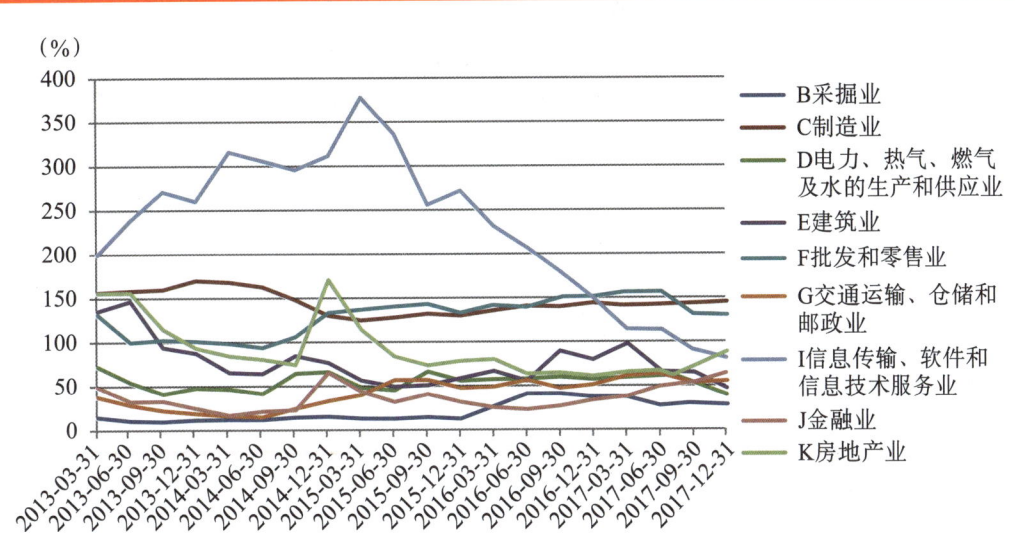

资料来源：中国银河证券基金研究中心。

在中小市值（流通市值在万亿元以下）的九个行业中，开放式基金仅对综合和科学研究和技术服务业低配，其余行业均处于标配或者超配，住宿和餐饮业、租赁和商务服务业偏好度大幅提升，科学研究和技术服务业、水利环境和公共设施管理业、教育行业偏好度大幅下降。

六、资产配置：按市场类别

2017年公募基金持有沪、深两市的股票市值比例有显著变化，持有沪市的股票市值占全部持股市值比例大幅提升，持有中小板和创业板的比例大幅下降。截至2017年末，基金持股市值中有52%是上海证券交易所股票，较2016年底提升了6个点，其中主动持有的为38%，较2016年底提升了7个点，2017年基金持有上海证券交易所股票市值大幅提升，且全部来自于主动型基金。基金持股市值中有48%是深圳证券交易所股票，其中主动持有的为40%，被动持有的为8%（见图2-11）。

图2-11　按市场类别的资产配置比例变化

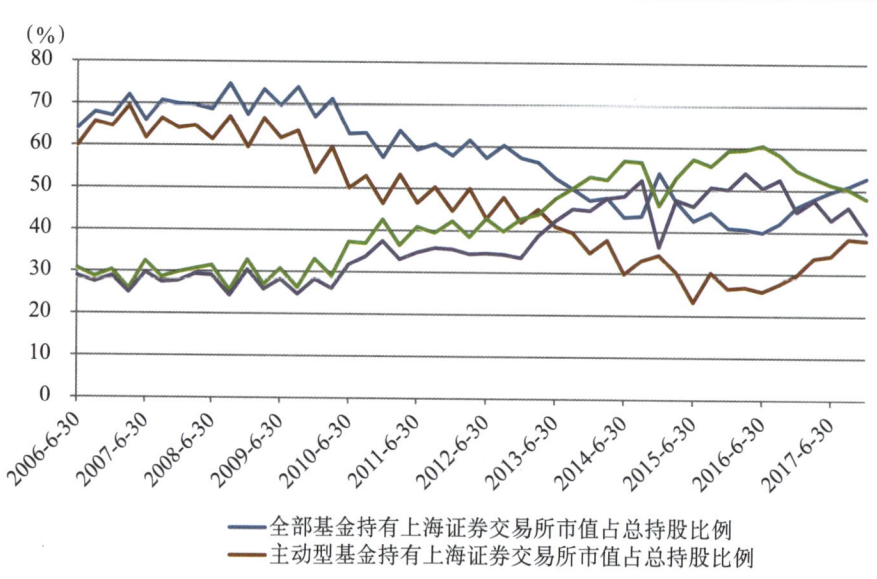

注：6月30日和12月31日根据全部持股数据统计，3月31日和9月30日根据季报披露的前十大重仓股统计。

资料来源：中国银河证券基金研究中心。

2017年4季度末，全部公募基金持有中小板市值占总持股市值的比例从2016年底的23%降至21%，其中，主动型基金持有中小板市值占总持股市值的比例为18%。在创业板方面，全部公募基金持有创业板市值占总持股市值的比例从2016年底的16%降至10%，其中，主动型基金持有创业板市值占总持股市值的比例为8%（见图2-12）。

七、债券型基金杠杆率

债券型基金杠杆率从2014年6月见顶后持续下降，直到2017年6月触底后基本保持在较低水平。2017年底全部债券型基金加权平均杠杆率1.14倍，与2016年底基本持平。其中，标准债券型基金杠杆率最低，仅有

图 2-12　按市场类别的资产配置比例变化（中小板及创业板）

注：6 月 30 日和 12 月 31 日根据全部持股数据统计，3 月 31 日和 9 月 30 日根据季报披露的前十大重仓股统计。

资料来源：中国银河证券基金研究中心。

1.10，较 2016 年底的 1.08 所有上升，定期开放普通债券型基金杠杆率最高，是 1.20，较 2016 年底的 1.23 所有下降。从走势来看，2017 年上半年各类型债券基金的杠杆率继续小幅下降，下半年杠杆率小幅提升，整体杠杆率变化波动不大，保持在较低水平（见图 2-13）。

图 2-13　债券型基金杠杆率

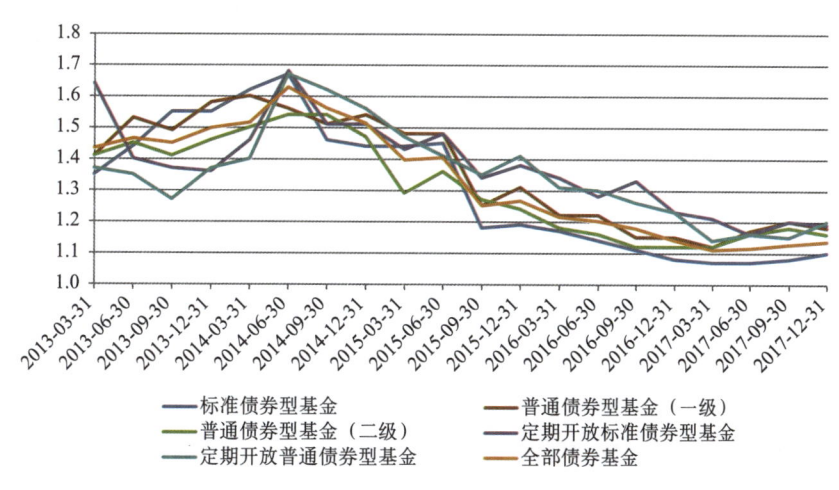

资料来源：中国银河证券基金研究中心。

八、债券型基金的券种配置

在券种配置方面,2017年末,金融债券、企业债券、企业短期融资券、中期票据和同业存单是债券基金的主要配置品种,债券基金总体配置这五大券种占债券资产比分别为25.0%、24.5%、16.0%、17.6%和11.6%,合计占比94.7%(见图2-14)。国债、地方政府债、可转债和其他债券的占比均不超过2%。从历史数据看,企业债的配置比例最高点在2014年二季度,配置比例为63.1%,之后在2015年和2016年配置比例连续下滑,2017年一季度之后趋于稳定,其主要原因在于企业债的信用风险升高。在企业债配置大幅下降的同时,金融债和同业存单的配置比例持续攀升。

图2-14 债券型基金券种配置

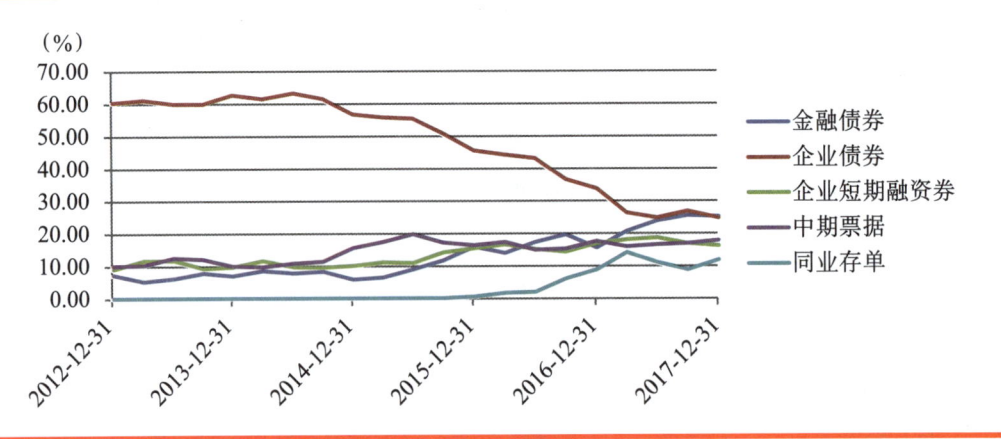

资料来源:中国银河证券基金研究中心。

第三节 专业化

一、基金的主动投资管理能力

公募基金是个人投资者低成本参与资本市场、间接分享经济发展成果的重要渠道。以主动管理型股票基金为代表,基金的专业化管理能力体现为在波动市场中的主动管理能力,在市场景气时期能够获得与市场一致的投资回报,在市场不景气时期能够有效管理市场下行风险。

衡量基金主动投资管理能力的一个可行指标是 5 年滚动年化收益率①。2009 年以来主动管理股票型基金 5 年滚动年化收益率持续保持在沪深 300 指数之上。其含义是,在上述期间任一时点上,如果持有主动管理股票型基金在 5 年以上,投资者通过基金实现的平均年化收益率都要好于同期市场指数(见图 2 – 15)。

图 2 – 15　主动管理股票型基金和沪深 300 指数 5 年滚动年化收益(2009~2017 年)

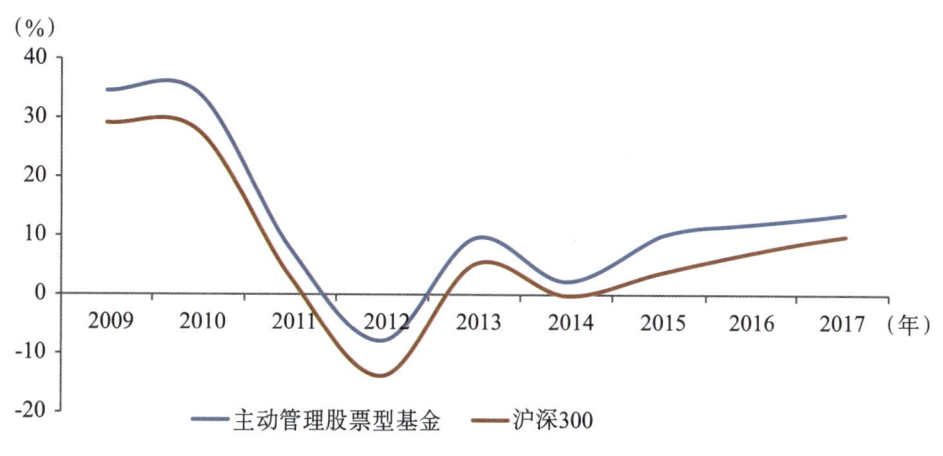

注:图中蓝色代表主动管理股票型基金,红色代表沪深 300。
数据来源:上海证券基金评价研究中心。

分年度和从 5 年滚动收益率来看,各类型主动管理基金均表现出较好的管理能力,在多数情况下能够给长期投资者带来优于市场基准的业绩表现(见图 2 – 16)。随着资本市场信息披露质量提高与互联网时代带来的信息流转效率的提升,主动管理获取超额收益的能力面临市场环境的挑战。主动管理股票型基金虽然长期以来受制于有限的系统性风险规避手段,但在过去一年中积极发挥了其优秀的证券选择能力,取得了远高于市场平均收益水平。主动管理混合基金收益率表现说明混合型基金实质性资产持有比例,没有趋于股债平衡配置的倾向,对于股票市场的参与度明显高于债券市场。

---

①　即在任一时点上计算的过去 5 年平均年化收益率。

主动管理混合基金近年来细分类型更为多样化，为投资者提供了更丰富的选择。自2014年以来，混合基金5年滚动收益超越基准的剪刀差逐年扩大，2017年全年的收益率表现也远高于其比较基准，这都说明混合型基金在不同的市场环境下展现出其优秀的综合管理能力。主动管理债券基金为投资者在低风险资产领域提供了优秀的投资标的，在绝大多数情况下收益率均高于同期业绩比较基准。

图2-16　各类开放式主动管理基金指数和基准指数分年度及5年滚动收益率情况（2008~2017年）

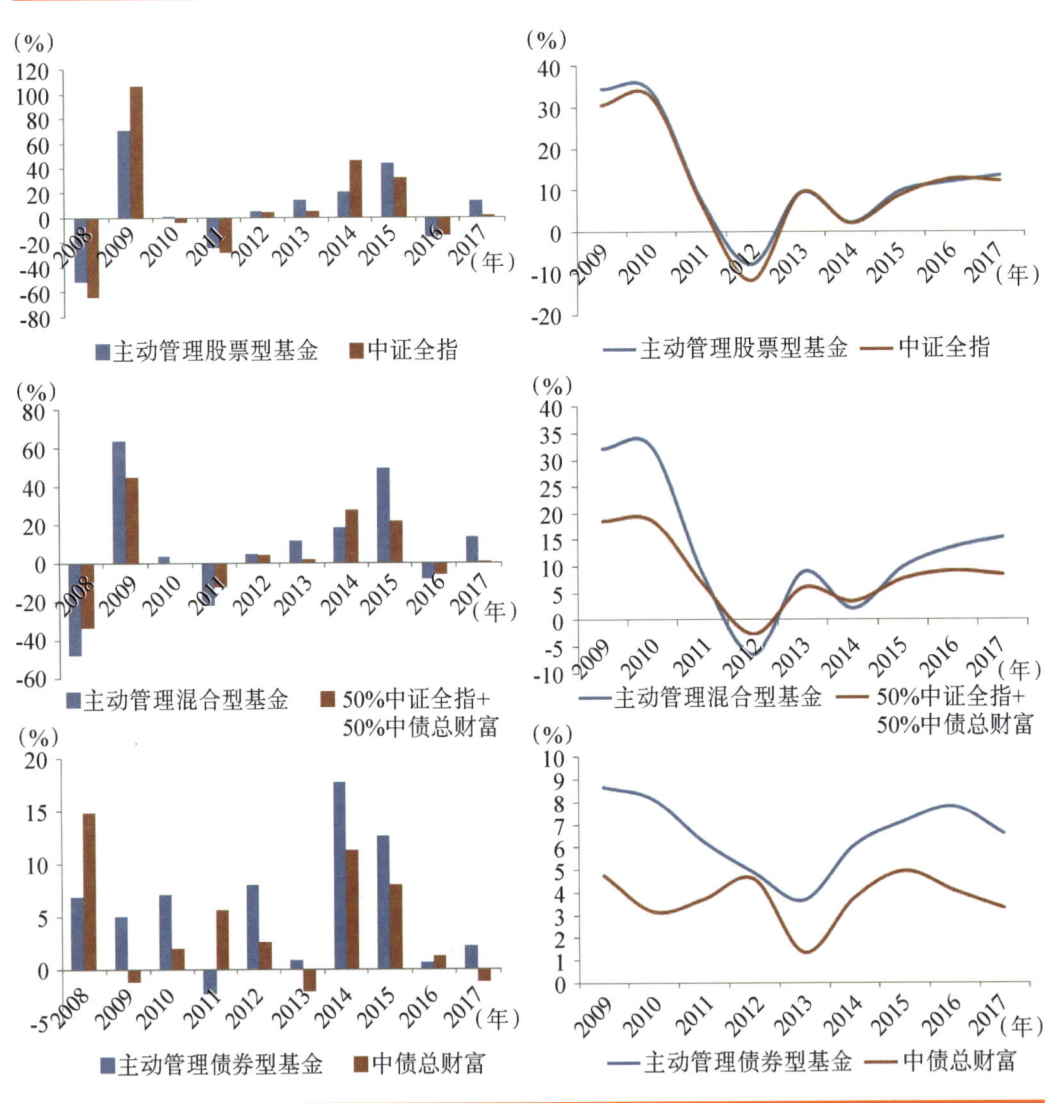

资料来源：上海证券基金评价研究中心。

二、基金与个人投资者的投资能力比较

对于个人投资者而言，基金可以实现高效率的分散化投资，降低个人投资者因为信息不足和非理性投资而导致的资源浪费，有效实现社会分工，是个人投资者低成本参与资本市场、分享经济增长的理想途径。近三年个人投资者与基金投资收益率的分布数据显示基金比个人投资者表现出了更强的投资管理能力。

2015年，沪深300收益率为5.6%，80%以上基金实现盈利，且40%以上基金盈利幅度超过20%，仅3.4%基金亏损幅度超过20%；同期实现盈利的个人投资者比率为49.7%，25.1%的个人投资者亏损幅度超过20%，11.70%的个人投资者亏损幅度甚至超过50%（见图2-17）。

图2-17　2015年基金与个人投资者投资能力对比

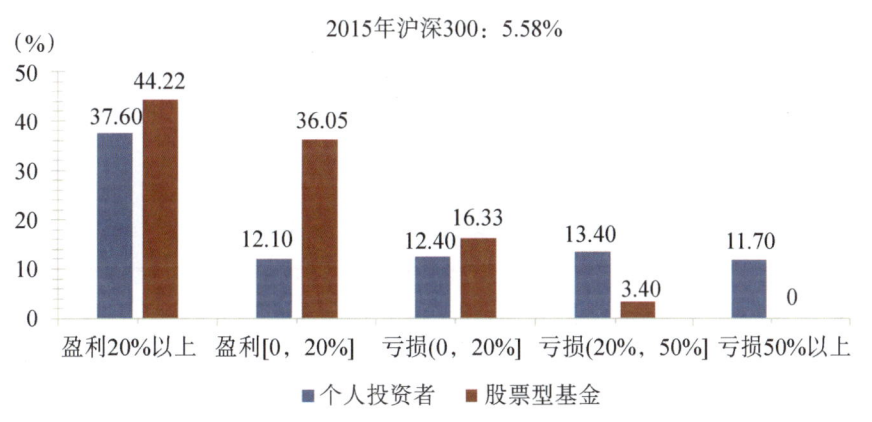

资料来源：2015年度新浪投资者调查问卷，上海证券基金评价研究中心整理

2016年，沪深300指数下跌11.3%，在市场整体下跌的情境下基金体现出较好的防御特征，大部分产品收益水平集中在小幅亏损区域，回避极端情况的效果明显。相比之下，个人投资者盈利水平分布更加分散，虽然取得正收益的个人投资者也不少，但是近8%的投资者亏损幅度超过50%，对这部分投资者的长期收益带来极大的负面影响（见图2-18）。

图 2-18　2016 年基金与个人投资者投资能力对比

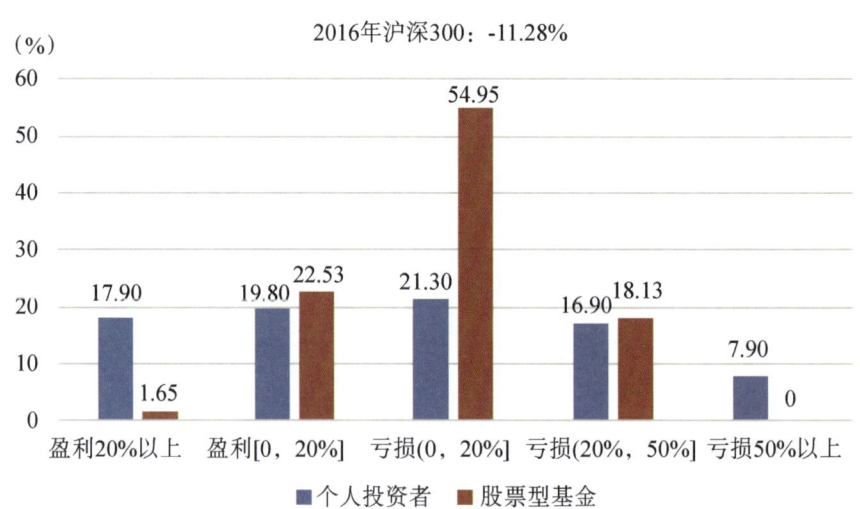

资料来源：2016 年度新浪投资者调查问卷，上海证券基金评价研究中心整理

2017 年，沪深 300 指数上涨了 21.78%，近 85% 基金实现正收益，40% 以上的产品获利超过 20%，亏损最多的产品下跌幅度也不超过 20%。反观个人投资者，问卷显示仅三成实现了净收益，亏损幅度在 20%～50% 之间的占到所有投资者的 1/4，更有超过 13% 的投资者亏损 50% 以上（见图 2-19）。

图 2-19　2017 年基金与个人投资者投资能力对比

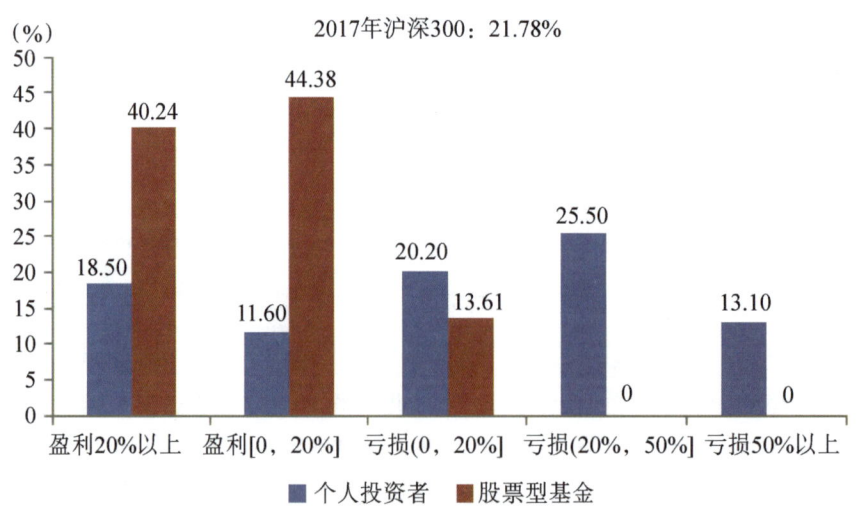

资料来源：2017 年度新浪投资者调查问卷，上海证券基金评价研究中心整理

第四节 基金销售

一、累计（认）申购

2017年通过基金公司直销、银行、券商渠道（认）申购累计额达400 362.24亿元，较2016年增加了40.9%，其中直销渠道（认）申购额增长最多。各渠道占比情况，基金公司直销渠道占比79.2%，银行渠道占比13.3%，证券公司渠道占比7.25%。相较2016年，基金公司直销渠道占比下降4.8%，证券公司渠道占比下降0.2%，银行渠道占比上升5.2%。2017年（认）申购额增长主要得益于货币市场基金，相较上年增长了60.09%（见图2-20）。

图2-20 基金（认）申购渠道

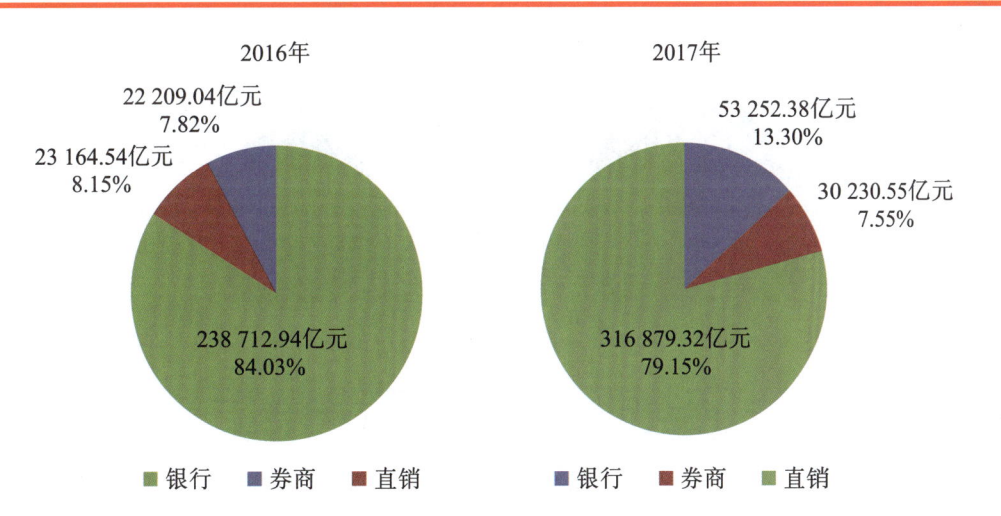

资料来源：中国证券投资基金业协会（AMAC）。

二、销售保有量

截至2017年末，基金公司直销渠道开放式基金销售保有量占比仍最高，为66.25%，较2016年下降1.41个百分点；其次是银行的24.30%和券商渠道的5.77%；第三方专业销售机构保有量占比3.46%，较2016年提高了2.40个百分点；证券投资咨询机构销售保有量占比仅为0.02%（见图2-21）。

图2-21 各类机构基金销售保有量

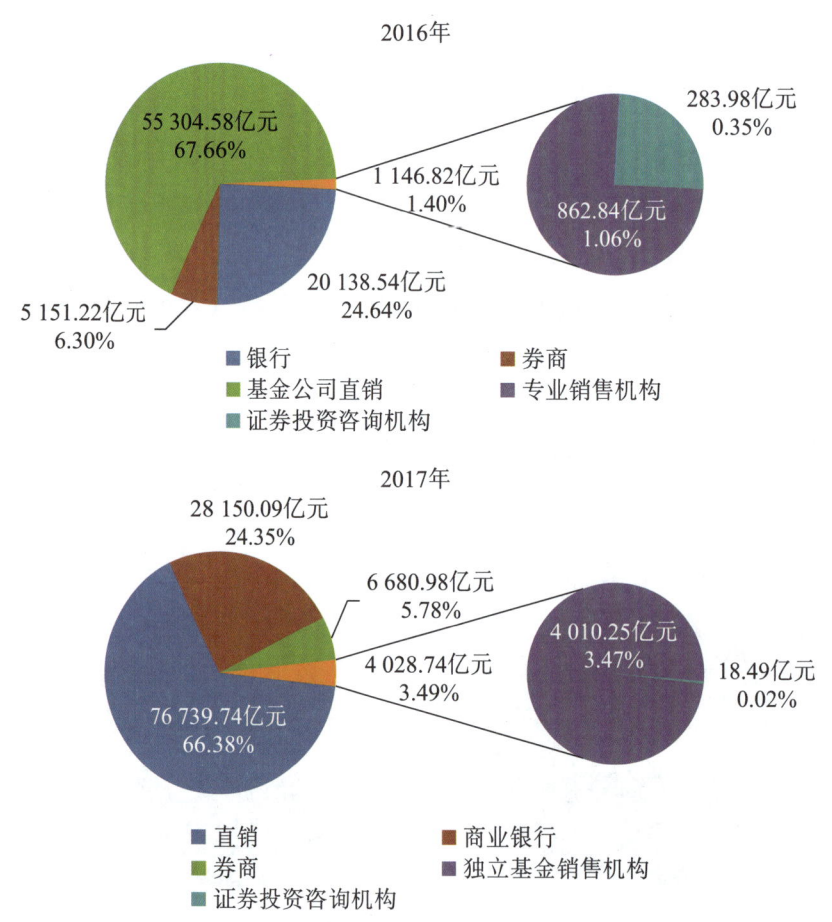

资料来源：中国证券投资基金业协会（AMAC）。

第五节 ESG 责任投资[①]

一、绿色投资表现

基金管理机构是绿色金融体系的重要组成部分，绿色基金可有效汇集政府、机构、私人等各类资金，来源广泛，资金量充足，通过市场化、系统化的绿色投资活动，将资金配置到实体经济中最具绿色增长潜力、最有持续增长效益的地方，对促进绿色产业发展、培育增长新动能发挥着重要作用。主动而为的绿色投资基金，可以倒逼企业注重环境保护、进行绿色转型升级，形成资本与实体产业发展的良性循环机制。

截至 2017 年底，在公募基金可统计的产品中，基金名称中含"低碳环保、绿色、新能源、可持续、美丽中国"等关键词的产品共 70 只，累计净值 80.35 亿元。

二、社会责任表现

截至 2017 年底，可统计的"社会责任"投资基金共 4 只（ETF 及其联接基金按一只计算），分别为兴全社会责任混合、建信上证社会责任 ETF 及 ETF 联接、汇添富社会责任混合、建信社会责任混合，合计累计净值 11.43 亿元。

三、公司治理表现

截至 2017 年底，可统计的产品中，基金名称含"公司治理"关键词的公募基金产品共 3 只（含 ETF 及 ETF 联接），累计净值 4.46 亿元。

四、ESG 综合表现

公募基金作为普惠金融的代表，做了很多 ESG 责任投资的探索和努力。

---

① ESG 责任投资是一种投资策略，指在投资决策中考量投资标的的环境（Environmental）、社会（Social）和公司治理（Governance）表现。

兴业全球基金管理有限公司是国内第一家引入社会责任投资理念的公募基金公司，于2008年发布国内首只社会责任主题的基金产品——"兴全社会责任证券投资基金"。汇添富基金2008年加入亚洲公司治理协会，将公司治理因素纳入投资决策应用。华夏基金是国内首家加入联合国责任投资原则的公募基金，已进行ESG方面的实践。根据中国证券投资基金业协会2017年"ESG责任投资情况调查"显示，大部分基金管理机构已在ESG责任投资方面着手开展相关工作，30%的机构发行了相关概念的产品，其中主要为绿色投资主题。整体上，机构投资者对待ESG的态度较为积极，90%的机构表示支持将ESG原则作为投资组合策略的基本原则之一。但是，从关注ESG到开展专门研究，再到投资决策中纳入ESG因素，并固化到决策机制中，大部分机构投资者中尚未形成统一的内部制度和投资机制，行业理念和共识有待进一步加强，践行ESG投资还有较长的路要走。

第六节　基金费率

一、不同产品类型基金各项费率

除了平均赎回费率略有上升，平均销售服务费变化不大外，其余类型费率均有所下调。

（一）管理费费率

2017年前半年股市阶段触顶回调，下半年震荡上行，呈现出慢牛行情，股指一度突破3 400点。为了提高基金对投资者的吸引力，基金公司不约而同地降低了管理费用。2017年全年，多家基金公司召开了基金份额持有人大会，降低旗下基金的管理费率。一方面，增强了基金公司旗下基金的竞争力；另一方面，也让投资者在慢牛行情中获得更多收益。

从管理费率方面看，2017年，各种类型基金的平均管理费率都比2016年低，具体看QDII型、积极股票型、混合型、指数型、债券型、货币型、股票型基金平均管理费分别为 1.16%、1.46%、1.13%、0.79%、0.52%、0.26%、0.13%，较 2016 年分别下降 0.04、0.02、0.03、0.03、0.03、0.01、0.02 个百分点（见图 2-22）。

图 2-22　各类型基金平均管理费率

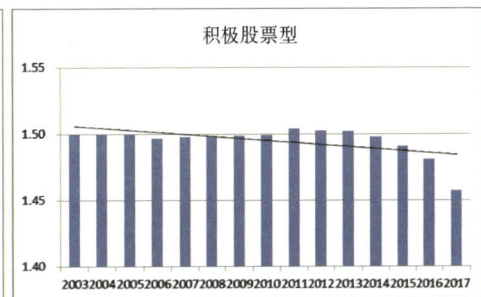
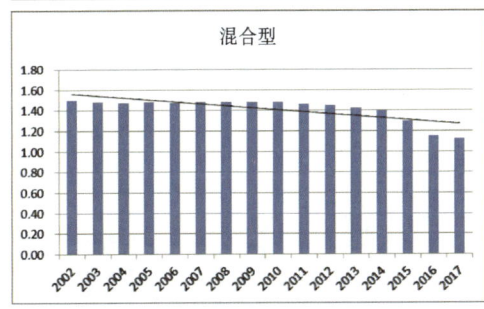
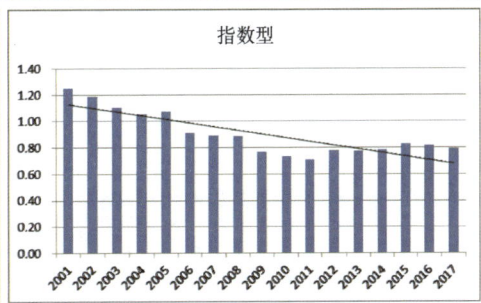
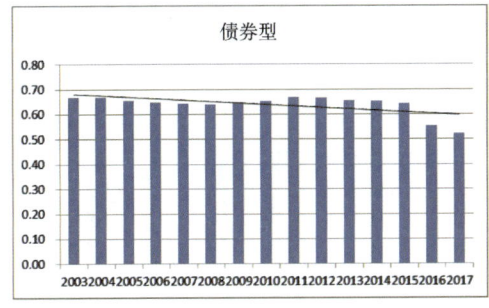
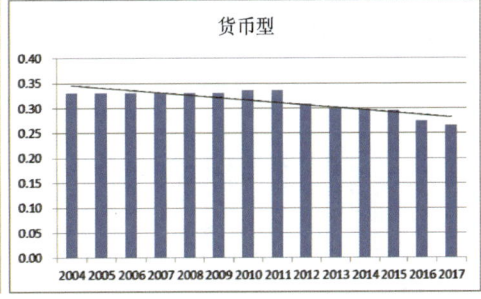
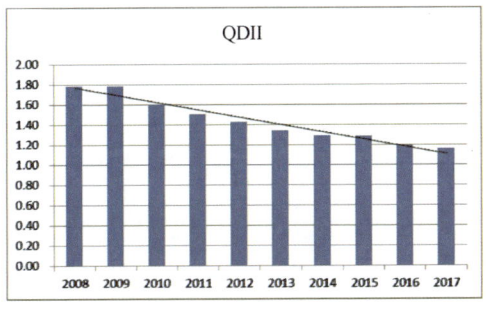

资料来源：天相投顾。

（二）托管费费率

从托管费率来看，货币型基金的平均托管费率最低，基本与上年持平。QDII型基金平均托管费率最高，但较上年有所下降。其他类型基金的托管费率较上年均有所下降，具体来看，积极股票型、混合型、指数型、债券型、股票型基金平均托管费率较2016年均下降0.01个百分点（见图2-23）。

图2-23 各类型基金平均托管费率

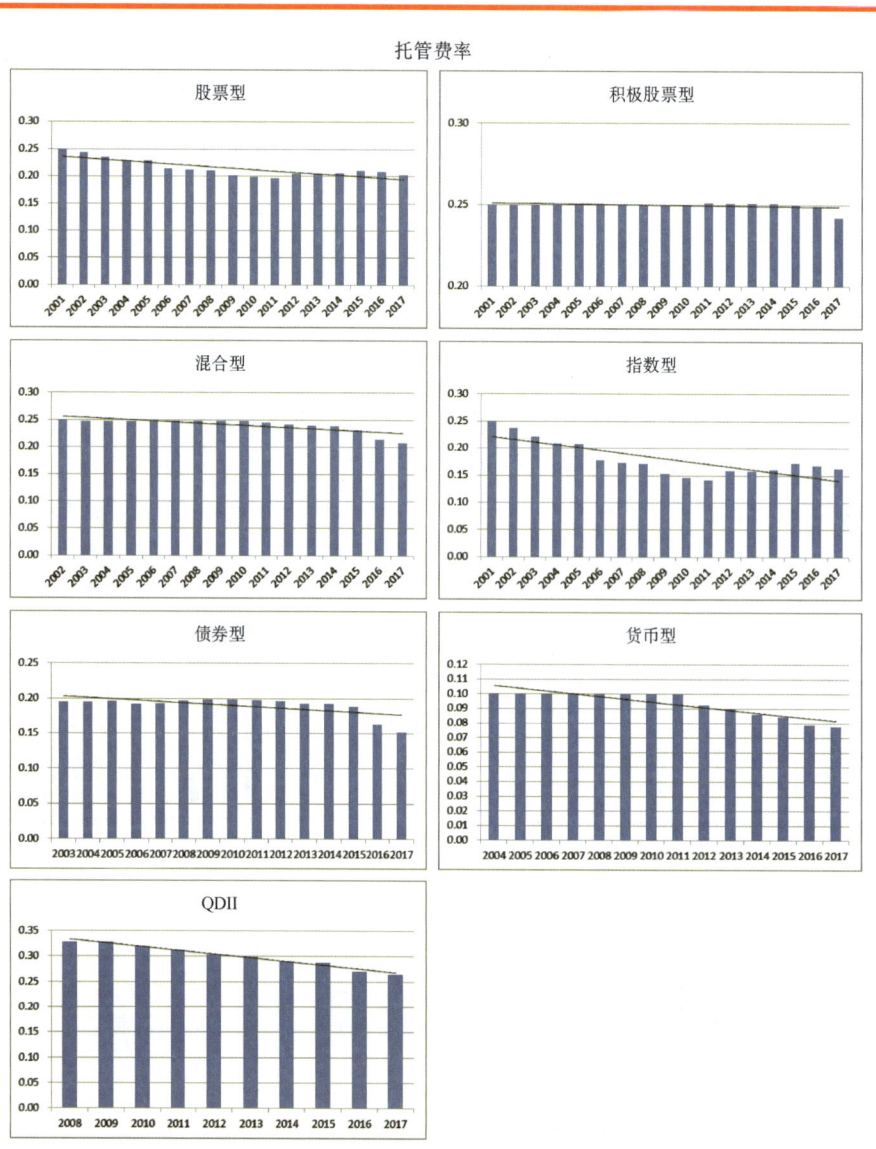

资料来源：天相投顾。

（三）销售服务费费率

销售服务费是指基金管理人根据基金合同的约定及相关法律法规的规定，从开放式基金财产中计提的一定比例的费用，用于基金的营销费用以及基金份额持有人服务费等。2017年，混合型基金销售服务费率达到0.45%，继续在各类基金中排名最高。积极股票型基金三年来的平均销售服务费均为0。2017年，QDII型、指数型、货币型、股票型基金的平均销售服务费率与2016年没有变化，分别为0.18%、0.18%、0.17%、0.09%；债券型基金的平均销售服务费率和2016年相比增加了0.01个百分点（见图2-24）。

图2-24　各类型基金平均销售服务费率

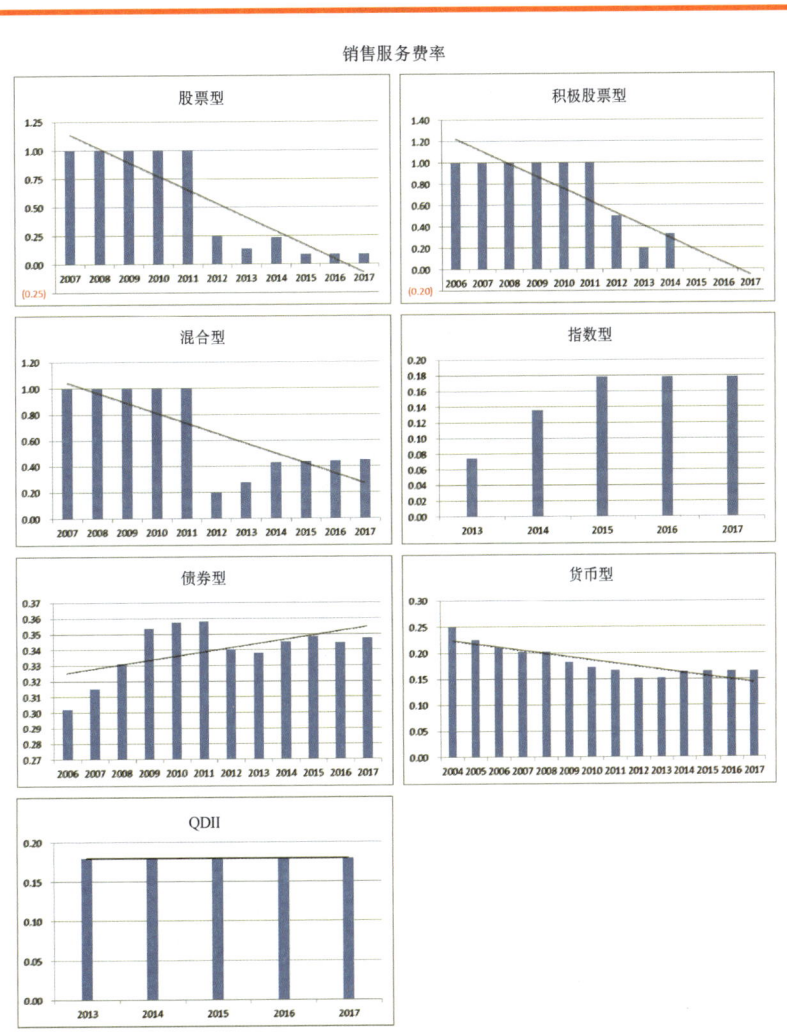

资料来源：天相投顾。

（四）认购费费率

2017年，除货币型基金不收取认购费外，其他类型基金的平均认购费率均有不同幅度的下调，QDII型、积极股票型、混合型、指数型、债券型和股票型基金的平均认购费率分别下降了0.05、0.06、0.09、0.05、0.02和0.06个百分点（见图2-25）。整体来看，2017年认购费率有所下降，降低了投资者的投资成本。

图2-25　各类型基金平均认购费率

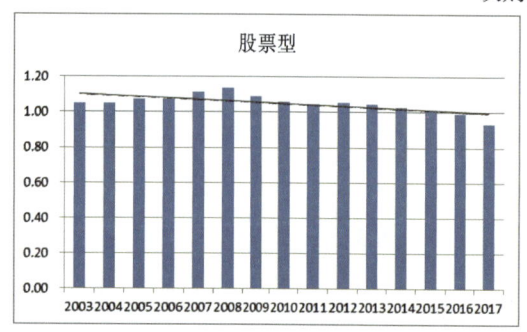
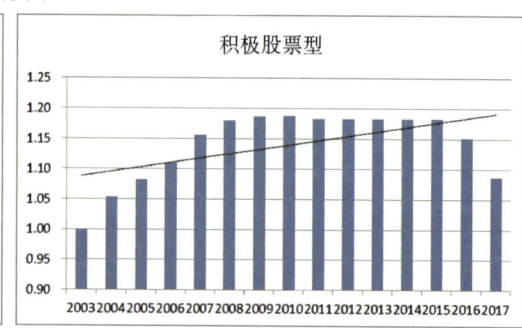
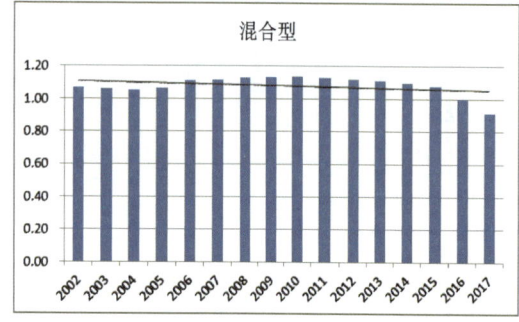
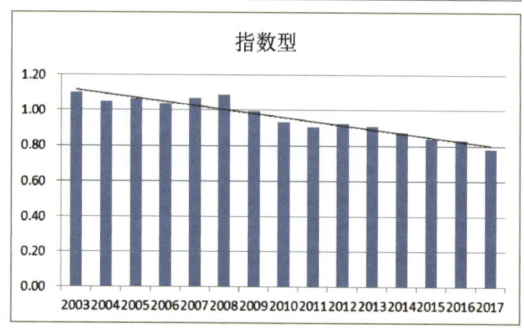
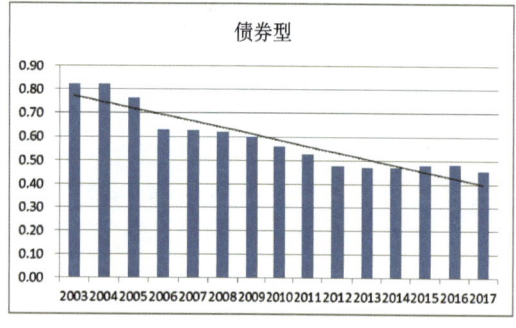
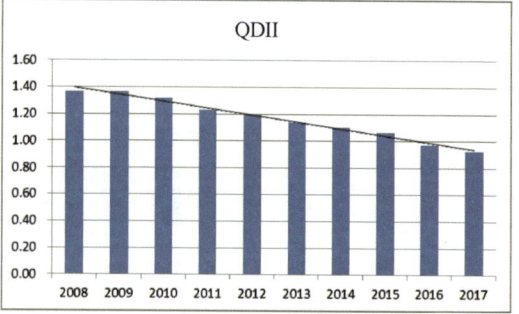

资料来源：天相投顾。

（五）申购费费率

2017年，除货币型基金不收取申购费外，其他类型基金的申购费率均有所下降：QDII型、积极股票型、混合型、指数型、债券型和股票型基金平均申购费率为1.16%、1.38%、1.23%、0.98%、0.57%和1.18%，和2016年相比，分别下降了0.06、0.10、0.12、0.11、0.03和0.11个百分点（见图2-26）。整体看来，投资者实际付出的申购费率在逐年降低。

图 2-26　各类型基金平均申购费率

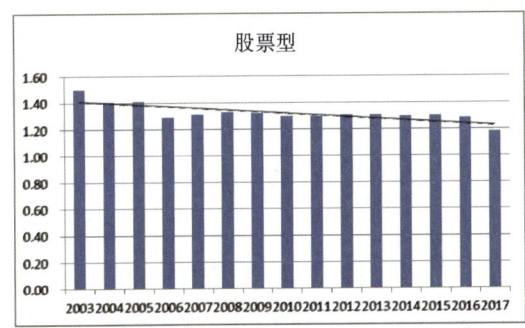
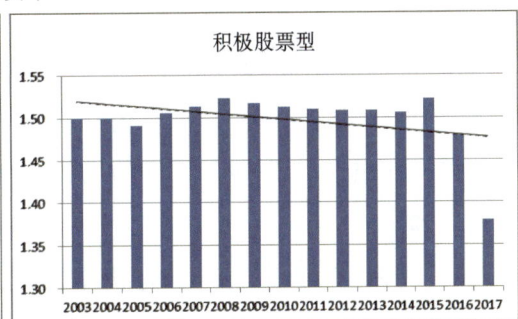
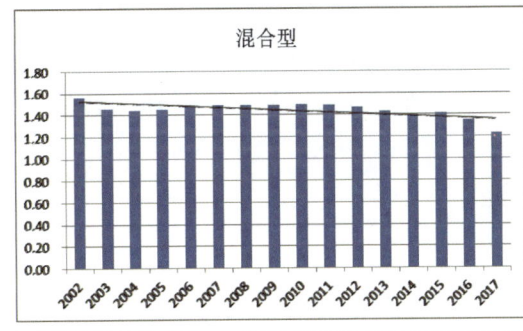
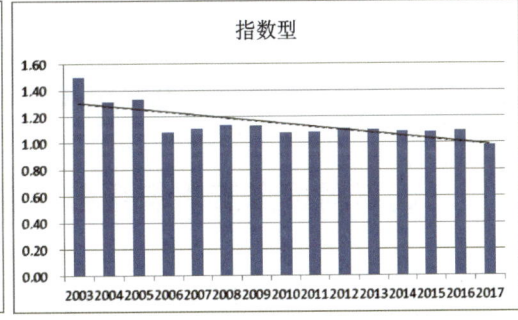
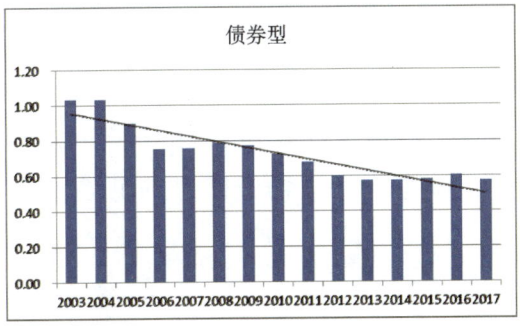
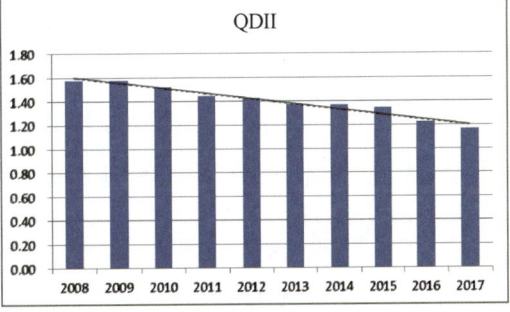

资料来源：天相投顾。

（六）赎回费费率

赎回费的设置主要是鼓励投资者长期持有，获取长期收益，当持有基金份额的年限足够长时，基金赎回费率逐步降低直至为零。同样，持有时间过短就赎回基金份额，投资者将缴纳最上限的赎回费。赎回费作为对其他基金持有人的一种补偿机制，通常会计入基金资产。

2017年8月31日《公开募集开放式证券投资基金流动性风险管理规定》颁布，要求对除货币市场基金与交易型开放式指数基金以外的开放式基金，对持续持有期少于7日的投资者收取不低于1.5%的赎回费。这表明了监管的态度，希望基金的钱是长钱，而不是短钱。

2017年，除积极股票型平均赎回费率与去年持平，其他类型基金的平均赎回费均有不同程度的上涨。其中，QDII型、混合型、指数型、债券型、股票型基金的平均费率分别为0.64%、1.11%、0.50%、0.43%、0.93%，与2016年相比，分别上升了0.05、0.04、0.01、0.02、0.01个百分点（见图2-27）。

纵观2017年基金产品的费率情况，除了平均赎回费率略有上升，平均销售服务费变化不大外，其余类型费率均稳中有降。基金产品费率的下降，体现了基金行业的市场化程度在不断提高，同时也降低了投资者的投资成本。为基金行业的发展更好地实现投资者利益最大化，营造了更好的环境。

二、不同投资策略基金各项费率

整体上看，主动择时的积极股票型基金的各项费率明显高于被动管理的指数型基金，尤其在赎回费率上分化巨大，其次为管理费率。并且，认购费率、申购费率和赎回费率均有不同程度的下调。2017年经历了前半年的阶段触顶回调后，后半年市场走出了慢牛行情，在这种市场环境下，投资者对股票型基金费率变得更加敏感。使得基金公司希望通过降低费率来吸引更多投资者。

（一）管理费费率

2017年，管理费费率方面，积极股票型基金下降了0.02个百分点，指

图 2-27　各类型基金平均赎回费率

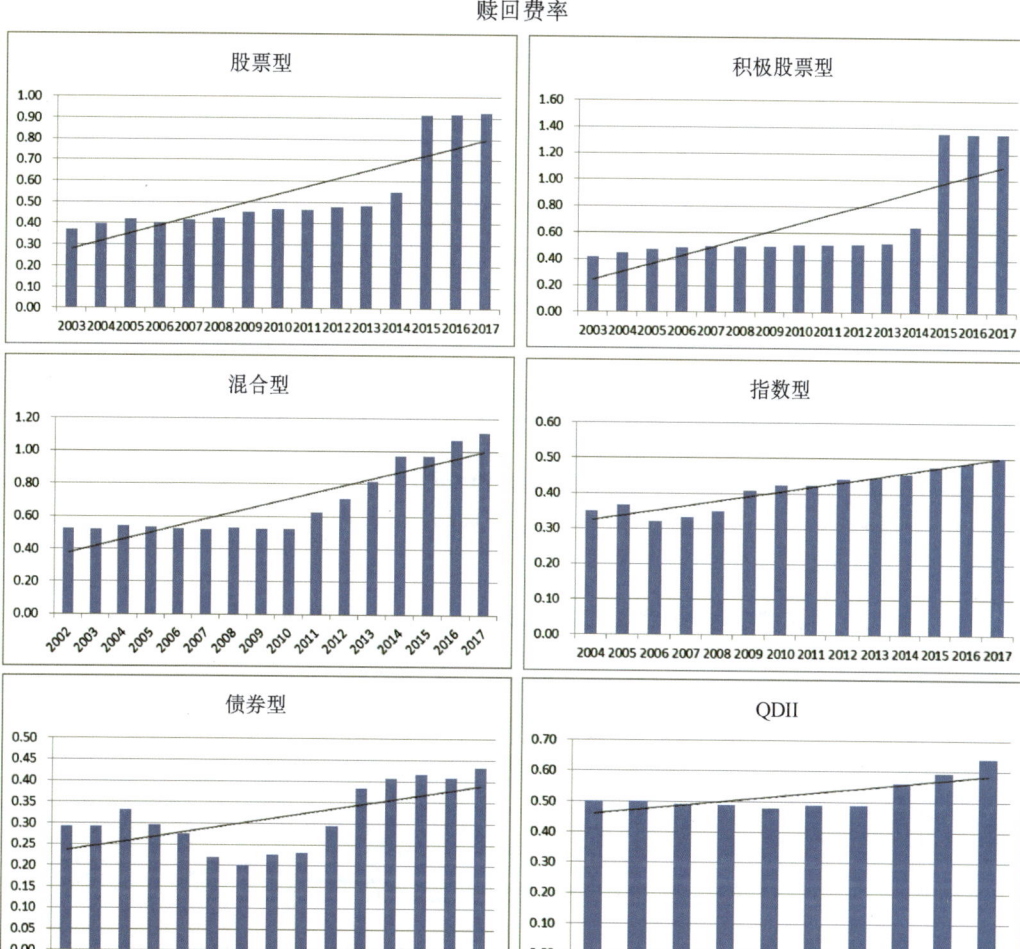

资料来源：天相投顾。

数型基金下降了 0.03 个百分点。2017 年积极股票型和指数型基金平均管理费率分别为 1.46% 和 0.79%（见图 2-28）。

（二）托管费费率

托管费率方面，积极股票型和指数型基金的托管费率均下降了 0.01 个百分点，分别为 0.24% 和 0.16%（见图 2-29）。

图 2 – 28　积极股票型基金和指数型基金平均管理费费率

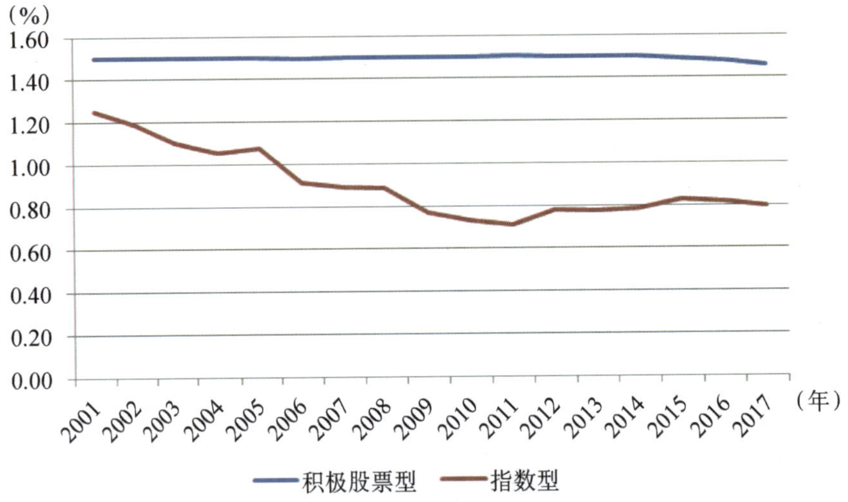

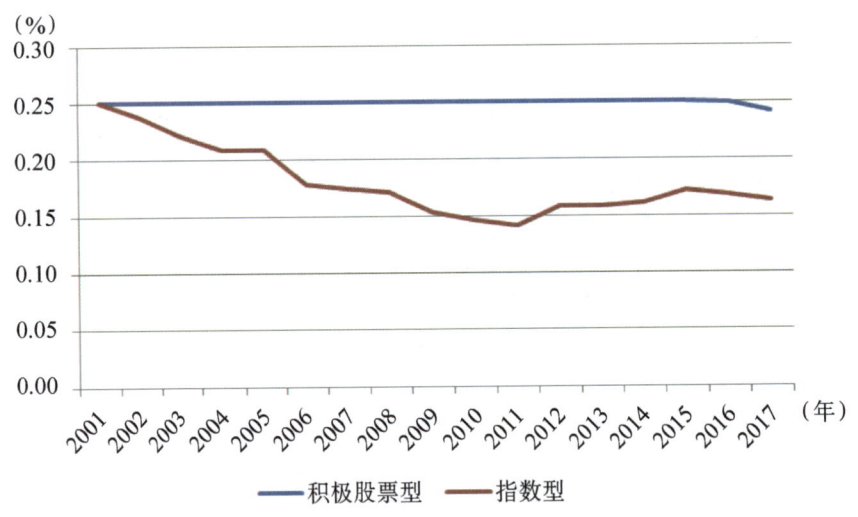

资料来源：天相投资分析系统。

图 2 – 29　积极股票型基金和指数型基金平均托管费费率

资料来源：天相投资分析系统。

（三）认购费费率

认购费率方面，积极股票型基金降低了 0.06 个百分点，2017 年平均认购费率为 1.09%，指数型基金逐年下降，2017 年下调了 0.05 个百分点，降至 0.78%（见图 2 – 30）。

图 2 - 30　积极股票型基金和指数型基金平均认购费费率

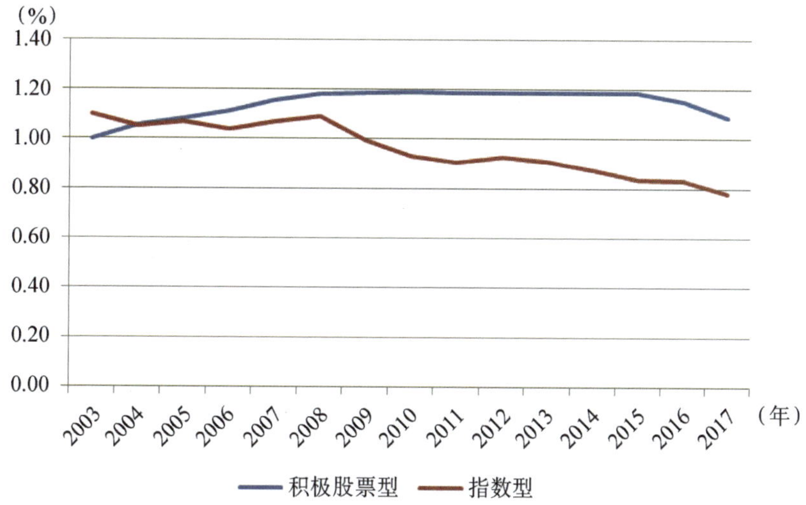

资料来源：天相投资分析系统。

（四）申购费费率

申购费率方面，积极股票型基金下调了 0.10 个百分点，2017 年平均费率为 1.38%；指数型基金也下调了 0.10 个百分点，2017 年平均申购费率为 0.99%（见图 2 - 31）。

图 2 - 31　积极股票型基金和指数型基金平均申购费费率

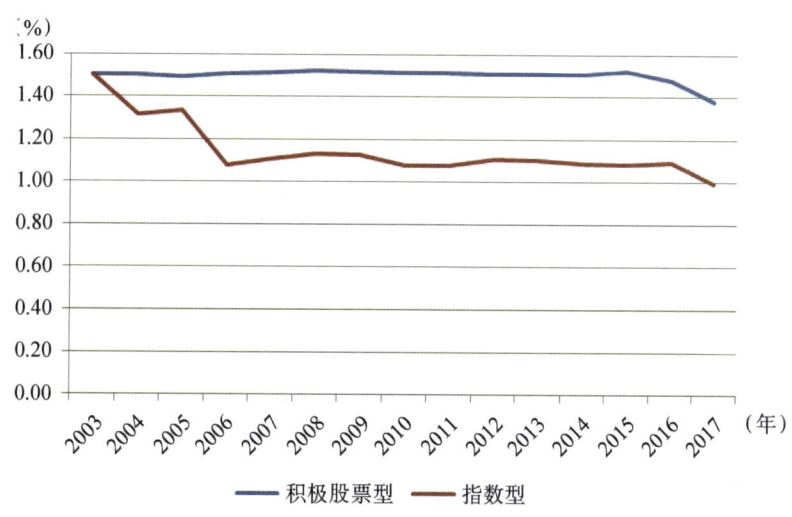

资料来源：天相投资分析系统。

(五) 赎回费费率

赎回费率方面，积极股票型基金2017年平均赎回费率与2016年保持一致，为1.35%，指数型基金则小幅上升0.01个百分点，2017年平均赎回费率为0.50%（见图2-32）。

图2-32　积极股票型基金和指数型基金平均赎回费费率

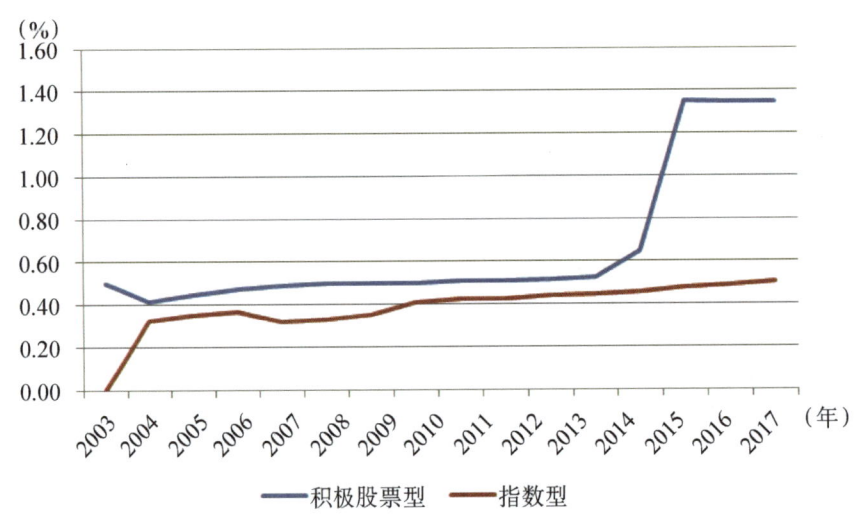

资料来源：天相投资分析系统。

第三章

基金管理公司及其子公司特定客户资产管理业务

第一节 基金管理公司专户业务

一、整体情况

2017年，股票市场整体交易较上年继续萎缩，价格稳中小幅上升，债券市场小幅回调，在此背景下，以股票债券配置为主的基金管理公司专户规模保持在5万亿元上下波动（见图3-1）。从资金端来看，受托资金九成以上来源于机构，其中银信保资金占七成以上，故基金管理公司专户规模变化呈现出明显的季度末下降，季度内回升的特点。

截至2017年底，110家基金管理公司开展专户业务，较2016年底新增8家，存续产品6 402只，管理资产规模4.96万亿元[①]，较2016年底减少1 411亿元，下降2.8%。从产品类型来看，基金公司专户业务以一对一定向委托为主，截至2017年底，基金公司一对一专户存续产品4 269只，管理资产规模4.31万亿元，占比86.9%，较2016年底增加1 371亿元，增长3.28%；一对多专户存续产品2 133只，管理资产规模6 480亿元，占比13.1%，较2016年底减少2 790亿元，下降30.1%。

---

① 不含基金管理公司管理的社保基金与企业年金资产。

图 3 – 1　基金公司专户业务历史发展情况

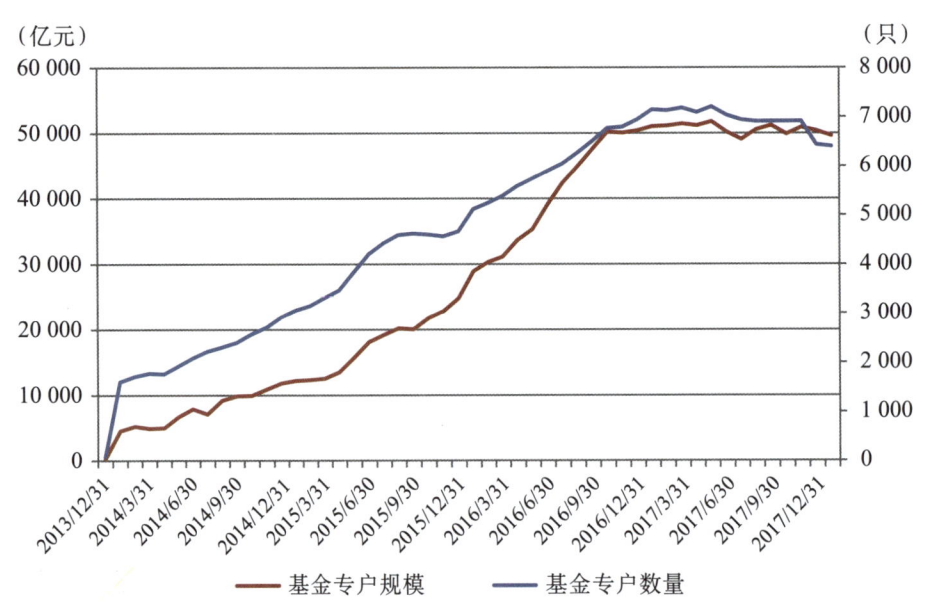

资料来源：中国证券投资基金业协会（AMAC）。

二、新设情况

2017 年，基金公司新设专户产品 2 037 只，新设规模 4 290 亿元。其中，混合类产品规模 1 607 亿元，占比 37.5%；固定收益类产品规模 1 434 亿元，占比 33.4%；权益类产品规模 938 亿元，占比 21.9%；境外投资类产品规模 137 亿元，占比 3.2%；其他产品规模 174 亿元，占比 4.1%。从月度新设的情况看 2017 年基金专户月度新设规模变化幅度较小，设立高峰期集中在年初和年末（见图 3 – 2）。

三、投资管理情况

受银行等机构投资者对产品风险收益要求的影响，基金公司专户业务以固定收益类产品为主。截至 2017 年底，基金公司存续专户产品中，固定收益类产品规模 3.06 万亿元，占比 61.7%；混合类产品规模 1.23 万亿元，占比 24.8%；权益类产品规模 4 677 亿元，占比 9.4%；QDII 类产品规模

1 832亿元，占比3.7%（见图3-3）。

图3-2　2017年1~12月基金公司专户新设产品情况

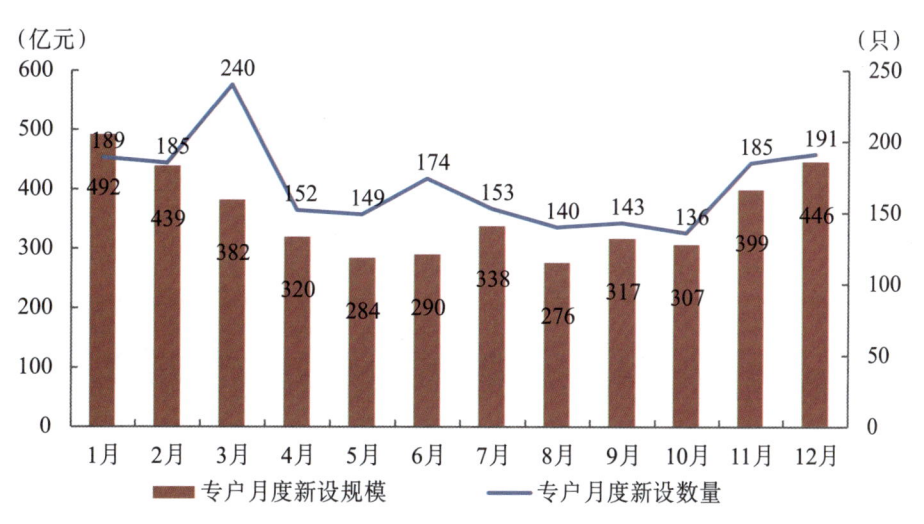

资料来源：中国证券投资基金业协会（AMAC）。

图3-3　2017年底基金公司专户各类别产品规模占比情况

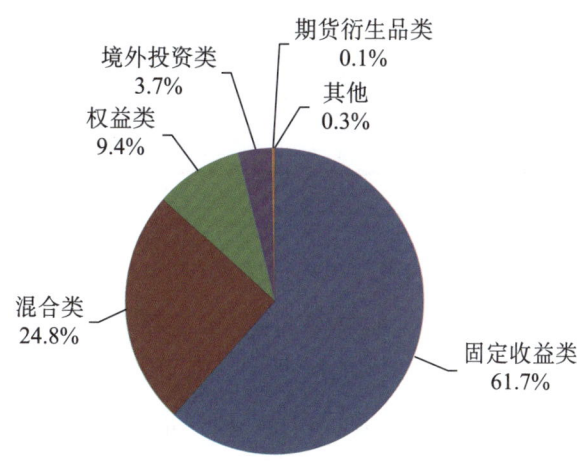

资料来源：中国证券投资基金业协会（AMAC）。

从基金公司对客户委托财产的管理方式来看，截至2017年底，基金公司专户主动管理产品资产规模3.26万亿元，较2016年底减少2 465亿元，下降7.0%，占比65.7%，占比下降3个百分点；通道产品规模1.70万亿元，较2016年底增加1 047亿元，增长6.1%，占比34.3%。

四、投向情况

从产品投向来看,基金公司专户产品主要以债券、股票、基金、同业存款投资为主。其中,投资债券规模3.67万亿元,占比61%;投资股票规模7 908亿元,占比13%;投资基金规模3 041亿元,占比5%;投资同业存款规模4 182亿元,占比7%(见表3-1)。

表3-1　2017年底基金公司专户产品投资情况表

资金投向	投资金额(亿元)	占比(%)
股票	7 908.37	13.1
债券	36 669.80	60.9
证券投资基金	3 041.49	5.0
资产支持证券	2 037.14	3.4
期货衍生品保证金	42.68	0.1
其他境内证券	322.10	0.5
同业存款	4 181.87	6.9
现金	1 044.11	1.7
境外投资	2 186.00	3.6
其他	2 800.42	4.6
总计	60 233.98	100.0

资料来源:中国证券投资基金业协会(AMAC)。

在基金管理公司专户可投资产中,从服务实体经济角度看,上市公司定向增发投资、新三板投资、新股发行投资、债券发行投资、资产支持证券投资等,直接对接了实体企业融资需求。由于债券发行投资缺少统计,剔除该项后,基金专户产品直接投资于实体企业的规模为5 097亿元,占基金专户资产规模的10%。

五、集中度情况

基金公司专户业务近半资金来源于银行,对于排名靠前的公司银行客户资金占比更高,2017年行业集中度小幅下降。规模前十的基金公司管理资产规模合计 2.38 万亿元，占基金公司专户规模的 48.0%，较 2016 年底下降 4.6 个百分点（见表 3-2）；专户规模前二十的基金公司的管理资产规模合计 3.43 万亿元，占基金公司专户规模的 69.1%，较 2016 年底下降 3.4 个百分点。

表 3-2　2017 年底专户规模前十的基金公司及其规模

排名	机构名称	管理资产规模（亿元）	占行业总规模比例（%）
1	创金合信基金管理有限公司	4 005	8.1
2	建信基金管理有限责任公司	3 605	7.3
3	华夏基金管理有限公司	2 840	5.7
4	中银基金管理有限公司	2 726	5.5
5	嘉实基金管理有限公司	2 137	4.3
6	易方达基金管理有限公司	1 955	3.9
7	工银瑞信基金管理有限公司	1 892	3.8
8	博时基金管理有限公司	1 645	3.3
9	南方基金管理有限公司	1 542	3.1
10	广发基金管理有限公司	1 468	3.0

资料来源：中国证券投资基金业协会（AMAC）。

第二节　基金子公司专户业务

一、发展情况

截至 2017 年底，基金管理公司从事特定客户资产管理业务子公司 79 家，存续产品 9 999 只，管理资产规模 7.31 万亿元，较 2016 年底减少 3.19 万亿元，下降 30.4%。从产品类型来看，一对一专户存续产品 5 749 只，管理资产规模 6 万亿元，占比 82%，较 2016 年底减少 2.21 万亿元，减少 27%；一对多专户存续产品 4 250 只，管理资产规模 1.31 万亿元，占比 18%，较 2016 年底减少 9 795 亿元，减少 43%（见图 3-4）。

图 3-4　基金子公司专户业务历史发展情况

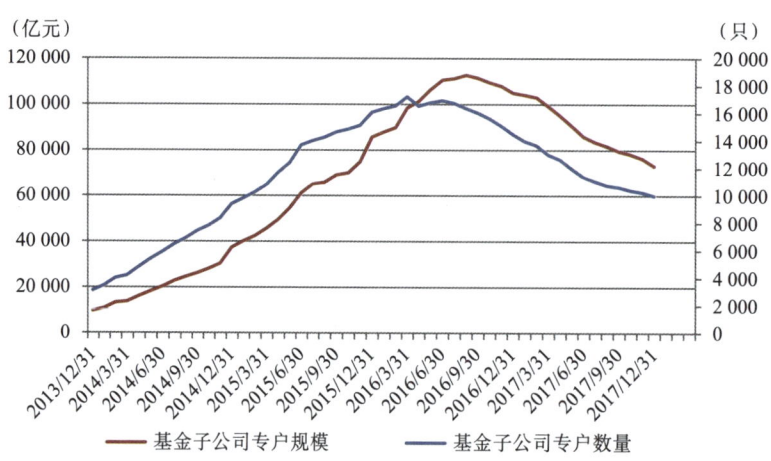

资料来源：中国证券投资基金业协会（AMAC）。

二、新设情况

2017年，基金子公司受监管政策趋严、资本金约束以及部分公司受到监管处罚暂停新设产品等因素影响，全年新设产品规模大幅下降，月均新设产品规模650亿元，较2016年大幅减少84%。全年新设产品2 220只，新设规模7 802亿元，其中一对一产品规模5 086亿元，占比65%；一对多产品规模2 716亿元，占比35%（见图3-5）。

图 3-5　2017年1~12月基金子公司专户月度新设情况

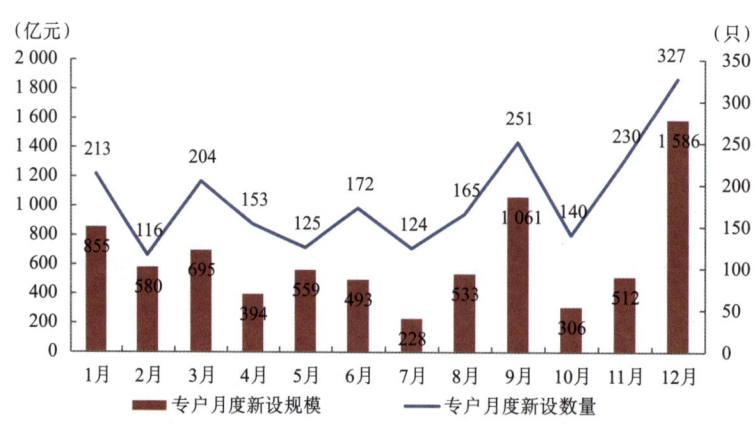

资料来源：中国证券投资基金业协会（AMAC）。

三、投资管理情况

基金子公司专户以投资"未通过证券交易所转让的股权、债权及其他财产权利"为主。从产品投资类型来看,截至 2017 年底,基金子公司存续专户产品中,非标类产品规模 4.19 万亿元,占比 57.3%;固定收益类产品规模 1.72 万亿元,占比 23.5%;权益类产品规模 4 073 亿元,占比 5.6%;混合类产品规模 3 684 亿元,占比 5.0%(见图 3-6)。

图 3-6 2017 年底基金子公司专户各类别产品规模占比情况

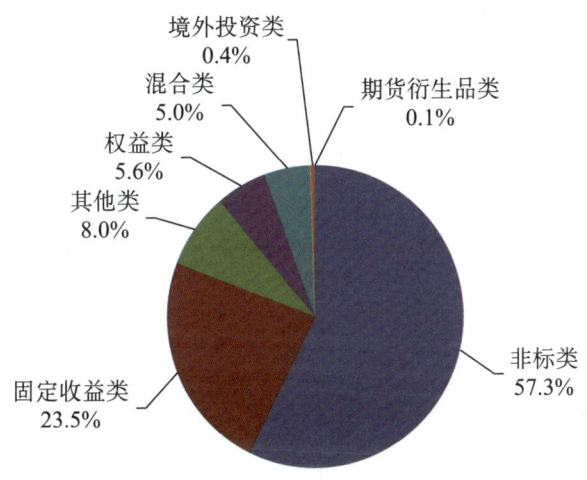

资料来源:中国证券投资基金业协会(AMAC)。

从管理方式来看,基金子公司专户通道类业务规模占比较高,主动管理业务有待继续开发拓展。截至 2017 年底,基金子公司主动管理类产品资产规模 1.82 万亿元,占比 24.9%,占比较 2016 年下降 4 个百分点;通道产品管理资产规模 5.49 万亿元,占比 75.1%,占比较 2016 年上升 4 个百分点。

基金子公司通道产品资金主要来源于银行,资金占八成以上,此类产品投资类型主要为非标类及固定收益金融产品类;主动管理类产品资金主要来源于银行、个人、其他机构,此类产品的投资类型主要为非标类及债券类。

四、投向情况

基金子公司专户以投资融资类项目、持牌机构资管产品、标准证券为主,另有少部分投资股票质押、票据等其他资产。基金子公司专户投资持牌金融机构资管产品和私募基金规模为2.59万亿元,占比35.1%,同比减少25.3%;通过信托贷款、委托贷款、收益权等方式进行的债权投资规模为2.55万亿元,占比34.4%,同比减少35.6%;投资股票、债券、基金等证券规模1.18万亿元,占比15.9%,同比减少14.8%;投资股权规模3 359亿元,占比4.5%,同比减少16.6%;投资资产收益权规模2 189亿元,占比3.0%,同比减少56.7%;同业存款、同业存单及现金规模1 647亿元,占比2.2%,同比减少47.0%;另有少量股票股权质押、银行票据、债券逆回购等其他类资产投资(见表3-3)。

表3-3　2017年底基金子公司专户业务投资情况

资金投向	投资金额(亿元)	占比(%)
证券投资	11 771	15.9
银行委托贷款、信托贷款	12 169	16.4
以收益权、股权为形式的债权投资	13 293	18.0
资产收益权	2 189	3.0
股权投资	3 359	4.5
持牌金融机构资管产品	20 892	28.2
私募基金	5 049	6.8
股票股权质押融资	457	0.6
信贷票据信用证保理	505	0.7
同业存款、同业存单、现金	1 647	2.2
债券逆回购	623	0.8
其他	2 034	2.7
总计	73 989	100.0

资料来源:中国证券投资基金业协会(AMAC)。

从最终投向来看,基金子公司专户投向实体经济规模合计3.59万亿元。其中,投向一般工商企业的规模为1.40万亿元,较上年底减少27.8%;投向房地产的规模为8 821亿元，较上年底减少31.3%；投向地方融资平台的规模为9 638[①]亿元，较上年底增加11.6%；投向基础产业的规模1.06万亿元，较上年底增加69.3%。受市场因素及监管因素的影响，投向房地产规模占比从年初27.2%降至年底20.5%（见图3-7）。

图3-7　基金子公司专户业务融资类产品投向情况

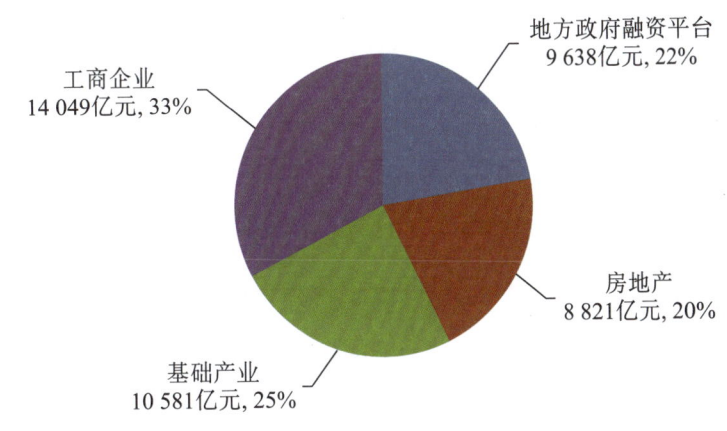

资料来源：中国证券投资基金业协会（AMAC）。

四、集中度情况

在严监管、资本金限制的影响下，2017年基金子公司专户业务规模集中度有所提升。专户规模前十的基金子公司管理资产规模合计3.43万亿元，占基金子公司专户规模的46.9%，较2016年底上升3个百分点；专户规模前二十的基金子公司管理资产规模合计5.07万亿元，占基金子公司专户规模的69.3%，较2016年底上升4.2个百分点。

由于平台和资本金的优势，银行系基金子公司管理资产规模仍居前列。截至2017年底，13家银行系基金子公司专户规模合计3.40万亿元，占子公司专户总规模的47%，有7家银行系基金子公司进入行业规模前十。

---

① 基金子公司专户产品投资地方融资平台的资金中有748亿元投资到房地产、6 439亿元投资到基础产业，这两部分投资在房地产、基础产业分项中也有统计，因此地方融资平台、房地产、基础产业分项统计中共7 188亿元存在重复计算。

表 3-4　2017 年底专户规模前十的基金子公司及其规模

排名	机构名称	管理资产规模（亿元）	占行业总规模比例（%）
1	招商财富资产管理有限公司	4 838	6.6
2	上海浦银安盛资产管理有限公司	4 478	6.1
3	建信资本管理有限责任公司	4 279	5.9
4	深圳平安大华汇通财富管理有限公司	3 497	4.8
5	工银瑞信投资管理有限公司	3 443	4.7
6	农银汇理（上海）资产管理有限公司	3 390	4.6
7	博时资本管理有限公司	3 067	4.2
8	交银施罗德资产管理有限公司	2 552	3.5
9	兴业财富资产管理有限公司	2 485	3.4
10	易方达资产管理有限公司	2 225	3.0

资料来源：中国证券投资基金业协会（AMAC）。

第三节　管理全国社保基金

2017 年，由基金管理公司管理的全国社保基金资产规模达 9 972 亿元，较 2016 年增长 15.3%。2011 年以来，由基金管理公司管理的全国社保基金规模稳步增长，2017 年底已占到全国社保基金总规模的 44.9%，占全国社保基金委托投资规模的 77.8%。近年来，在国内外经济形势不断变化和对外开放稳步推进的背景下，全国社保基金境外投资资产规模增幅明显，且 37 家境外投资管理人中，仅 3 家为境内基金公司，因此，基金公司管理规模与全国社保基金委托投资规模之比逐年有所下降。

2003 年起全国社保基金开始委托基金管理公司进行投资管理。2007 年后，委托投资规模占社保基金资产总额的比重稳定在 40% 以上，2017 年达到 57.7%。2008 年以来，社保基金的历史年化平均收益率在 8%~10% 之间。2017 年，社保基金自成立以来的年均投资收益率达 8.44%，累计投资收益额 10 074 亿元（见图 3-9）。

图 3-8　基金管理公司管理全国社保基金情况

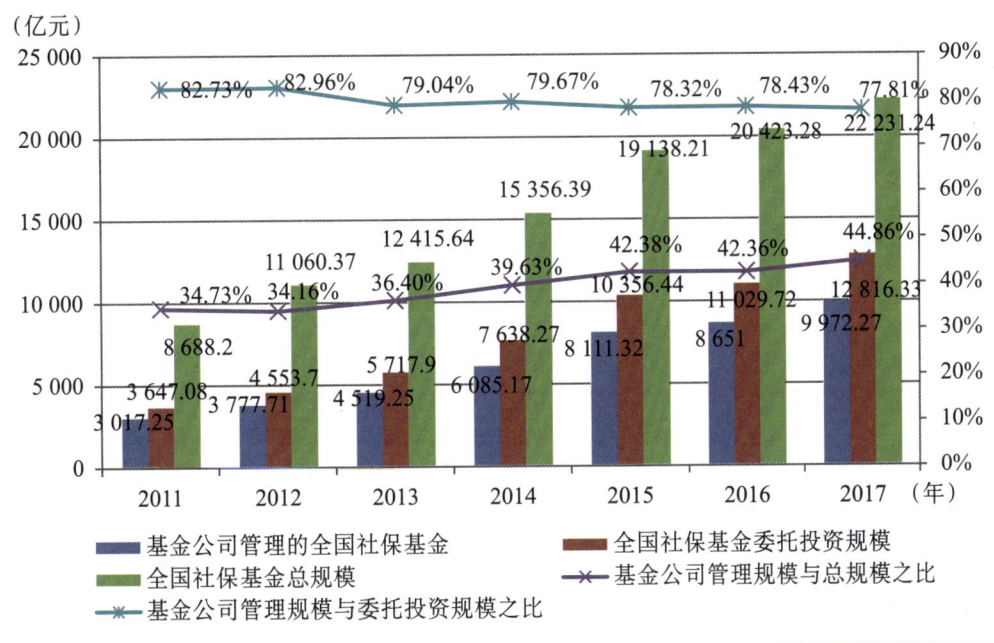

资料来源：全国社保基金理事会。

注：基金公司管理规模与委托投资规模之比逐年下降，与近年来社保境外投资资产规模增幅较大，且在其委托的 37 家境外投资管理人中，仅 3 家为境内基金公司等因素有关。

图 3-9　全国社保基金委托投资及历史收益情况

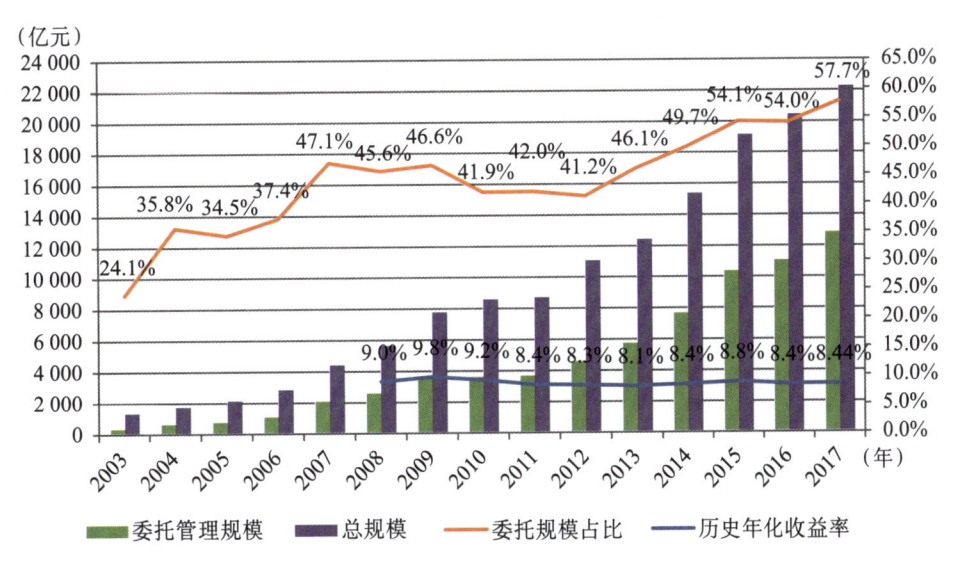

资料来源：全国社保基金理事会。

第四节 管理企业年金

2017年末，由基金管理公司管理的企业年金资产为4 571亿元，与2016年末相比增长12.7%，占全部企业年金委托投资资产的36.9%，与2016年末相比下降1个百分点（见图3-10）。

图3-10 基金管理公司管理企业年金情况

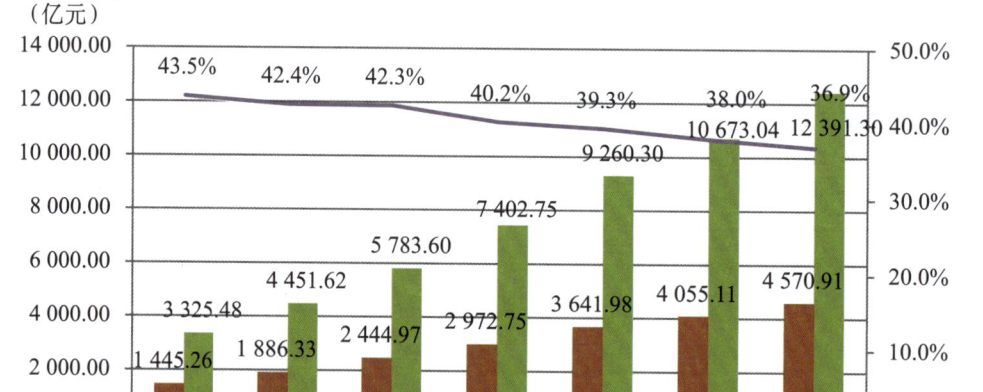

资料来源：2017年度全国企业年金基金业务数据摘要。

第四章

证券公司和期货公司资产管理业务

第一节 证券公司资产管理业务

一、整体情况

自"一法两则"出台后，证券公司资管业务快速增长，从2012年底的1.89万亿元增至2017年一季度末的18.45万亿元。证券公司资管业务的快速增长主要来源于银行资金通道业务规模的快速膨胀。这一方面是银行资金出表需求推动，另一方面也有"大资管"政策标准不一的原因。2017年以来，银行同业、理财和表外资金受到严格管控，出表需求下降，"大资管"新规开始征求市场意见，证券公司资管通道业务规模下降明显，证券公司发挥投资研究核心优势，大力发展主动管理类产品，主动管理能力的提升直接促进收入水平提高，证券公司在管理资产规模下降的情况下收入仍实现正增长。

截至2017年底，97家证券公司及资管子公司开展资产管理业务，存续产品22 031只，管理资产规模16.52万亿元，较2016年底减少7 959亿元，减幅4.6%，证券公司资管业务规模全年月均减少663亿元。从产品类型来看，截至2017年底，集合计划存续产品3 718只，管理资产规模2.11万亿元，较2016年底减少813亿元；定向资管存续合约18 298份，资产规模

图 4-1 证券公司资管业务历史发展情况

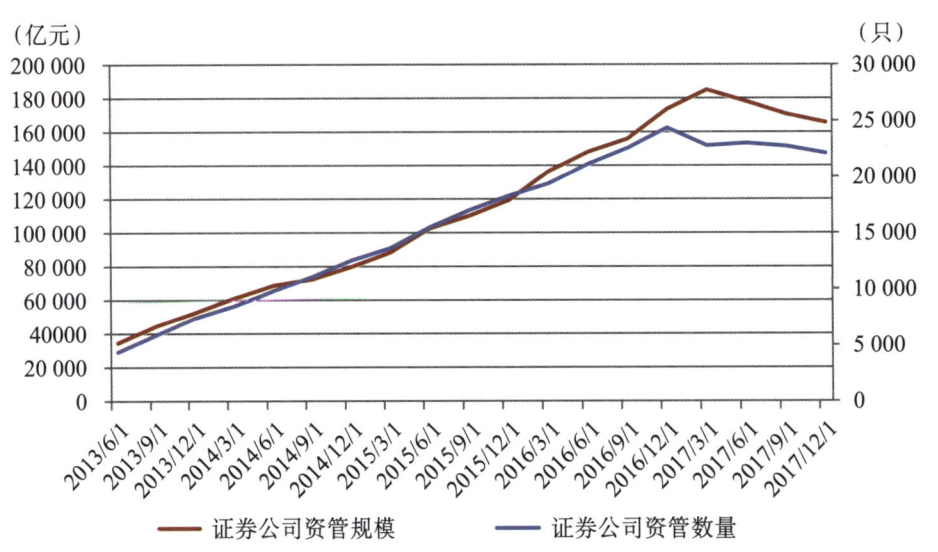

资料来源：中国证券投资基金业协会（AMAC）。

14.39 万亿元，较 2016 年底减少 2 919 亿元；专项资管计划①存续产品 15 只，资产规模 89 亿元。

二、新设情况

2017 年，证券公司新设资管产品 6 881 只，规模 2.57 万亿元。新设集合计划 1 469 只，规模 2 775 亿元。其中，固定收益类产品 636 只，规模 1 267 亿元；混合类产品 413 只，规模 726 亿元；非标类 226 只，规模 488 亿元；权益类 57 只，规模 74 亿元；其他类型 133 只，规模 220 亿元。新签订定向合约 5 383 份，规模 2.2 万亿元。其中，主动管理定向合约 1 412 份，规模 2 319 亿元；被动管理定向合约 3 971 份，规模 1.97 万亿元（见图 4-2）。

---

① 专项资管计划指在取消行政审批前已批准设立且当时存续的专项资管计划，不包括其后在中国证券投资基金业协会备案的资产证券化业务。

图 4-2　2017 年 1~12 月资管计划月度新设情况

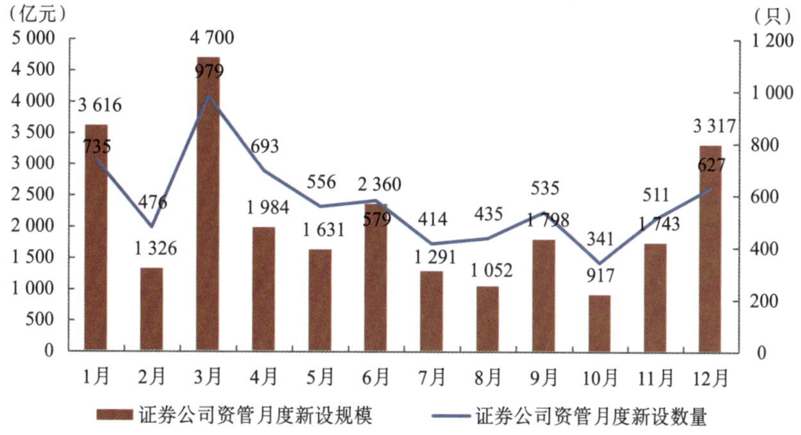

资料来源：中国证券投资基金业协会（AMAC）。

三、投资管理情况

证券公司资管产品主要投向各类非标资产及交易所、银行间市场标准化资产。从产品投资类型来看，截至 2017 年底，证券公司资管产品中，非标类产品规模 8.11 万亿元，占比 49.1%；固定收益类产品规模 5.7 万亿元，占比 34.5%；混合类产品规模 1.72 万亿元，占比 10.4%；权益类产品规模 4 861 亿元，占比 2.9%（见图 4-3）。

图 4-3　2017 年底证券公司资管各类别产品规模占比情况

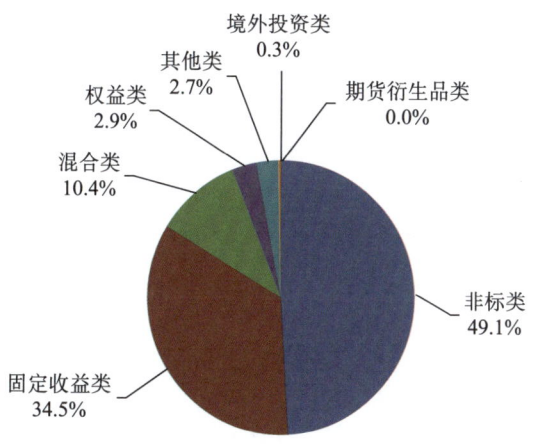

资料来源：中国证券投资基金业协会（AMAC）。

从管理方式来看，证券公司通道业务规模占比依然较高，降通道，提升主动管理能力，发掘自身客户资产管理核心优势依然是未来业务发展方向。截至 2017 年底，证券公司存续的主动管理产品 7 504 只，管理资产规模 4.57 万亿元；存续的通道产品 14 527 只，管理资产规模 11.95 万亿元，较 2016 年底减少 4 214 亿元。

与基金子公司专户类似，证券公司通道产品资金八成以上资金来源于银行，此类产品投资类型主要为非标类及债券类；主动管理产品资金主要来源于银行、个人、其他机构，此类产品的投资类型主要为固定收益类及混合类。

四、投向情况

截至 2017 年底，证券公司主动管理产品主要投向以债券为主的证券类资产，投资规模 3.63 万亿元，占主动管理产品总投资规模的 67.4%（见表 4-1）。其中，投资债券规模 3.08 万亿元，占主动管理产品投资规模的 57.1%。

表 4-1　2017 年证券公司主动管理产品投资情况

资金使用	投资金额（亿元）	占比（%）
股票	3 541	6.6
债券	30 757	57.1
证券投资基金	1 133	2.1
资产支持证券及其他证券	855	1.6
银行委托贷款、信托贷款	1 332	2.5
债权	752	1.4
资产收益权	579	1.1
持牌机构资管产品和私募基金	5 601	10.4
股票股权质押融资	2 282	4.2
债券逆回购	2 188	4.1
同业存款、同业存单、现金	3 202	5.9
其他	1 604	3.0
总计	53 825	100.0

资料来源：中国证券投资基金业协会（AMAC）。

非标资产投资中，投资银行理财、信托计划、证券公司资管、基金专户等持牌机构资管产品[①]和私募基金规模 5 601 亿元，占主动管理投资规模

---

① 持牌机构资管产品包含：商业银行理财计划、信托计划、保险资产管理计划、证券公司资产管理计划、基金公司及子公司资产管理计划和期货资产管理计划。

10.4%；同业存款、同业存单等现金类资产规模 3 202 亿元，占比 5.9%；以银行委托贷款、信托贷款、收益权、股权为形式的债权投资规模 2 084 亿元，占比 3.9%。

证券公司资管主动管理产品通过信贷、债权、收益权等方式对实体经济投资的规模 3 860 亿元，占主动管理产品总投资规模的 7.2%。其中，投向一般工商企业、地方融资平台、房地产、基础产业的规模分别为 2 054 亿元、653 亿元①、612 亿元、992 亿元。

2017 年同业、理财等资金对固定收益资产的需求稳定增长，通道类产品投资债券规模大幅增加。截至 2017 年底，定向通道业务投向持牌机构资管产品及私募基金规模 2.55 万亿元；投向银行委托贷款、信托贷款规模 2.51 万亿元，较 2016 年减少 22.2%；投向以债券投资为主的证券类资产规模 2.16 万亿元，较 2016 年增长 10.5%；投向票据类资产规模 1.21 万亿元，较 2016 年减少 22.6%（见图 4-4）。

图 4-4　2017 年证券公司通道业务主要投资情况

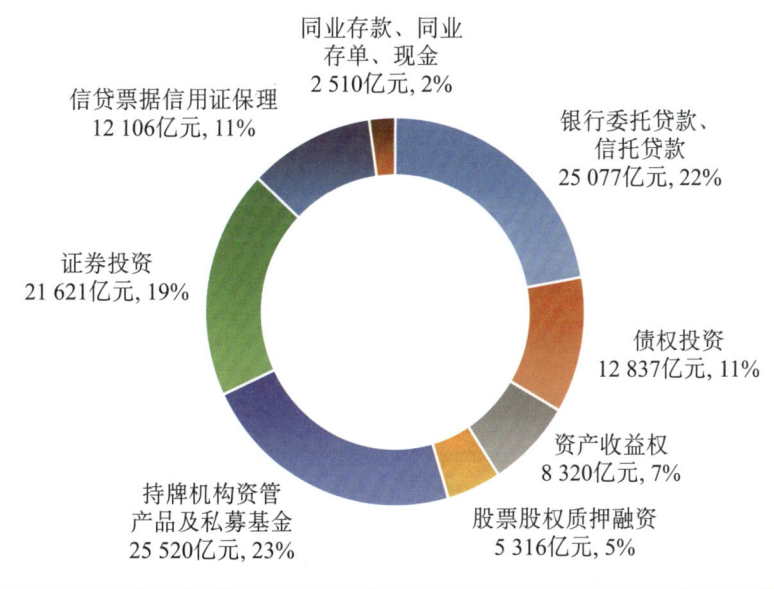

资料来源：中国证券投资基金业协会（AMAC）。

---

① 证券公司主动管理产品投资地方融资平台的资金中有 46 亿元投资到房地产、405 亿元投资到基础产业，这两部分投资在房地产、基础产业分项中也有统计，因此地方融资平台、房地产、基础产业分项统计中共 451 亿元存在重复计算。

从最终投向来看,通道业务投向实体经济规模合计4.97万亿元,投向一般工商企业、基础产业、房地产及地方融资平台规模分别为2.65万亿元、1.11万亿元、9 469亿元及6 907亿元[①],分别较2016年底增加3 851亿元、7 395亿元、33亿元和2 944亿元。

四、集中度情况

2017年,中小证券公司加强资管业务发展,证券公司资管业务集中度小幅下降,排名前十的证券公司资管业务规模合计占资管业务总规模的45.0%(见表4-2),前二十的证券公司占比为62.1%,较2016年分别下降了2.5个百分点、2.4个百分点。

表4-2 2017年资管业务规模前十的证券公司及规模

排名	机构名称	管理资产规模(亿元)	占行业总规模比例(%)
1	中信证券股份有限公司	16 673	10.1
2	上海国泰君安证券资产管理有限公司	8 644	5.2
3	华泰证券(上海)资产管理有限公司	8 518	5.2
4	申万宏源证券有限公司	8 093	4.9
5	招商证券资产管理有限公司	7 355	4.5
6	中信建投证券股份有限公司	6 435	3.9
7	中银国际证券有限责任公司	6 423	3.9
8	广发证券资产管理(广东)有限公司	5 025	3.0
9	安信证券股份有限公司	3 662	2.2
10	华福证券有限责任公司	3 530	2.1

资料来源:中国证券投资基金业协会(AMAC)。

---

① 证券公司通道资管产品投资地方融资平台的资金中有611亿元投资到房地产、3 682亿元投资到基础产业,这两部分投资在房地产、基础产业分项中也有统计,因此地方融资平台、房地产、基础产业分项统计中共4 293亿元存在重复计算。

第二节 期货公司资产管理业务

一、发展情况

截至2017年底,110家期货公司及其资管子公司开展资产管理业务,期货公司存续资管产品3 319只,管理资产规模2 458亿元,较2016年底减少333亿元,下降12%。存续产品中,一对一期货资管存续产品1 132只,管理资产规模655亿元,占比26.6%;一对多期货资管存续产品2 187只,管理资产规模1 803亿元,占比73.4%(见图4-5)。

图4-5 期货公司资产管理业务规模历史发展情况

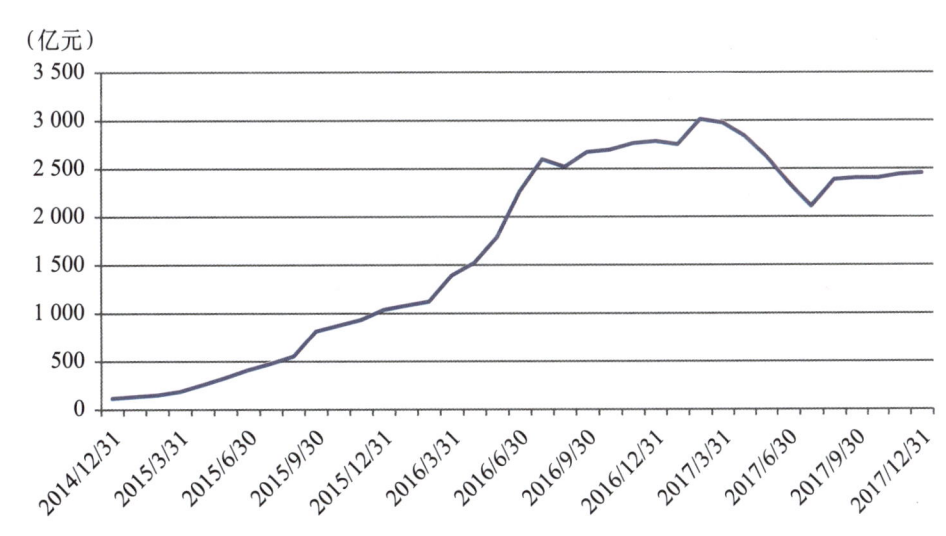

二、新设情况

2017年度共收到期货公司及资管子公司在中国证券投资基金业协会备案的资管产品2 547只,设立规模629亿元,较2016年减少1 283亿元,下降67%。其中一对一产品960只,设立规模209亿元,占比33.3%;一对多产品1 587只,设立规模419亿元,占比66.7%。

三、投向情况

期货公司存续资管产品投资证券市场规模959亿元,占期货资管业务管理规模的39%;其他投资规模1 499亿元,占期货资管业务管理规模的61%。证券市场投资中,投资股票规模483亿元,占期货资管总规模的19.7%;投资债券规模328亿元,占比13.3%;投资证券投资基金规模76亿元,占比3.1%;投资期货规模47亿元,占比1.9%;其他证券投资25亿元,占比1%。

四、集中度情况

2017年,期货公司资管行业规模小幅下降,期货资管规模集中度相应下降。规模前十的期货公司管理资产规模合计1 001.08亿元,占期货公司资管规模的40.9%,较2016年底下降11.4个百分点(见表4-3);规模前二十的期货公司的管理资产规模合计1 495.58亿元,占期货公司资管规模的60.8%,较2016年底下降11.4个百分点。

表4-3　2017年底资管规模前十的期货公司及其规模

排名	机构名称	管理资产规模(亿元)	占行业总规模比例(%)
1	华信期货股份有限公司	237	9.6
2	深圳天风天成资产管理有限公司	105	4.3
3	中电投先融(上海)资产管理有限公司	100	4.1
4	中信盈时资产管理有限公司	93	3.8
5	银河期货有限公司	91	3.7
6	和合资产管理(上海)有限公司	86	3.5
7	华泰期货有限公司	85	3.5
8	五矿经易期货有限公司	74	3.0
9	国投安信期货有限公司	66	2.7
10	九州期货有限公司	65	2.7

第五章

私募投资基金

在我国经济进入新常态、转型升级加快的背景下,私募基金已经成为多层次资本市场的重要组成部分,为实体经济提供了宝贵的股权资本支持,有效支持实体经济创新发展与转型升级。截至2017年末,中国证券投资基金业协会已登记私募基金管理人22 446家,较上年末增长24.8%;已备案私募基金66 418只,较上年末增长44.4%;管理基金规模11.50万亿元,较上年末增长39.5%。2017年当年新登记私募基金管理人5 736家,新备案各类基金28 021只,基金规模3.90万亿元。

第一节 私募证券投资基金

一、发展概况

自2014年私募基金实施登记备案制度以来至2017年7月,私募证券投资基金数量与规模总体持续上升。其后,基金数量有所增加,但规模基本保持在2.6万亿元上下波动,单只基金平均规模持续下降。

截至2017年底,正在运作的私募证券投资基金34 097只,较2016年底增加8 519只;基金规模合计为2.57万亿元,较2016年底增加235亿元。其中,涉及跨境投资基金数量为202只,规模为239亿元(见图5-1)。

图 5-1　私募证券投资基金发展情况

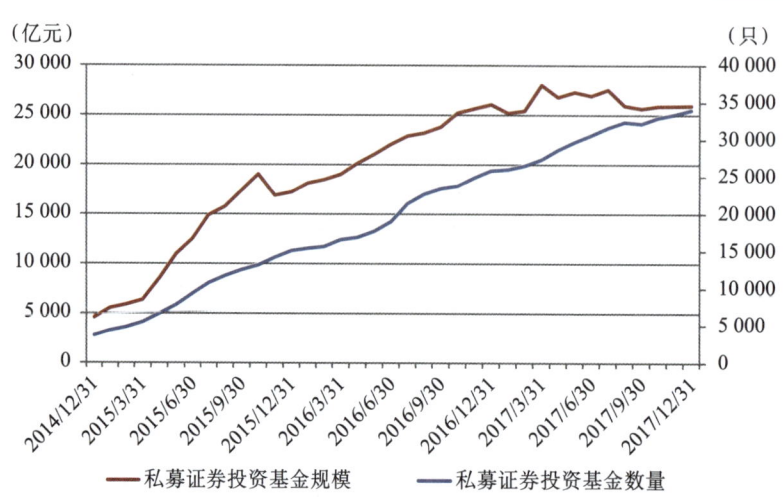

资料来源：中国证券投资基金业协会（AMAC）。

二、新设情况

2017年，在中国证券投资基金业协会新备案私募证券投资基金 13 685 只，募集规模合计 6 406 亿元。从单只基金规模来看，受限于市场整体行情等诸多因素，新备案私募证券投资基金规模相对较小。

在新备案的自主发行类私募证券投资基金中，混合类基金与股票类基金新备案数量合计占比约78%，募集规模合计占比约65%，为新备案自主发行类私募证券投资基金的主要基金类型。

从2017年新备案自主发行类私募证券投资基金的量化/对冲策略来看，选择了量化/对冲策略的基金共 4 323 只，占新备案自主发行类私募证券投资基金数量的33.5%。其中，仅选择量化策略的基金数量为 1 455 只，规模284亿元；仅选择对冲策略的基金数量为 674 只，规模420亿元；同时，选择量化策略和对冲策略的基金数量为 2 194 只，规模527亿元。此外，套利策略和事件驱动策略也日益受到关注和使用，反映出市场投资风格的多元趋势。

三、自主发行类私募证券投资基金投资管理情况

与证券公司资管、基金公司专户以固定收益需求为主不同的是，私募

证券投资基金以高收益需求为主。故从产品类型来看，股票类基金和混合类基金是私募证券投资基金（不含 FOF 类）中最主要的组成部分，截至 2017 年底，两类基金只数占所有私募证券投资基金（不含 FOF 类）总数的 89.4%，两类基金规模占私募证券投资基金（不含 FOF 类）总规模的 78.2%。混合类基金数量及规模分别同比增长 73.8% 和 48.4%，反映出私募市场多元资产配置内在需求。此外，期货期权等衍生品基金数量同比增长 82.5%，基金规模同比增长 42.3%，反映出衍生品市场发展潜力。

从不同产品类型的私募证券投资基金（不含 FOF 类）平均规模来看，单只固定收益类基金平均规模 2.9 亿元，远大于其他类型基金；而单只平均规模最小的期货及其他衍生品类基金，平均规模仅有约 1 800 万元，反映出不同类型私募证券投资基金（不含 FOF 类）的投资特点。

从投资策略来看，截至 2017 年底，正在运作的私募证券投资基金中，共有 12 023 只基金使用了股票策略，基金数量占比最高；共有 8 680 只基金使用复合策略，基金数量也相对较多（见图 5－2）。

图 5－2　私募证券投资基金投资策略情况

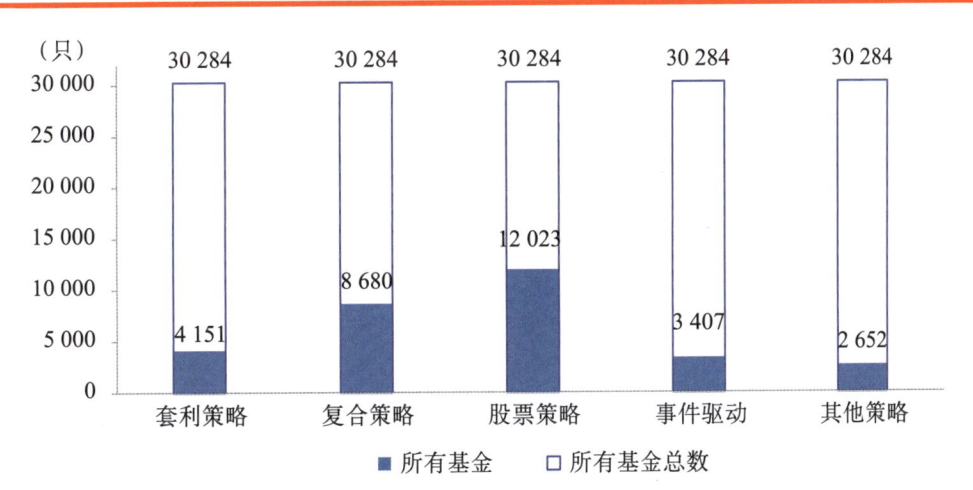

资料来源：中国证券投资基金业协会（AMAC）。

从量化/对冲策略来看，共有 7 742 只基金有使用量化/对冲策略，基金规模合计 2 849 亿元，分别占私募证券投资基金总只数和总规模的 25.6% 和 16.6%，反映出量化对冲投资在中国仍处探索阶段。其中，仅使用量化策略的基金数量近 2 倍于仅使用对冲策略的基金数量，但前一类基金的规模却小于后一类基金规模，单只对冲基金平均规模显著大于量化基金。另外，

3 890只私募证券投资基金同时选择了量化策略和对冲策略,规模1 038亿元(见图5-3)。

图5-3　私募证券投资基金量化对冲情况

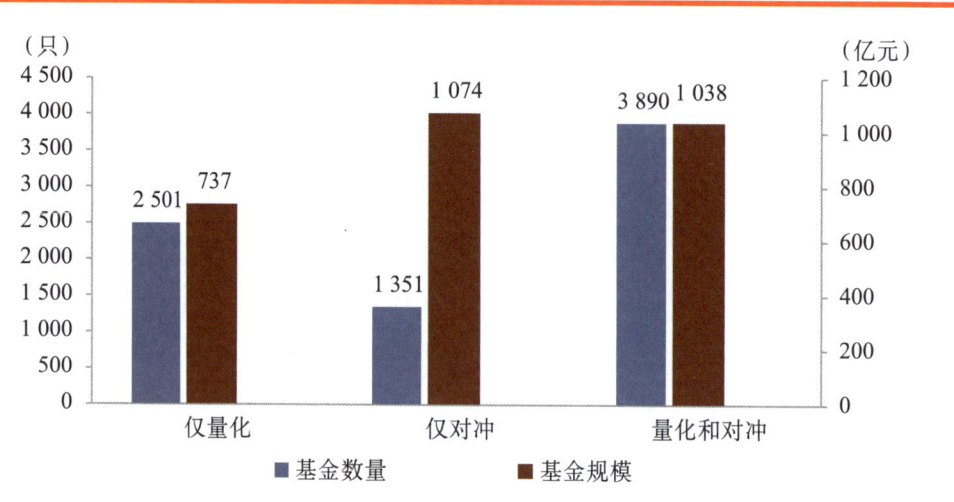

资料来源:中国证券投资基金业协会(AMAC)。

四、自主发行类私募证券投资基金投向情况

私募证券投资基金主要投向境内股类资产与债类资产,截至2017年底,投资规模约1.27万亿元,占总资产投向的48%。其中,投向交易所及银行间股票与债券的规模约1.15万亿元,占总资产投向的43.2%。值得注意的是,投向资管计划的规模占比29%,成为各类投向中仅次于股类占比的投向(见图5-4)。

从直接服务实体经济股权融资需求看,投资于境内未上市未挂牌公司股权、境内债权、上市公司定向增发和新三板的资金直接对接了实体企业融资需求。截至2017年底,私募证券投资基金投资上述各类投向的规模合计约3 100亿元,占总资产投向的11.6%。

五、自主发行类私募证券投资基金集中度情况

截至2017年底,私募证券投资基金管理人的规模集中度仍然较高,在

图 5-4　私募证券投资基金投向情况

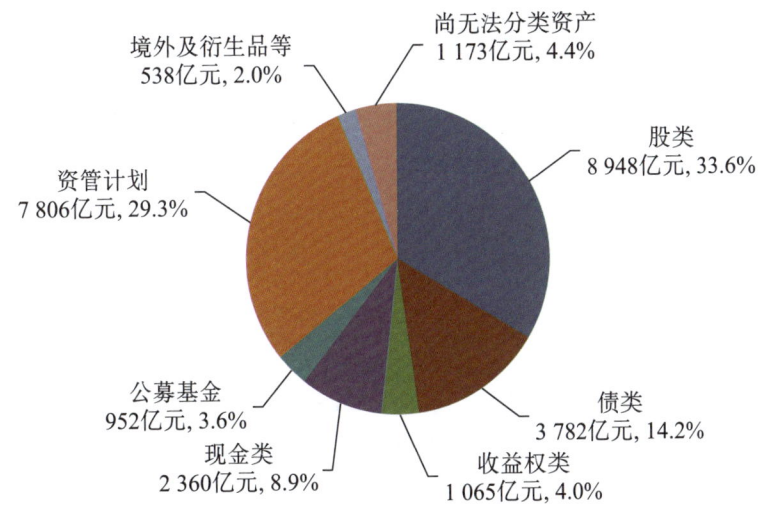

资料来源：中国证券投资基金业协会（AMAC）。

所有私募证券投资基金管理人中位列管理规模前 20 名的管理人，管理规模均在 50 亿元以上，其规模合计占比 26.6%；管理规模位列行业前 20% 的管理人，管理规模均在 1 亿元以上，其规模合计占比超过 94%。在行业监管不断完善、市场竞争日趋激烈的背景下，机构间发展的马太效应愈加显现，专业、诚信的管理人有望进一步脱颖而出（见图 5-5）。

图 5-5　私募证券投资基金管理人管理规模集中度

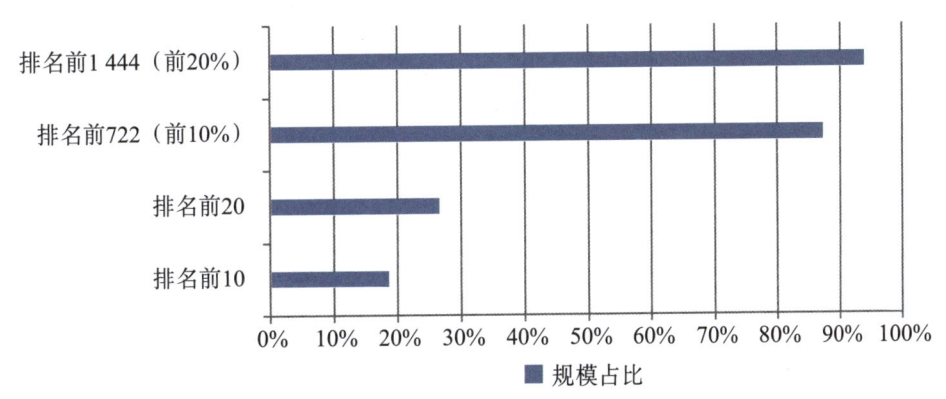

第二节　私募股权、创业投资基金

一、发展概况

近年以来，随着我国经济转型进入关键时期，私募基金尤其是私募股权投资基金与创业投资基金在支持实体经济创新、推动产业结构转型升级等方面发挥了积极作用。2017年私募股权、创业投资基金数量和规模继续保持高速增长趋势。

截至2017年底，正在运作的私募股权、创业投资基金26 199只，较2016年底增加9 826只；基金规模合计为6.90万亿元，较2016年底增加2.78万亿元，增长67.4%（见图5-6）。

图5-6　私募股权、创业投资基金历史发展情况

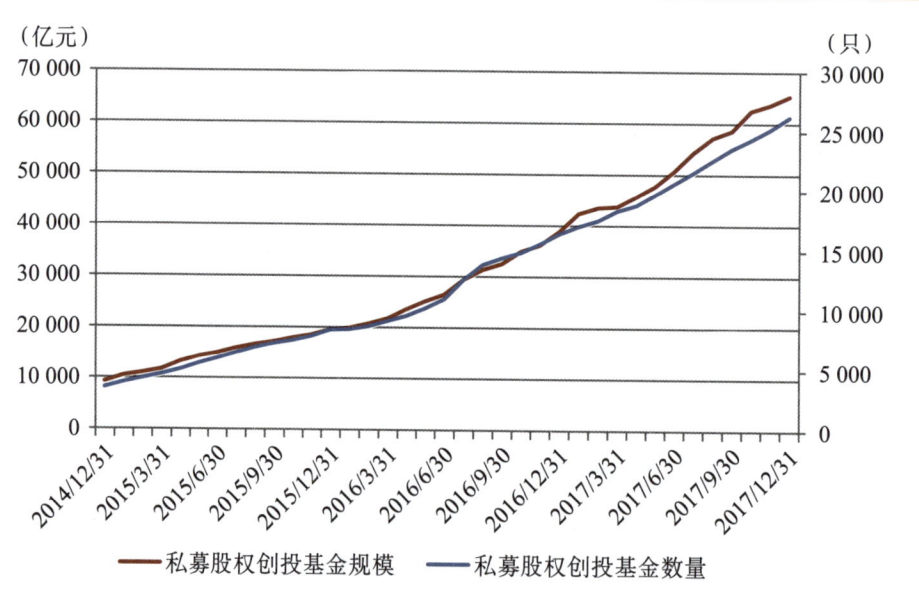

资料来源：中国证券投资基金业协会（AMAC）。

二、新设情况

2017年在中国证券投资基金业协会新备案私募股权、创业投资基金11 167只，募集规模合计2.41万亿元。

从单只基金规模来看，2017年新备案的私募股权、创业投资基金平均规模远大于私募证券投资基金平均规模。在新备案的私募股权投资基金中，并购基金与基础设施基金新备案产品数量合计占比28.5%，募集规模合计占比约44.7%。

三、投向情况

从资产类别来看，私募股权、创业投资基金主要投向境内股类资产。截至2017年底，投资规模约3.76万亿元，占总资产投向的51.8%。其中，投向未上市公司股权的规模约3.33万亿元，占总资产投向的45.8%。与私募证券投资基金相同的是，私募股权、创业投资基金投向资管计划的规模占比20%，成为各类投向中仅次于股类占比的投向（见图5-7）。

图5-7　私募股权、创业投资基金投向情况

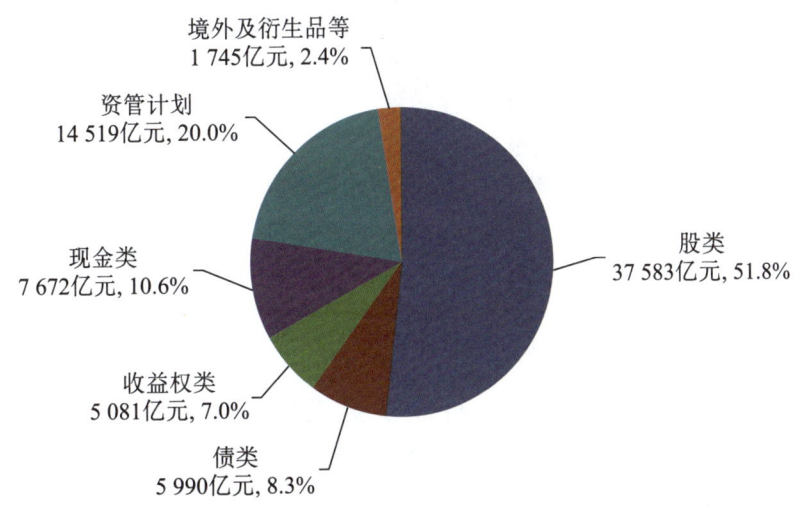

资料来源：中国证券投资基金业协会（AMAC）。

从服务实体经济来看,投资于境内未上市未挂牌公司股权、境内债权、上市公司定向增发和新三板的资金直接对接了实体企业融资需求,截至2017年底,私募股权、创业投资基金投资上述各类投向的规模合计约4.12万亿元,占总资产投向的56.7%。

2017年备案的私募股权、创业投资基金,主要投资于境内未上市、未挂牌公司股权,投资规模合计1.16万亿元,占当年备案的私募股权、创业投资基金投资总规模的47.2%。

四、投资案例情况

从中国证券投资基金业协会已有数据来看,截至2017年末,私募股权、创业投资基金境内外股权、债权的在投案例57 614个,账面价值4.42万亿元,在投金额4.15万亿元(见图5-8)。2017年当年,私募股权、创业投资基金新增投资案例20 848个,投资金额1.66万亿元。

图5-8 2017年私募股权、创业投资基金在投案例分布情况

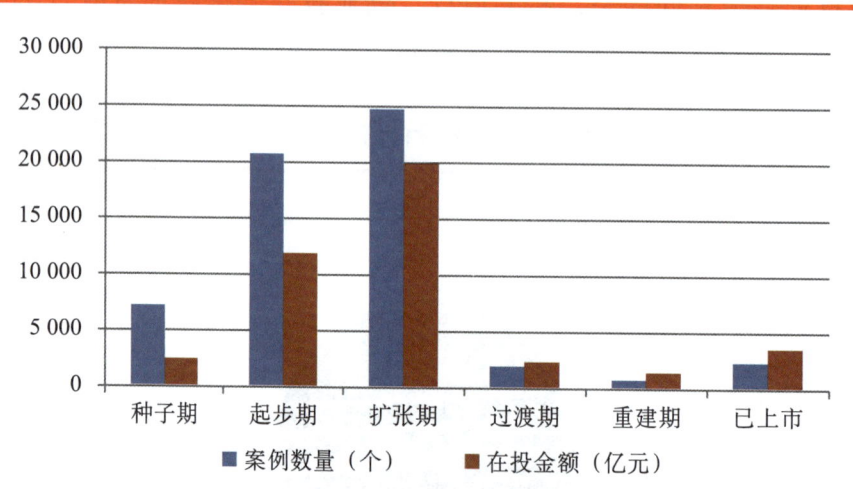

资料来源:中国证券投资基金业协会(AMAC)。

从投资阶段分布情况来看,行业投资优选的是扩张期与起步期企业,这两个阶段合计的投资案例与在投金额分别为4.54万个、3.18万亿元,占所有投资案例数量与在投金额的78.8%、76.6%。

从所投资企业类型来看,私募股权、创业投资基金是支持中小高新初创企业发展的重要力量。截至2017年末,在投中小企业案例39 049个,在

投金额 1.2 万亿元；在投高新技术企业案例 19 365 个，在投金额 7 667 亿元；在投初创科技型企业案例 2 548 个，在投金额 280 亿元。

六、退出情况

截至 2017 年底，私募股权、创业投资基金退出次数 14 427 次，退出本金 4 380 亿元，实际退出金额 6 823 亿元，平均回报率约 55.8%[①]。私募股权投资基金投资案例平均投资期限 36.65 个月，创业投资基金投资案例平均投资期限 40.93 个月。

从投资退出方式来看，"协议转让""新三板挂牌""企业回购""融资人还款""被投企业分红"为主要退出方式，上述方式合计占所有退出次数的 88.0%。从实际退出金额来看，"协议转让"退出金额最高，占所有退出金额的 28.1%；其次为"融资人还款"，占所有退出金额的 22.6%；第三是"境内 IPO"，占所有退出金额的 17.8%（见图 5–9）。

图 5–9　私募股权、创业投资基金投资案例退出方式情况[②]

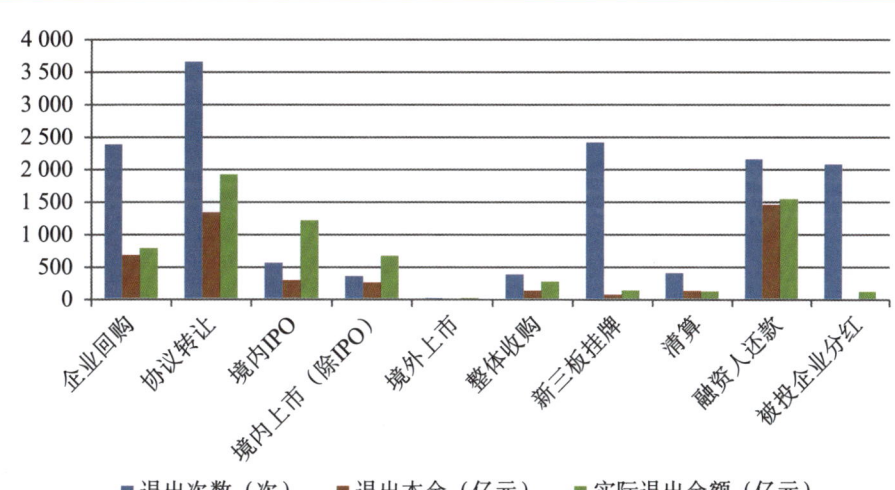

资料来源：中国证券投资基金业协会（AMAC）。

从不同退出方式的平均回报率来看，境内 IPO 是平均回报率最高的退

---

① 本书中平均回报率 =（实际退出金额 – 退出本金）/退出本金。
② "境内上市（除 IPO）"包括"上市公司定向增发""股票协议转让"和"股票大宗交易"。

出方式，约为 312.8%。

七、集中度情况

私募股权、创业投资基金管理人管理规模的行业集中度较高，行业排名前二十的管理人管理规模占比达 14.6%，行业排名前 20% 的管理人管理规模占比达 90.4%（见图 5-10）。

图 5-10　私募股权、创业投资基金管理人管理规模集中度

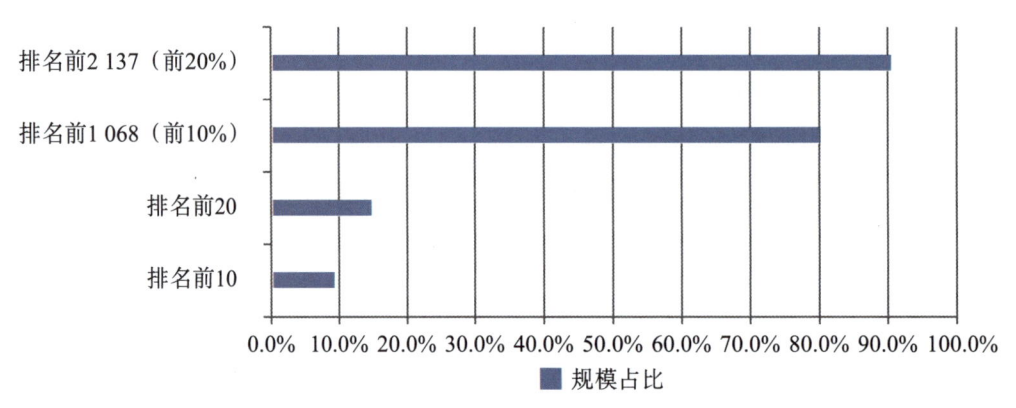

资料来源：中国证券投资基金业协会（AMAC）。

第三节　私募 FOF 基金

一、发展概况

截至 2017 年底，正在运作的私募 FOF 共 8 695 只，规模 1.54 万亿元，分别占私募基金总数和总规模的 13.1% 和 13.4%。其中，母基金 4 141 只，规模 9 714 亿元；投向单一资管计划基金 4 508 只，规模 5 637 亿元。

二、新设情况

2017年在中国证券投资基金业协会新备案各类型私募FOF 3 844只,基金规模合计6 345亿元,分别占存续私募FOF的44.2%和41.1%。其中,母基金1 823只,规模4 028亿元;投向单一资管计划基金2 021只,规模2 317亿元。

第六章

基金管理人

截至 2017 年末，按照中国证监会批复口径，我国境内共有基金管理人 131 家，其中合资公司 49 家，取得公募基金管理资格的证券公司或证券公司资管子公司 13 家，保险资管公司 2 家。

第一节 基金管理人股东和股权结构

一、股东背景

（一）国有、中外合资、民企、其他

从股东背景来看，属于国有企业的基金管理人共 32 家。其中多为地方政府或财务部出资，个别基金管理人由国家财务部或国资委直接出资。有 7 家基金管理人由国有企业独资。国有企业仍然是基金管理人股东群体中最重要的力量。

属于中外合资企业的基金管理人共 49 家。其中，外资股份超过 50% 的只有恒生前海基金管理有限公司，其余大多由单家内资企业控股超过 50%。从外资股东所处区域来看，除了 6 家基金管理人股东为台港澳企业，外资股东多是美国、欧洲等大型国际投资机构，也包括日本、新加坡等亚洲市场金融机构。

属于民营企业基金管理人共 16 家。其中，9 家基金管理人由自然人投

资或控股。其他的 34 家基金管理人,股权结构较分散,股东中有国有企业、民营企业、外资企业和自然人。这也显示出我国基金管理人股权结构越来越多元化,各种各样的机构参与基金领域,为基金管理人在丰富社会投资、提升服务能力方面奠定了基础(见图 6-1)。

图 6-1　2017 年国有、中外合资、民营、其他基金管理人数量分布

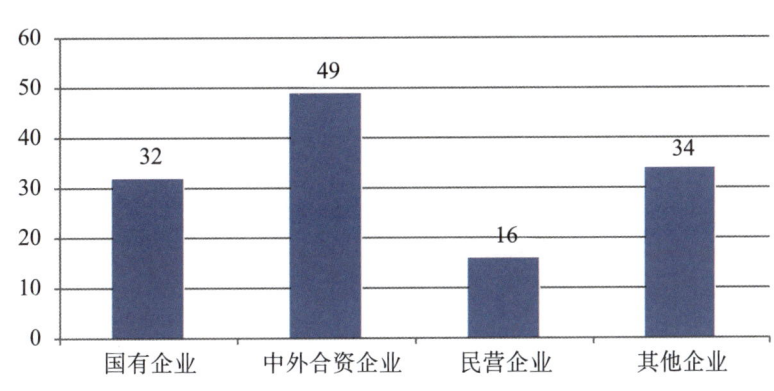

资料来源:Wind 资讯、天眼查、上海证券基金评价研究中心。

(二)不同类型股东背景

从主要控股股东所处行业来划分,大致可分为四个类型:银行系、券商系、信托系和其他系。一直以来,无论从基金管理人数量还是从管理的资产规模来看,券商系基金管理人都在行业中占据领先地位。尽管银行系中有工银瑞信这样的巨无霸型基金公司,但是券商系基金管理人胜在数量众多,整体上规模仍然占优。

2017 年共有 63 家券商系基金管理人,数量较 2016 年增加了 13 家,在全部基金公司中数量占比 48%,规模占比 39%(见图 6-2、图 6-3)。此外,共有 6 家证券公司及 7 家证券公司管理子公司获得公募基金管理人资格。

银行系基金管理人有 15 家,约占全部基金管理人相应规模的 1/4,相比于上年来说,其基金规模略微增加。银行系基金管理人近年来依托其强大的股东背景,在权益类投资不振的背景下,仍然保持着较为稳定的整体规模,投资能力方面也各有千秋,已经成长为基金市场非常重要的一股力量。

信托系基金管理人共计 25 家,在全部基金管理人中数量占比 20.49%,规模占比 27%。与 2016 年相比,信托系基金管理人数量保持不变,规模增

图 6-2　2016 年和 2017 年各类型基金管理人数量

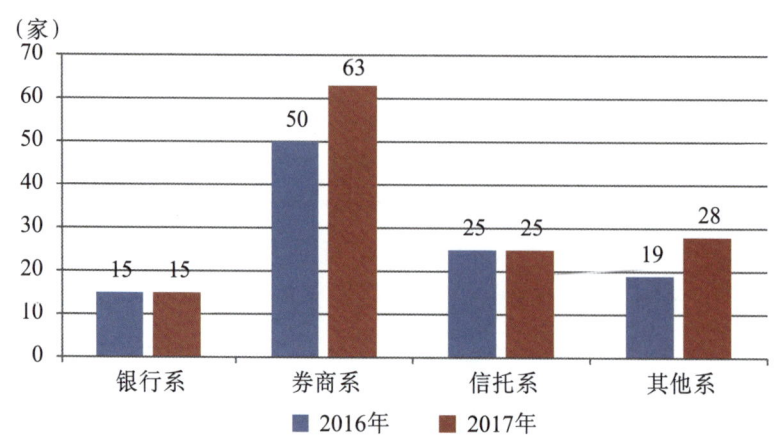

资料来源：Wind 资讯、上海证券基金评价研究中心。

图 6-3　2017 年各类型基金管理人资产规模占比

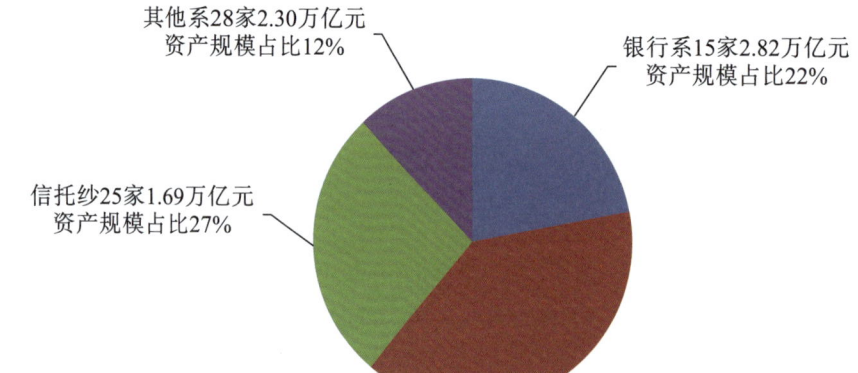

资料来源：Wind 资讯、上海证券基金评价研究中心。

加了接近 1 倍。

其他系基金管理人共计 28 家，主要包括多类金融机构共同控股或资产管理公司为控股股东的基金公司。随着混业经营的势态持续深化，其他系基金管理人包括保险、期货、私募等金融机构，也包括地产、互联网等机构。此外，共有 2 家保险资管公司获得公募管理人资格。

二、股权结构

（一）绝对控股、相对控股

绝对控股，指单家股东控股比例在 50% 以上或远远高于其他股东控股比例。相对控股，指多家股东控股比例较为接近或相同。2017 年，77 家基金管理人采用绝对控股模式，占比达 59%，其中包含 13 家独资控股公司。另外，54 家基金管理人采用多家股东相对控股模式（见图 6-4）。

图 6-4　2017 年基金管理人股权结构（参、控股）

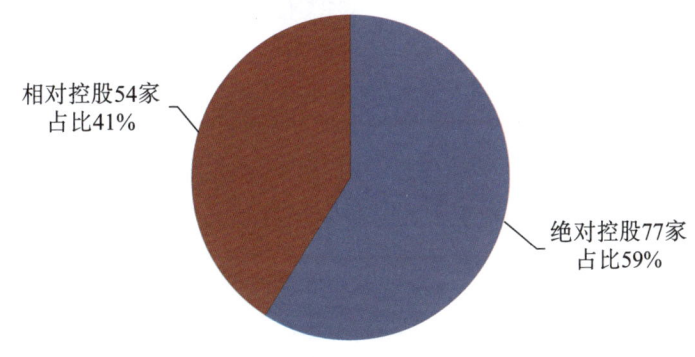

资料来源：Wind 资讯、上海证券基金评价研究中心。

基金管理人属于人力密集型产业，而且面临很大的市场波动影响，整体来看，人才和市场资源对公司发展有着重要影响。从结果来看，并非绝对控股就一定更有利于基金公司发展。只要公司股东不影响基金公司的稳定战略发展，不干涉公司的人才管理，适当提供公司发展所需的市场资源，就是较为有利的发展模式。有些公司是看似松散的股东格局，但是其中有不少是针对管理层的股权激励公司，或是部分具有实权影响力的股东公司，对于公司发展也有着举足轻重的影响。

（二）股权集中度

在纳入统计的 131 家基金管理人中，第一大股东持股集中度为 56.42%，前两大股东和前三大股东持股集中度分别为 83.61% 和 92.87%（见图 6-5）。大多数基金管理人的第一大股东的持股比例较高，达到 50%

以上，在公司运作中掌控绝对话语权。38家基金管理人由两家股东控制全部的股份，另有34家基金管理人由三家股东共同控制100%的股份。个别基金管理人股东机构较为分散，多数为股东为个人或民营企业。

图6-5（A）　　2017年基金管理人参股机构合资和独资情况

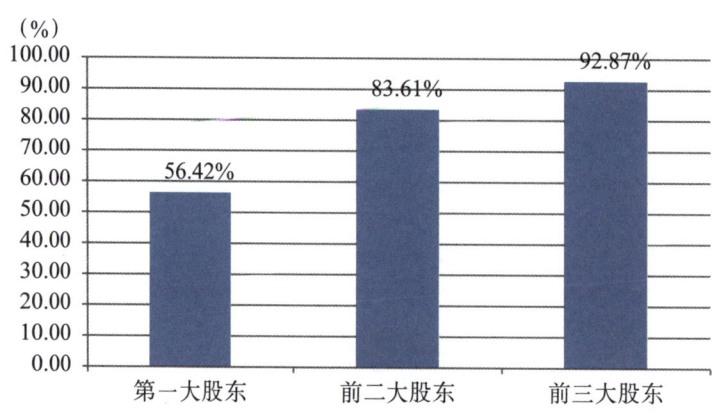

资料来源：Wind资讯、上海证券基金评价研究中心。

图6-5（B）　　2017年基金管理人股东数量情况

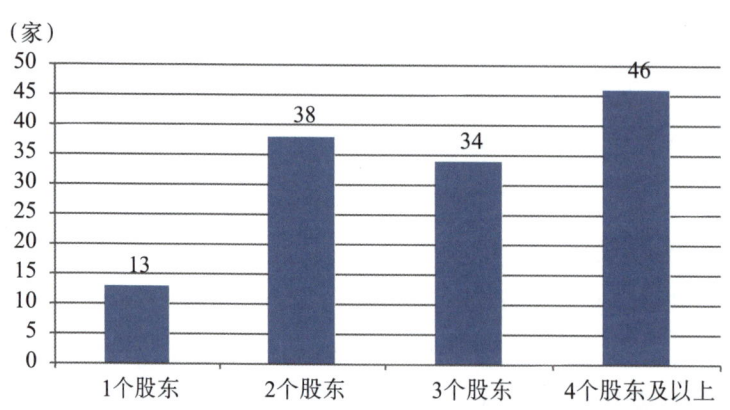

资料来源：Wind资讯、上海证券基金评价研究中心。

股权集中度，指全部股东因持股比例不同所表现出来的股权集中还是股权分散的数量化指标，是衡量公司的股权分布状态、公司结构、公司稳定性强弱的重要指标。上述数据显示，基金管理人整体上股权集中度较高，加上股东大部分为金融机构，使得通常而言股东之间利益关系较为一致，认知差异较小，较为有利于基金管理人的稳定发展。

第二节　基金管理公司决策结构

一、董事会构成

为保证良好的内部治理结构，基金公司在《证券投资基金法》的指导下设立董事会，相关法规中明确规定了董事会的职权范围，并要求董事会成员应遵循基金份额持有人利益优先的原则依法行使权利、履行职责。在公司实际经营中，董事会按照法律、行政法规和公司章程的规定，制定公司基本制度，决策有关重大事项，监督、奖惩经营管理人员，但不得越权干预经营管理人员的具体经营活动。近年来，董事会对经营管理人员的考核越来越关注基金长期投资业绩、公司合规和风险控制等维护基金份额持有人利益的情况，逐渐摒弃以短期的基金管理规模、盈利增长等为主要考核标准。

为更好地贯彻董事会的决议，基金公司的总经理一般为董事会成员。同时，为保证董事会的公平性，基金公司的单个股东或者有关联关系的股东合计持股比例在50%以上的，与上述股东有关联关系的董事严格控制在董事会人数的1/3以下。

另外，基金公司建立了较为健全的独立董事制度，人数不少于3人，且占比不少于董事会总人数的1/3。独立董事独立于基金公司及其股东，以基金份额持有人利益最大化为出发点，依法对基金财产和公司运作的重大事项独立作出客观、公正的专业判断。

二、投资决策委员会构成

基金公司大多在内部设有投资决策委员会，负责指导基金资产的运作，确定基金投资策略和投资组合的原则。投资决策委员会是公司非常设机构，是公司最高投资决策机构，一般由公司总经理、分管投资的副总经理、投资总监、研究总监等相关人员组成。一般情况下，总经理为投资决策委员会主席或主任，督察长列席会议。

基金公司投资决策委员会构成可分为两类：一类是由总经理参与构成，包括研究部门，甚至运营部门相关人士，此种情况一般由总经理担任投资决策委员会主席；另一类是基金公司行政人员与投资决策委员会隔离，总经理不在投资决策委员会中。从实际的情况来看，基金公司比较倾向总经理参与模式，该模式有利于增强投资决策委员会的话语权，以及决策结果的执行力。

第三节　基金管理公司参与上市公司治理

国际经验中，机构投资者参与上市公司治理的主要途径是：参与股东大会行使表决权；向上市公司提交股东提案；直接委派董事、监事和高管；发起与公司治理相关的法律诉讼等。

2012年12月，中国证券投资基金业协会发布了《基金管理公司代表基金对外行使投票表决权工作指引》（以下简称《工作指引》）。《工作指引》要求，各基金公司应根据相关法律法规和《工作指引》的规定，制定本公司对外行使投票表决权的内部制度。从行业整体情况看，各基金公司均制定了内部细则，规范代表基金对外行使投票表决权的内部管理工作并完善相关决策流程。

根据流程，一般是研究人员搜集研究与基金持仓证券的公司股东大会或者债券持有人大会待表决议题相关的信息，并提出相应的投票建议；基金经理在研究论证的基础上，独立提出相应的投票意见；投票意见经研究部门、投资部门等相关部门同意并经由监察稽核部合规审核之后，由指定人员进行现场或者网络投票，并留存相关文档备查。此外，基金公司的监察稽核部门对投票表决以及网上、网下投票的管理和执行情况进行定期检查，重点关注公司参与行使投票表决权决策流程的人员及其直系亲属与被投资公司是否存在重大利益关系、相关业务人员在对外行使投票表决权时是否存在以职务之便牟取不当利益等行为。

基金公司代表基金对外投票表决的议题可以分为常规议题和非常规议题两类。常规议题是指上市公司年度股东大会上审议的公司年度报告和财务报表、修改公司章程、董监事等高管换届选举、修订相关人员薪酬、聘任审计师等不具争议性的事项。非常规议题主要是指公司重组、兼并收购、管理层激励、重大投资项目或者发行公司债券等与基金份额持有人利益有重大相关性的事项。对于非常规议题，基金公司需逐一审慎对待并在判断何种投票决定最有利于基金份额持有人的基础上做出投票决定。此外，基金对外行使投票表决权主要适用于在交易所上市的公司，对于个别小型公司无法完全满足同等公司治理标准的，基金公司在投票时也将视具体情况个案处理。

第四节　基金管理公司人力资本情况

一、从业人员整体情况

截至 2017 年末，公募基金行业有从业人员 21 829 人，较 2016 年末增加 2 757 人（2016 年末为 19 072 人），增长幅度为 14.5%。其中，男性从业人员 12 602 人，占比 57.7%；女性从业人员 9 227 人，占比 42.3%。已取得基金从业资格证书的人员为 19 312 人，占比达 88.5%。

（一）学历构成

从学历构成看，公募基金行业从业人员中，博士学历 768 人，占比 3.5%；硕士研究生学历 12 759 人，占比 58.5%；本科及以下学历 8 305 人，占比 38.1%。见（见图 6-6）。

图 6-6　2017 年公募基金行业从业人员学历构成

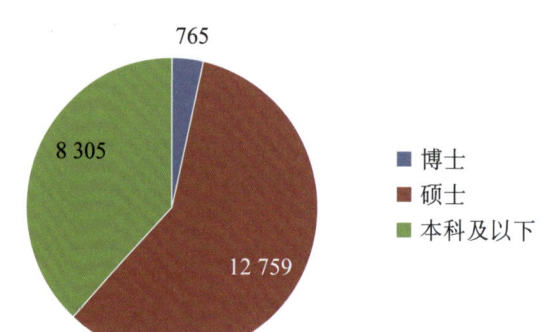

资料来源：中国证券投资基金协会（AMAC）。

（二）年龄构成

从年龄构成看，公募基金行业从业人员主要是 26~35 岁人群，其次为 36~45 岁人群，占比分别为 65.9%、19.9%（见图 6-7）。

图 6-7　2017 年公募基金行业从业人员年龄构成

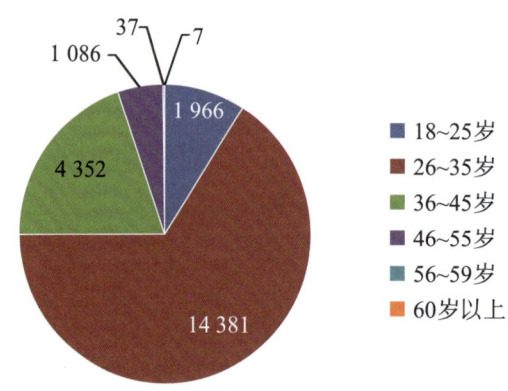

资料来源：中国证券投资基金协会（AMAC）。

二、基金管理公司高管情况

截至 2017 年底，基金管理公司共计聘任高管人员 615 人。其中，董事长兼法定代表人 92 人、总经理 110 人、督察长 111 人、副总经理 262 人、其他高管 40 人①。

三、基金经理情况

截至 2017 年末，公募基金管理人中经注册的在职基金经理共计 1 775 人，较 2016 年末的 1 441 人大幅增加 23.2%。其中，男性基金经理为 1 366 人，占比 77.0%；女性基金经理 409 人，占比 23.0%。绝大多数为中国内地的基金经理，外籍人士 27 人，来自中国台湾地区的基金经理 11 人，来自中国香港、澳门地区的基金经理 13 人。

（一）学历构成

从学历构成来看，1 775 位基金经理中，具有硕士学历者共计 1 422 人，占比 80.1%；具有博士及博士后学历者共计 212 人，占比 11.9%；本科及以下学历者共计 141 人，占比 7.9%。与 2016 年末相比，基金经理学历构成未发生大幅变更，硕士学历者占据八成以上份额（见图 6-8）。

图 6-8　2017 年基金经理学历构成

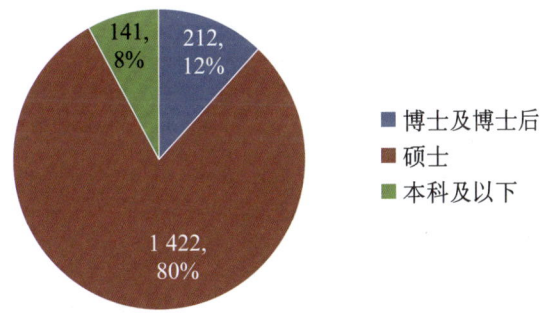

资料来源：中国证券投资基金协会（AMAC）。

（二）年龄构成

从年龄构成看，目前基金经理主要为 26~35 岁人群，其次为 36~45 岁人群，占比分别为 46.9%、39.5%（见图 6-9）。

---

① 根据相关法规规定，协会对高管人员的统计口径为法定代表人、总经理、督察长、副总经理及实际履行高管职责的其他人员，对于没有担任法定代表人的董事长没有纳入统计口径。

图 6–9　2017 年基金经理年龄构成

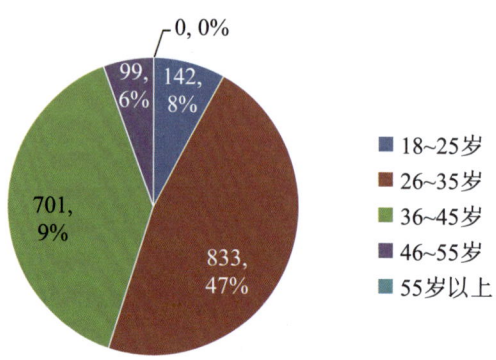

资料来源：中国证券投资基金协会（AMAC）。

（三）从业年限

从基金经理的证券从业年限来看，与 2016 年发生了变化，2017 年从业 0~5 年者占比最高，达 45.4%；其次是 5~10 年者，占比 39.27%；10~15 年以上者为 155 人，占比 8.7%；15 年以上者 118 人，占比 6.7%（见图 6–10）。

图 6–10　2017 年基金经理从业年限构成

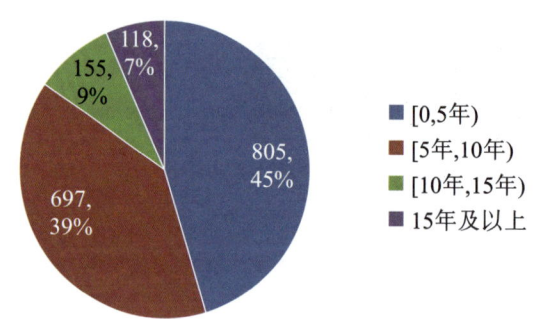

资料来源：中国证券投资基金协会（AMAC）。

（四）任职年限

从基金经理担任基金经理职务的年限看，任职年限在 1 年以下的 468 人，占比 26.4%；1 年至 3 年的最普遍，786 人，占比达 44.3%；3 年至 5

年的263人，占比14.8%；5年至10年的236人，占比13.3%；10年及以上的22人，占比1.2%。

图6-11　2017年基金经理任职年限构成

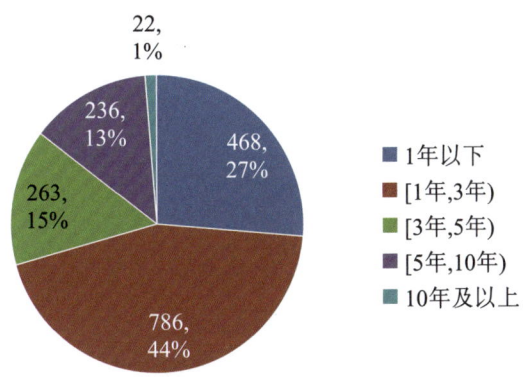

资料来源：中国证券投资基金协会（AMAC）。

（五）基金经理变更

2017年，公募基金经理新注册人数421人，较2016年全年降低9.3%。其中48人曾担任过公募基金经理职务，占比11.4%。新注册的基金经理中有329为硕士研究生学历，占比78.2%；博士研究生学历51人，占比12.1%；本科及以下41人，占比9.7%。平均年龄为35.10岁。

第五节　基金管理公司及其子公司财务分析

截至2017年末，按中国证监会批复口径，全国共有116家[①]基金管理公司，同比增加7家；全国共有79家专户子公司和25家[②]香港子公司，专

[①] 博道基金、青松基金和弘毅远方基金于2017年获得批复。截至2017年12月31日，博道基金和青松基金虽已成立但尚未开展公募业务；弘毅远方基金尚未正式成立，故这三家基金公司均不纳入本次财务分析报告统计范围内。

[②] 易方达基金旗下有两家香港子公司，分别为易方达国际和易方达（香港），2015年易方达国际成立后，易方达（香港）成为易方达国际的子公司。2017年度对香港子公司的财务分析均采用合并口径，因此本报告仅用易方达国际的合并数据进行分析，即以24家香港子公司进行统计分析。

户子公司和香港子公司数量较2016年未发生变化。

总体看[①]，2017年基金行业整体资产、负债和净资产规模继续呈现增长态势。截至2017年末，行业总资产2 023.36亿元，较2016年末增长了29.1%；行业总负债705.73亿元，相比2016年末增长了41.0%；行业净资产1 317.63亿元，较2016年末增长了23.6%。与此同时，2017年行业营业收入和净利润水平在2016年小幅降低后有所回升，其中营业收入960.17亿元，净利润270.76亿元，同比分别增长78.19亿元和13.97亿元，增幅分别为8.9%和5.4%。2017年超过七成的基金公司实现盈利，这一比例较2016年度有所回落。

近五年来，基金行业资产管理总体规模首次出现回落。截至2017年末，行业资产管理规模为25.12万亿元，同比降低3.2%。其中，基金公司资产管理规模17.81万亿元（包括公募基金11.38万亿元，专户产品4.96万亿元，社保年金1.47万亿元），同比增长15.4%，持续保持稳步增长态势；专户子公司资产管理规模7.31万亿元，同比降低30.4%，这是自2012年专户子公司起步以来，专户子公司总体资产管理规模首次出现回落。

为了解不同收入水平基金公司的财务情况，我们将基金公司分为第一梯队、第二梯队、第三梯队三类。其中，管理费收入排名前10名的公司为第一梯队，管理费收入排名在第11名至第42名的公司为第二梯队（管理费收入4.5亿元以上），管理费收入排名在第43名及以后的公司为第三梯队（管理费收入低于4.5亿元）。2016年度的分类标准参照2016年度的财务分析报告，管理费收入排名前10名的公司为第一梯队，管理费收入排名在第11名至第38名的公司为第二梯队（管理费收入4.5亿元以上），管理费收入排名在第39名及以后的公司为第三梯队（管理费收入低于4.5亿元）。

一、基金管理公司

（一）资产

2017年末113家基金公司总资产为1 695.76亿元，较2016年末增长了25.7%。其中，新成立的4家基金公司资产合计3.17亿元，19家基金公司

[①] 本段内容均以实际收到的113家基金公司合并口径数据进行分析和统计。

在 2017 年完成增资，增资额合计 52.63 亿元。扣除上述资产后，通过经营过程实现的总资产增加为 293.51 亿元。

从规模来看，10 家第一梯队公司拥有全部基金公司 42.5% 的资产，32 家第二梯队公司拥有全部基金公司 40.3% 的资产，71 家第三梯队公司仅拥有全部基金公司 17.1% 的资产，且第一梯队公司平均每家资产规模为 72.13 亿元，是第二梯队的 3.37 倍，第三梯队的 17.64 倍，反映出基金公司整体呈现资产高度集中的特征（详见表 6-1）。

表 6-1　不同规模基金公司总资产比较

公司类型	2017 年末资产	2017 年末资产占总资产比（%）	公司数量	数量占比（%）	2017 年末平均每家公司资产
第一梯队	721.28	42.53	10	8.85	72.13
第二梯队	684.10	40.34	32	28.32	21.38
第三梯队	290.38	17.13	71	62.83	4.09
合计	1 695.76	100.00	113	100.00	15.01

资料来源：中国证监会。

从资产结构来看，货币资金仍然占比最大，该占比从 2016 年末的 37.9% 下降至 2017 年末的 34.0%。占比第二的项目为固有资金投资，包括可供出售金融资产、以公允价值计量且其变动计入当期损益的金融资产及持有至到期投资，三类合计占总资产的比重由 2016 年末的 32.2% 下降至 25.5%，其中可供出售金融资产占比最高，为 18.8%。占比第三的为长期股权投资，其占总资产的比重从 2016 年末的 7.1% 增长到 2017 年末的 14.1%（详见表 6-2）。

表 6-2　基金公司资产构成一览表

项目	2017 年		2016 年		占比变动（%）	变动金额（亿元）	变动率（%）
	金额（亿元）	占资产比重（%）	金额（亿元）	占资产比重（%）			
总资产	1 695.76	100.00	1 348.81	100.00	0.00	346.95	25.72
货币资金	576.44	34.00	511.56	37.93	-3.93	64.88	12.68
可供出售金融资产	318.00	18.76	343.05	25.43	-6.67	-25.05	-7.30
应收账款	139.10	8.20	115.99	8.60	-0.40	23.11	19.92
长期股权投资	239.08	14.10	95.60	7.09	7.01	143.48	150.07

续表

项目	2017年		2016年		占比变动（%）	变动金额（亿元）	变动率（%）
	金额（亿元）	占资产比重（%）	金额（亿元）	占资产比重（%）			
以公允价值计量且其变动计入当期损益的金融资产	97.74	5.76	79.42	5.89	-0.13	18.32	23.07
其他资产	188.52	11.12	83.54	6.19	4.93	104.98	125.65
递延所得税资产	44.79	2.64	37.23	2.76	-0.12	7.56	20.30
固定资产	18.55	1.09	18.19	1.35	-0.26	0.36	1.97
无形资产	19.64	1.16	17.78	1.32	-0.16	1.86	10.48
在建工程	19.24	1.13	16.14	1.20	-0.07	3.10	19.20
持有至到期投资	16.48	0.97	12.44	0.92	0.05	4.04	32.47
买入返售金融资产	5.77	0.34	7.10	0.52	-0.18	-1.33	-18.76
长期待摊费用	3.28	0.19	3.39	0.25	-0.06	-0.11	-3.13
存出保证金	3.53	0.21	3.06	0.23	-0.02	0.47	15.40
应收利息	4.07	0.24	2.71	0.20	0.04	1.36	50.48
投资性房地产	1.53	0.09	1.61	0.12	-0.03	-0.08	-4.94

资料来源：中国证监会。

从资产变化分析，2017年末，113家基金公司的货币资金总额为576.44亿元，较2016年末增加64.88亿元，增长12.7%。货币资金占总资产的比重为34.0%，较2016年末的37.9%下降了3.9个百分点，在资产中占比仍然最大。

2017年末，113家基金公司固有资金投资（包括以公允价值计量且其变动计入当期损益的金融资产、可供出售金融资产及持有至到期投资）余额合计为432.22亿元，较2016年末减少2.69亿元，下降0.6%，固有资金投资占总资产比重有所下降，由2016年末的32.2%下降至2017年末的25.5%。从固有资金投资构成来看，2017年末，可供出售金融资产占比73.6%，以公允价值计量且其变动计入当期损益的金融资产占比22.6%，持有至到期投资占比3.8%（详见图6-12）。

图 6–12　2017 年底基金公司固有资金投资构成

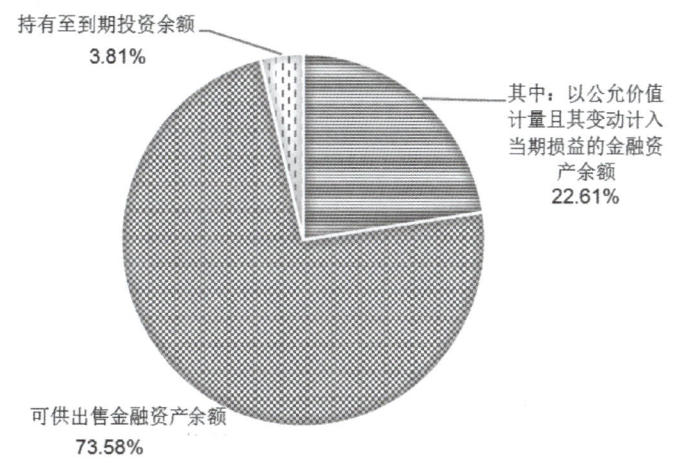

资料来源：中国证监会。

（二）负债

截至 2017 年末，基金公司总体负债规模大幅增长，由 2016 年末的 372.35 亿元增加至 2017 年末的 509.74 亿元，增长了 36.9%。

从构成来看，应付职工薪酬在负债中占比最大，达 37.0%，其次是其他负债、短期借款、应付账款和应交税费，占比分别为 22.1%、17.4%、12.7% 和 9.4%（见图 6–13）。从增减变动来看，余额变化最多的科目为短期借款，较 2016 年末增加 60.01 亿元，增长了 208.3%；其次为其他负债、应付职工薪酬和应付账款，分别较 2016 年末变化 34.41 亿元、25.90 亿元和 13.22 亿元，变化幅度分别达 43.9%、15.9% 和 25.8%。2017 年末基金公司总体资产负债率为 30.1%，与 2016 年末的 27.6% 相比有所上升。

（三）净资产

截至 2017 年末，113 家基金公司净资产总额达 1 186.02 亿元，较 2016 年末增加 209.56 亿元，增长了 21.5%。2017 年新成立 4 家基金公司净资产合计约 2.98 亿元，存量公司新增资本 50.27 亿元，剔除新成立公司及存量公司增资的影响，基金公司净资产总额较上年末增长了 16.0%。

从净资产各项目的增减变动来看，增加金额较大的依次是一般风险准

图 6-13　2017 年底基金公司负债构成

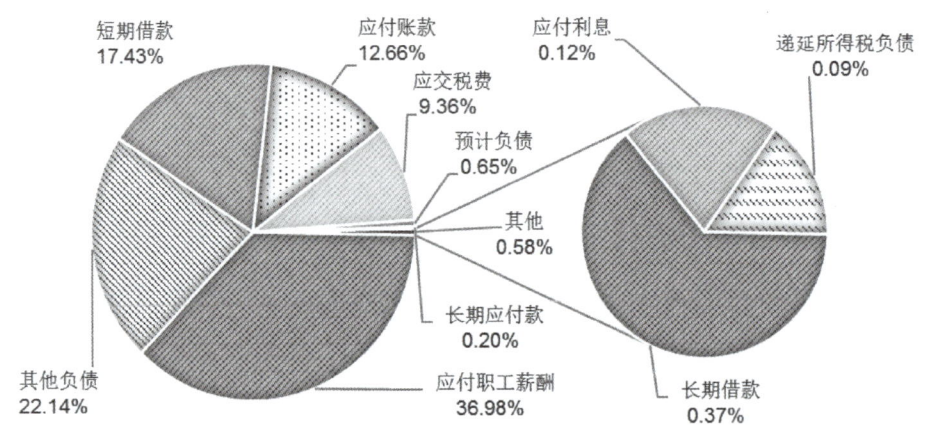

资料来源：中国证监会。

备、实收资本和未分配利润。2017 年末，一般风险准备总额 434.95 亿元，较 2016 年末增加 79.83 亿元，增长了 22.5%，主要是受货币基金流动性新规的影响；实收资本 276.71 亿元，较 2016 年末增加 54.27 亿元，增长了 24.4%，主要原因是 2017 年度新成立了 4 家基金公司及 20 家公司增资；未分配利润总额 334.47 亿元，较 2016 年末增加 52.64 亿元，增长了 18.7%；其他综合收益 7.61 亿元，较 2016 年末的 8.66 亿元下降了 12.2%。

从净资产的构成来看，占比最大的仍然是一般风险准备，达 36.7%，其次是未分配利润、实收资本和盈余公积，分别占 28.2%、23.3% 和 6.8%。净资产各组成部分的比重基本保持了 2016 年末的总体格局（详见表 6-3）。

表 6-3　2017 年末基金公司所有者权益构成及变动

项目	2017 年末		2016 年末		占净资产比重变动（%）	变动金额（亿元）	变动率（%）
	金额（亿元）	占净资产比重（%）	金额（亿元）	占净资产比重（%）			
实收资本	276.71	23.33	222.44	22.78	0.55	54.27	24.40
资本公积	52.00	4.38	32.94	3.37	1.01	19.06	57.86
其他综合收益	7.61	0.64	8.66	0.89	-0.25	-1.06	-12.20
盈余公积	80.28	6.77	75.46	7.73	-0.96	4.82	6.38
一般风险准备	434.95	36.68	355.12	36.37	0.31	79.83	22.48
未分配利润	334.47	28.20	281.84	28.86	-0.66	52.64	18.68
所有者权益合计	1 186.02	100.00	976.46	100.00	0.00	209.56	21.46

资料来源：中国证监会。

2017年末，第一、第二、第三梯队公司平均每家净资产分别为49.92亿元、14.31亿元和3.22亿元，第三梯队为第一梯队公司的6.5%。家数占比8.9%的第一梯队公司占据了全部基金公司42.1%的净资产，家数占比28.3%的第二梯队公司占据了全部基金公司38.6%的净资产，而家数占比62.8%的第三梯队公司净资产总额占全部基金公司的19.3%（详见表6-4）。

表6-4　各个梯队基金公司净资产比较

公司类型	2017年末家数	家数占比（%）	2017年末净资产（亿元）	占全部基金公司净资产比重（%）	2017年末平均每家净资产额（亿元）
第一梯队	10	8.85	499.17	42.09	49.92
第二梯队	32	28.32	457.97	38.61	14.31
第三梯队	71	62.83	228.88	19.30	3.22
合计	113	100.00	1 186.02	100.00	10.50

资料来源：中国证监会。

（四）收入

2017年度基金公司共实现营业收入834.93亿元，较2016年度增加76.39亿元，上升了10.1%。

从营业收入构成来看，管理费收入依然是最主要的营业收入来源，为657.97亿元，占营业收入的78.8%；其次是销售服务费收入和投资收益，分别为54.80亿元和34.12亿元，占营业收入的比重分别为6.6%和4.1%。与2016年度比，2017年度管理费收入占比下降，由2016年度的81.2%下跌至78.8%，其余各项占比情况基本同2016年持平。

从各项收入金额来看，与2016年度比，管理费收入增加41.74亿元，增长6.8%。尽管基金公司整体管理费收入整体上升，但是不同梯队公司的管理费收入呈现出不同的变化趋势。三个梯队中第一、第二梯队的管理费收入分别实现了11.2%、7.4%的增长，第三梯队的管理费收入呈现下跌的趋势，跌幅为6.2%。同2016年相比，第一梯队管理费收入增幅变大，第二梯队由下跌转为上升，第三梯队跌幅加剧，基金公司整体分化更为明显（见表6-5）。

表6-5　基金公司管理费收入两年变动情况

公司类型	2017年度基金公司管理费收入（亿元）	2016年度基金公司管理费收入（亿元）	变动金额（亿元）	变动率（%）
第一梯队	285.67	256.98	28.69	11.16
第二梯队	279.91	260.73	19.18	7.36
第三梯队	92.39	98.52	-6.13	-6.22
合计	657.97	616.23	41.74	6.77

资料来源：中国证监会。

从收费模式上看，一般将管理费收入分为固定费率管理费收入和业绩报酬收入。固定费率管理费收入仍是管理费收入的主要来源，占比达95.1%，较2016年度基本持平。不同梯队的固定费率管理费收入占比差异并不显著（见表6-6）。

表6-6　不同费率结构类型的管理费收入分析

2017年度	固定费率管理费收入（亿元）	业绩报酬收入（亿元）	固定费率占管理费收入总额比重（%）
第一梯队	266.79	18.88	93.39
第二梯队	268.52	11.39	95.93
第三梯队	90.24	2.15	97.67
合计	625.55	32.42	95.07
2016年度	固定费率管理费收入（亿元）	业绩报酬收入（亿元）	固定费率占管理费收入总额比重（%）
第一梯队	244.96	12.02	95.32
第二梯队	247.88	12.85	95.07
第三梯队	93.10	5.42	94.50
合计	585.94	30.29	95.08

资料来源：中国证监会。

2017年度公募基金、专户、社保、年金和基金养老业务占管理费收入的比重分别为77.7%、17.0%、3.3%、1.9%和0.1%，结构比例与2016年基本持平。相比2016年度，除企业年金以外的其余4项业务的管理费收入数额均有上升，其中公募基金和社保基金管理费收入增幅较大，分别为7.7%和16.3%。此外，2016年底14家基金公司获基本养老保险基金证券投资管理资格,2017 年基金公司基本养老基金管理费收入为 0.61 亿元(见表 6-7)。

表 6-7　公募基金与非公募基金管理费收入　　　　　　　　　　(单位:亿元)

年份	公募基金	专户	社保	年金	基本养老
2017 年度	511.10	111.81	21.79	12.65	0.61
2016 年度	474.48	110.01	18.74	12.99	—
变动率(%)	7.72	1.64	16.28	-2.62	不适用

资料来源:中国证监会。

第一、第二、第三梯队公司非公募基金管理费收入占管理费收入总额的比重分别为 24.5%、20.4% 和 21.4%。第一梯队专户管理费收入占管理费收入总额的比重从 2016 年度的 12.4% 上升至 16.3%;第二梯队 2017 年度专户业务则从 2016 年度的 20.5% 下降至 16.2%(见表 6-8)。

表 6-8　各个梯队公司公募基金和非公募基金管理费收入占总管理费收入的比重　　　　　　　　单位:%

2017 年度	公募基金	专户	社保	年金	基本养老
第一梯队	75.53	16.33	4.71	3.29	0.14
第二梯队	79.58	16.20	2.98	1.17	0.07
第三梯队	78.56	21.44	—	—	—
合计	77.68	16.99	3.32	1.92	0.09
2016 年度	公募基金	专户	社保	年金	基本养老
第一梯队	78.26	12.38	5.01	4.36	—
第二梯队	77.14	20.45	2.01	0.40	—
第三梯队	73.35	25.26	0.62	0.77	—
合计	77.00	17.85	3.04	2.11	—

资料来源:中国证监会。

2017 年度全部基金公司销售服务费收入为 53.89 亿元,相比 2016 年度增长 19.4%。分梯队来看,第一梯队公司 2017 年销售服务费收入比 2016 年增长 44.6%,而第二、第三梯队基金销售服务费收入较 2016 年明显下降(见表 6-9)。

表 6–9　基金公司销售服务费收入两年变动情况

公司类型	2017 年度销售服务费收入（亿元）			2016 年度销售服务费收入（亿元）			变动率（%）		
	公募	专户	合计	公募	专户	合计	公募	专户	合计
第一梯队	41.73	0.58	42.31	28.25	1.01	29.26	47.72	-42.57	44.6
第二梯队	10.01	0.18	10.19	10.91	1.25	12.16	-8.25	-85.6	-16.2
第三梯队	2.15	0.15	2.3	4.25	0.23	4.48	-49.41	-34.78	-48.66
合计	53.89	0.91	54.8	43.41	2.49	45.9	24.14	-63.45	19.39

资料来源：中国证监会。

（五）支出

2017 年度基金公司营业支出总额为 526.25 亿元，较 2016 年度增加 54.37 亿元，上升 11.5%，略高于营业收入的 10.1% 的增幅，主要驱动因素是持续上升的人力资源及营销开支和增幅较大的天弘基金余额宝相关费用。此外，新纳入统计范围内的 12 家 2016 年及 2017 年成立的基金公司，由于盈利水平较低，亦使统计结果偏向于营业支出增幅超出营业收入增幅。从费用构成分析，其最大的构成项目仍为业务及管理费，在营业支出中所占比重由 2016 年度的 93.9% 上升至 95.3%。与此同时，随着基金公司营改增进入第二个年头，税金及附加所占比重进一步下降，由 2016 年度的 3.6% 下降至 0.8%，总额为 4.20 亿元，成为营业费用中占比最小的项目。

总体格局与 2016 年基本相同。人力资源开支仍是最主要部分，占业务及管理费的比例为 49.3%；2017 年度人力资源开支 247.37 亿元，较 2016 年度的 220.71 亿元增长 12.1%。2017 年基金公司营销开支 143.11 亿元，较 2016 年度增长 9.5%，在业务及管理费中占比 28.5%，仍然是业务及管理费用的第二大项开支。2017 年度办公费开支金额为 61.38 亿元，较 2016 年度增长了 9.6%，是业务及管理费中的第三大开支。2017 年其他开支较 2016 年增长 59.0%，增加 13.03 亿元。

1. 人力资源支出。从梯队分类看，与 2016 年度相比，2017 年度仅第一梯队基金公司的人均人力资源支出有所上升，第二和第三梯队均有不同程度的下降（详见表 6–10）。

表6-10　各个梯队基金公司人力资源开支情况

公司类型	人均人力资源支出			人均工资			人均奖金			2017年平均人数
	2017年度（万元）	2016年度（万元）	变动率（%）	2017年度（万元）	2016年度（万元）	变动率（%）	2017年度（万元）	2016年度（万元）	变动率（%）	
第一梯队	156.81	154.79	1.30	51.01	50.91	0.21	84.95	83.40	1.86	575
第二梯队	136.11	140.77	-3.31	46.13	48.64	-5.15	73.87	75.98	-2.79	239
第三梯队	78.58	83.33	-5.71	33.37	32.81	1.71	33.48	38.93	-13.99	95

注：平均人数=[（该梯队2017年年初员工人数+该梯队2017年年末员工人数）/2]/该梯队公司家数

资料来源：中国证监会。

分梯队来看，第三梯队的人力负担较重。2017年度第三梯队的人力资源支出占营业收入比重为46.0%，高于第一梯队的23.5%和第二梯队的31.0%。两年相比，2017年第二梯队和第三梯队的人力资源占营业收入比重分别增长了2.8%和4.5%（见表6-11）。可见，相当一部分公司2017年的人力负担较2016年有所加重。

表6-11　各个梯队基金公司人力资源开支占营业收入比重

公司类型	人力资源支出占营业收入的比重		
	2017年度（%）	2016年度（%）	占比变动（%）
第一梯队	23.50	25.15	-1.65
第二梯队	30.99	28.16	2.83
第三梯队	45.95	41.44	4.51

资料来源：中国证监会。

2. 营销支出。2017年基金公司营销开支总额为143.11亿元，较2016年度的130.70亿元上升9.5%，占业务及管理费总额的28.5%，占管理费收入总额的21.8%，两项比重与2016年度的29.5%和21.2%基本持平。从营销开支构成上看，最大的营销开支仍然是客户维护费，2017年度总额为104.82亿元，占比73.2%，较2016年度的76.4%有所下降；第二大支出是对外宣传广告费，总额为9.26亿元，占比6.5%，与2016年度的6.5%基本持平（详见表6-12）。

表6-12　基金公司营销开支构成一览表

项目	2017年度		2016年度	
	金额（亿元）	占比（％）	金额（亿元）	占比（％）
客户维护费	104.82	73.24	99.83	76.38
对外宣传广告费	9.26	6.47	8.49	6.50
营销培训会议费	6.95	4.85	7.02	5.37
业务招待费	5.79	4.05	5.26	4.02
营销目的差旅费	3.03	2.11	2.71	2.07
前端支付销售机构后端认/申购手续费	2.59	1.81	1.49	1.14
销售奖励	0.65	0.46	0.13	0.10
其他	10.03	7.01	5.77	4.42
营销开支合计	143.11	100.00	130.70	100.00

资料来源：中国证监会。

总体而言2017年度各梯队基金公司营销开支情况与2016年度基本持平。仅第一梯队基金公司[①]的营销开支占公募管理费收入的比重上升了4.1％，第二和第三梯队分别下降1.9％和7.1％。就客户维护费占公募管理费收入的比重而言，第二梯队基金公司高于第一梯队和第三梯队基金公司。2017年各梯队基金公司营销培训会议费、业务招待费、营销目的差旅费及宣传广告费等合计占公募管理费收入比重均维持在5％至7％区间内（详见表6-13）。

表6-13　各个梯队基金公司营销开支情况分析

年份	梯队	营销开支		客户维护费		营销培训会议费、业务招待费、营销目的差旅费及宣传广告费等合计		其他	
		平均每家公司金额（亿元）	占公募管理费收入比重（％）	平均每家公司金额（亿元）	占公募管理费收入比重（％）	平均每家公司金额（亿元）	占公募管理费收入比重（％）	平均每家公司金额（亿元）	占公募管理费收入比重（％）
2017年度	一	5.76	29.87	4.08	21.19	1.64	5.72	0.04	2.95
	二	2.14	30.92	1.63	23.61	0.50	5.33	0.01	1.98
	三	0.29	27.98	0.21	20.43	0.07	6.82	0.00	0.73

① 鉴于天弘基金的费用结构与其他基金公司有明显区别且体量较大，此处第一梯队基金公司的数据为剔除天弘后的数据。

续表

年份	梯队	营销开支		客户维护费		营销培训会议费、业务招待费、营销目的差旅费及宣传广告费等合计		其他	
		平均每家公司金额（亿元）	占公募管理费收入比重（%）	平均每家公司金额（亿元）	占公募管理费收入比重（%）	平均每家公司金额（亿元）	占公募管理费收入比重（%）	平均每家公司金额（亿元）	占公募管理费收入比重（%）
2016年度	一	5.04	25.75	3.76	19.22	1.23	4.86	0.05	1.68
	二	2.19	32.83	1.79	26.84	0.39	5.20	0.01	0.78
	三	0.31	35.12	0.22	24.56	0.09	8.41	0.00	2.15

资料来源：中国证监会。

（六）利润

2017年度基金公司盈利状况小幅上涨，净利润合计231.65亿元，较2016年度增加7.01亿元，增幅3.1%。共84家基金公司盈利，29家公司发生亏损（见图6-14）。

图6-14 基金公司盈利情况

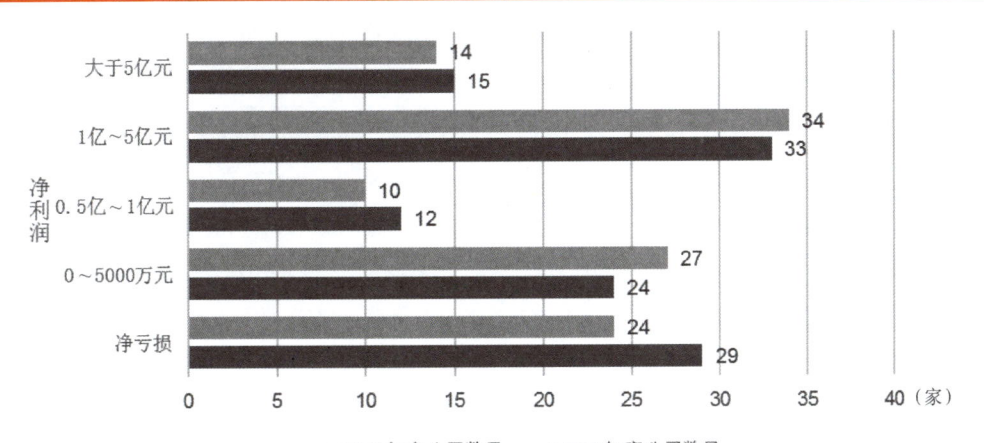

资料来源：中国证监会。

2017年度基金公司净利润增加7.01亿元，盈利前十名的基金公司净利润增加15.34亿元，盈利前十名基金公司净利润之和占基金公司整体净利润的比重和占盈利公司净利润的比重都有所升高，盈利的集中程度较高。

从公司个体的盈利能力来看，2017年度大部分基金公司的盈利能力较2016年度稍有下降。2016年度以前存续的100家基金公司中，67家基金公司2016年度净资产收益率较上期有不同幅度的下跌；2017年度以前存续的109家基金公司中，51家基金公司2017年度营业利润率较上期有不同幅度的下跌。

从不同规模基金公司盈利指标的比较看，第三梯队公司盈利能力与第一、第二梯队公司仍存在差距，并且营业净利润以及税前利润率进一步拉大。此外，从两年比较的角度来看，第二梯队和第三梯队各项盈利指标继续下滑且情况未见好转；第一梯队的净资产收益率和总资产收益率相比2016年度已有小幅度回升，其余盈利指标仍较2016年度有所下降，但下降幅度显著低于第二梯队和第三梯队，同时较上年度也有所放缓。可见，在上一轮牛市结束后的第二年，大型基金公司依靠其出众的实力显示出更高的稳定性（详见表6-14）。

表6-14　基金公司主要盈利指标比较　　　　　　　　　　（单位:%）

指标/年度 公司类型	净资产收益率		总资产收益率		营业利润率		税前利润率	
	2017年	2016年	2017年	2016年	2017年	2016年	2017年	2016年
第一梯队	26.86	24.24	19.01	17.23	42.43	43.55	42.35	45.05
第二梯队	23.04	29.42	15.65	21.04	37.52	40.4	37.88	41.19
第三梯队	6.44	12.11	5.08	9.03	18.24	22.4	15.31	23.44
基金公司整体	21.55	24.82	15.3	17.88	36.97	37.79	36.67	38.85

注：（1）由于当年新成立的基金公司没有净资产、总资产的年初数，故在计算2017年度、2016年度的净资产收益率和总资产收益率时分别将2017年新成立的4家、2016年新成立的9家剔除。

（2）行业ROE=行业2016年度净利润总额/行业平均净资产，行业ROA=行业2016年度净利润总额/行业平均总资产，行业营业利润率=行业营业利润总额/行业营业收入总额，行业税前利润率=行业利润总额/行业营业收入总额。

资料来源：中国证监会。

二、基金管理公司子公司

2016年，中国证监会陆续发布《证券期货经营机构私募资产管理业务运作管理暂行规定》（中国证监会公告〔2016〕13号）、《基金管理公司子公司管理规定》(中国证监会公告〔2016〕29 号)和《基金管理公司特定客户资产管理子公司风险控制指标管理暂行规定》(中国证监会公告〔2016〕30 号)等多项部门规章,规范专户子公司运作,促使其提高风险管理能力和内部控制水平,确保其业务规模与风险防控水平相匹配。2017年随着上述部门规章得到进一步落实,专户子公司一方面积极实施增资,另一方面调整专户业务发展速度和业务规模。

为了解不同收入水平专户子公司的财务情况,我们将 79 家专户子公司分为第一、第二、第三梯队三类:2017 年度,营业收入排名前 10 名的公司为第一梯队,营业收入排名在第 11 名至第 31 名的公司为第二梯队(营业收入 1.20 亿元以上),营业收入排名在第 32 名及以后的公司为第三梯队(营业收入低于 1.20 亿元);2016 年度的分类标准参照 2016 年度的财务分析报告,营业收入排名前 10 名的公司为第一梯队,营业收入排名在第 11 名至第 31 名(营业收入 1.20 亿元以上)的公司为第二梯队,营业收入排名在第 32 名及以后(营业收入 1.20 亿元以下)的公司为第三梯队。

(一) 资产

截至 2017 年末,专户子公司的总资产合计 369.50 亿元,较 2016 年末增长了 84.7%;其中 52 家专户子公司在 2017 年内完成了增资,增资额为 144.21 亿元,经营过程实现总资产增加 25.25 亿元。

从规模来看,2017 年末第一梯队公司平均每家总资产达 15.04 亿元,第二梯队公司平均每家总资产为 5.38 亿元,为第一梯队公司的 35.8%,第三梯队公司平均每家总资产为 2.21 亿元,为第一梯队公司的 14.7%。占总数 12.7% 的第一梯队公司总资产占据了全部专户子公司总资产的 40.7%,占总数 26.58% 的第二梯队公司占据了全部专户子公司总资产的 30.6%,占总数 60.8% 的第三梯队公司占据了全部专户子公司总资产的 28.7%(详见表 6-15)。

表 6-15 各个梯队基金子公司总资产比较

公司类型	2017 年资产(亿元)	2016 年资产(亿元)	资产变动率(%)	2017 年资产占总资产比(%)	公司数量(家)	数量占比(%)	2017 年平均每家公司资产(亿元)
第一梯队	150.39	84.32	78.35	40.70	10	12.66	15.04
第二梯队	112.93	64.54	74.98	30.56	21	26.58	5.38

续表

公司类型	2017年资产（亿元）	2016年资产（亿元）	资产变动率（%）	2017年资产占总资产比（%）	公司数量（家）	数量占比（%）	2017年平均每家公司资产（亿元）
第三梯队	106.18	51.18	107.47	28.74	48	60.76	2.21
总计	369.50	200.04	84.71	100.00	79	100.00	4.68

资料来源：中国证监会。

从资产变化分析，货币资金余额较2016年末增加69.32亿元，增长了161.5%，占资产总额比例为30.4%，该占比较2016年末的21.5%增长了8.9个百分点。货币资金的增长主要来自于2017年52家专户子公司的股东增资。2017年末固有资金投资合计为204.37亿元，较2016年末增长86.8%；固有资金投资占资产总额的比例为55.3%，较2016年末的55.5%基本持平。从固有资金投资构成来看，2017年末可供出售金融资产占比65.9%，以公允价值计量且其变动计入当期损益的金融资产占比25.3%，持有至到期投资占比1.3%（详见图6-15）。

图6-15　2017年底基金子公司资产构成图

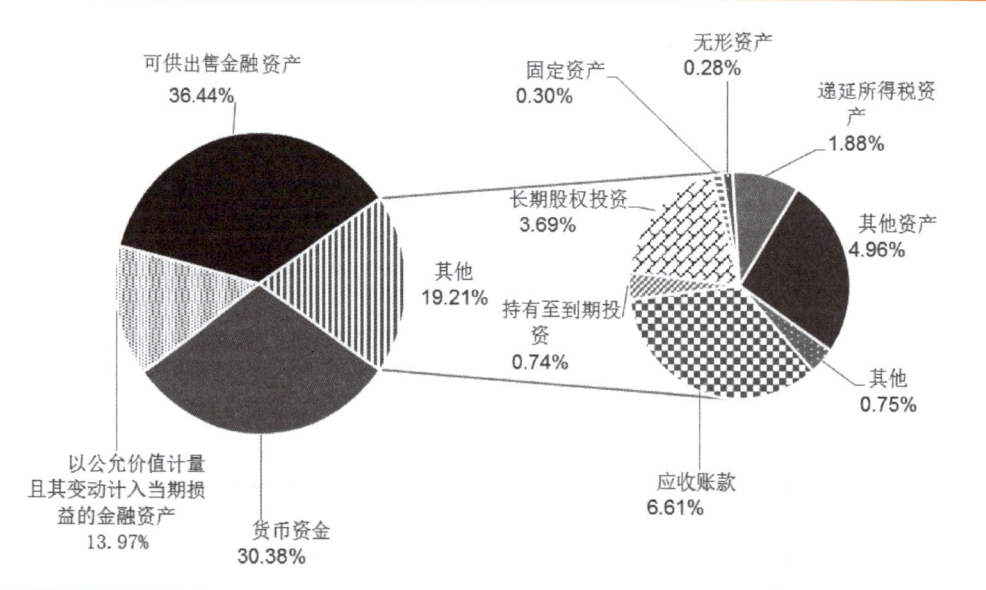

资料来源：中国证监会。

(二) 负债

截至 2017 年末，专户子公司的负债总规模为 56.65 亿元，较 2016 年末减少 9.79 亿元，减少了 14.7%。

在专户子公司的负债结构中，应付职工薪酬、其他负债、应交税费、应付账款和长期应付款为最主要的 5 项负债。其中，应付职工薪酬 30.02 亿元，占全部负债的 53.0%；其他负债 8.90 亿元，占全部负债的 15.7%，主要为预收的管理费收入、投资咨询费收入、销售服务费收入和应付股利等；应交税费 6.64 亿元，占全部负债的 11.7%；应付账款 4.04 亿元，占全部负债的 7.1%；长期应付款 3.10 亿元，占全部负债的 5.5%（详见图 6 – 16）。

图 6 – 16　2017 年底基金子公司负债构成

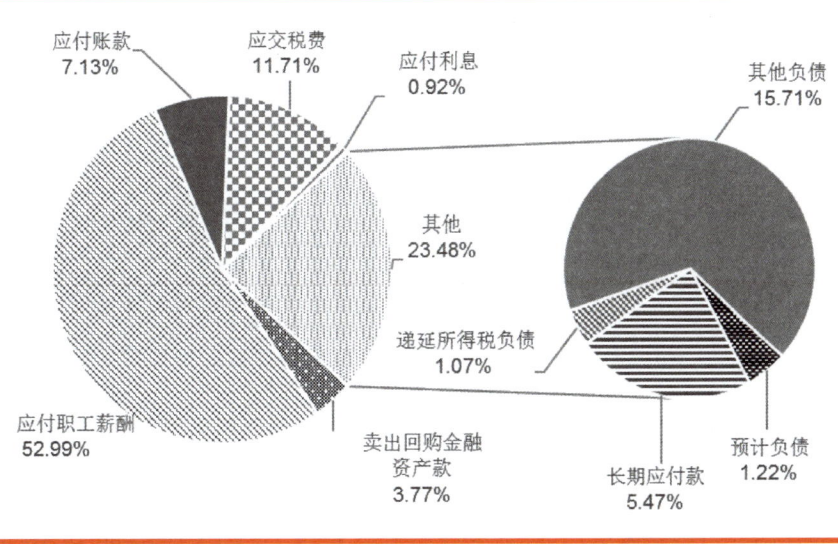

资料来源：中国证监会。

(三) 净资产

截至 2017 年末，专户子公司净资产总额为 312.85 亿元，较 2016 年末增加 179.25 亿元，增长了 134.2%。

2017 年末专户子公司实收资本余额合计 208.39 亿元，较 2016 年末增加 145.96 亿元，增长了 233.8%，主要来自于 2017 年度 52 家专户子公司的股东增资。

从净资产的构成来看，占比最大的是实收资本，达 66.6%；其次是未分配利润和盈余公积，分别为 23.3% 和 3.8%。与 2016 年末数据相比，实收资本、其他综合收益、未分配利润、盈余公积、资本公积和一般风险准备占净资产比重在 2017 年均有所上升。

从规模来看，2017 年末第一梯队公司平均每家净资产达 12.86 亿元；第二梯队公司平均每家净资产为 4.44 亿元，约为第一梯队公司的 34.5%；第三梯队公司平均每家净资产为 1.90 亿元，约为第一梯队公司的 14.8%。占总数 12.7% 的第一梯队公司净资产总额占据了全部专户子公司净资产的 41.1%；占总数 26.6% 的第二梯队公司占据了全部专户子公司净资产的 29.8%；占总数 60.8% 的第三梯队公司占据了全部专户子公司净资产的 29.1%（详见表 6-16）。

表 6-16　各个梯队基金子公司净资产比较

公司类型	2017年家数	家数占比（%）	2017年净资产规模（亿元）	占全部专户子公司净资产比重（%）	2017年平均每家净资产额（亿元）
第一梯队	10	12.66	128.56	41.09	12.86
第二梯队	21	26.58	93.31	29.83	4.44
第三梯队	48	60.76	90.98	29.08	1.90
合计	79	100.00	312.85	100.00	3.96

资料来源：中国证监会。

（四）收入

2017 年度，随着法规的进一步落实，专户子公司减缓了专户业务发展速度，压缩了专户管理规模。截至 2017 年末，专户子公司产品数量约 1 万只，对应资产管理规模 7.31 万亿元，两项指标分别较 2016 年末下降 31.0% 和 30.5%，这是 2012 年专户子公司起步以来首次出现业务体量回落的情况。受此影响，专户子公司全年营业收入由 2016 年的 131.29 亿元减少至 2017 年的 110.22 亿元，降幅为 16.1%。其中专户子公司 2017 年度管理费收入 90.85 亿元，较 2016 年度减少 23.18 亿元，降幅为 20.3%；专户子公司 2017 年度投资咨询费收入为 8.12 亿元，较 2016 年度减少了 1.53 亿元，降幅为 15.8%。

2017 年度营业收入排名前十名的专户子公司的营业收入占全部专户子

公司的40.6%，2016年度该比重为46.2%，可见集中度有所下降。此外，第一、第二、第三梯队营业收入较2016年度分别下降26.3%、6.8%和7.9%（详见表6-17）。

表6-17　基金子公司营业收入两年变动情况

公司类型	2017年度	2016年度	变动	变动率（%）
第一梯队	44.69	60.63	-15.94	-26.29
第二梯队	39.10	41.96	-2.86	-6.81
第三梯队	26.43	28.70	-2.27	-7.92
合计	110.22	131.29	-21.07	-16.05

资料来源：中国证监会。

从收入构成分析，管理费收入在专户子公司收入中的比重有所下降。2017年度管理费收入占营业收入的82.4%，较2016年度86.9%的占比下降了4.4个百分点，仍是专户子公司收入最主要来源。投资咨询费收入占营业收入的7.4%，与2016年度持平，是专户子公司第二大收入来源。

（五）支出

2017年度，专户子公司营业支出总额59.11亿元，较2016年度减少16.87亿元，下降22.2%，下降幅度大于营业收入。第一、第二、第三梯队营业支出较2016年度分别下降34.0%、12.2%和15.0%。

从费用构成分析，业务及管理费占营业支出总额的93.0%，与2016年度基本持平。2017年度专户子公司的业务及管理费总额为54.97亿元，较2016年度的69.92亿元减少14.95亿元。从业务及管理费的构成上看，开支最大的是人力资源支出，占业务及管理费支出的比例为62.5%，较2016年度的57.7%增长了4.8%；第二大支出项为办公费开支，占业务及管理费支出的比例为27.1%，与2016年基本持平；营销开支占业务及管理费比例为8.6%，是第三大支出项目。

1. 人力资源支出。2017年度人力资源支出达到34.35亿元，较2016年度的40.37亿元降低了14.9%。分梯队看，第一、第二、第三梯队人力资源开支2017年度分别下降23.5%、5.4%和14.1%，作为营业收入降幅最大的第一梯队，其人力资源开支下降也最为显著。不过从公司所承担人力成本压力来看，第一梯队公司明显低于其他公司。第一梯队人力资源开支占管理费收入比例为33.4%，小于第二和第三梯队公司的38.7%和43.9%（详见图6-17）。

图6-17　2017年度基金子公司不同梯队人力资源开支情况

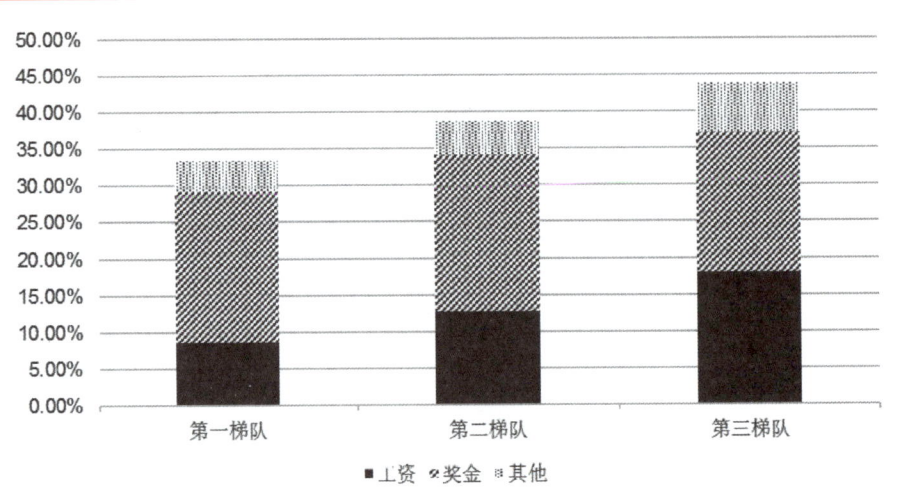

资料来源：中国证监会。

2. 办公费开支。2017年度专户子公司办公费开支为14.90亿元，较2016年度减少4.81亿元，减幅为24.4%。从办公费开支的构成来看，日常开支部分和专业服务费部分依然是办公费开支最主要的来源。2017年度日常开支部分（主要包括租赁费、物业管理费及水电费、电子设备运转费及修理费和办公目的会议费、差旅费）和专业服务部分〔主要包括专户投资咨询费、咨询费（办公费性质）、律师费和会计师费等〕分别占办公费开支的44.3%和46.1%，与2016年度相比日常开支部分占比有所上升，专业服务费部分有所下降。

3. 营销费用开支。2017年度专户子公司营销费用支出为4.72亿元，较2016年度的6.88亿元降低了31.4%。与基金公司营销费用占营业支出比例较高不同，基于旗下产品"私募"的性质，专户子公司侧重于根据特定客户需求量身定制合适的产品，从而摆脱了传统公募基金对销售机构依赖较大的困境，无须建立庞大的销售网络并支付高额的客户维护费及品牌宣传费用等。从营销费用结构来看，2017年度占比分列前三位的分别为业务招待费、客户维护费和营销目的会议培训费，分别为27.4%、23.3%及18.1%。

（六）利润

2017 年度 79 家专户子公司净利润总额为 38.76 亿元，较 2016 年度的 43.78 亿元减少 5.02 亿元，减少了 11.5%。2017 年度共有 73 家公司盈利，6 家公司发生亏损（详见图 6-18）。

图 6-18 基金子公司盈利情况

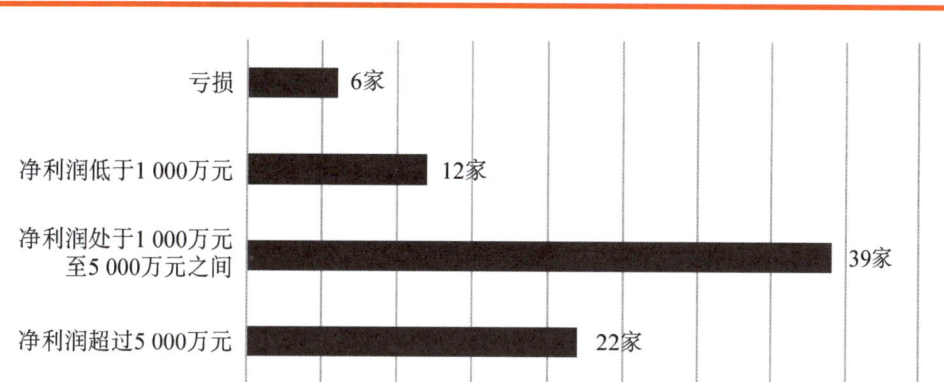

资料来源：中国证监会。

2017 年度，专户子公司净利润集中程度依然较高，净利润前十名的公司净利润合计 19.81 亿元，占盈利公司净利润总和的 49.6%，该比重较 2016 年度的 52.7% 下降了 3.1 个百分点。

由于 2017 年营业支出下降幅度高于营业收入，专户子公司营业利润率和税前利润率有一定提高；而净资产收益率和资产收益率则受年度内专户子公司集中增资的影响较 2016 年显著下降。其中，第一梯队公司的净资产收益率、资产收益率、营业利润率和税前利润率分别为 20.5%、16.0%、52.2% 和 52.7%，均高于专户子公司平均水平，体现出较强的盈利能力（详见图 6-19）。

三、香港子公司

香港子公司经营业绩整体大幅增长，分化明显，集中度较高。为了解不同收入水平香港子公司的财务情况，我们将 24 家香港子公司分为第一、第二、第三梯队三类：管理费收入与投资咨询费收入合计排名前 4 名的公司

图 6-19　基金子公司主要盈利指标比较

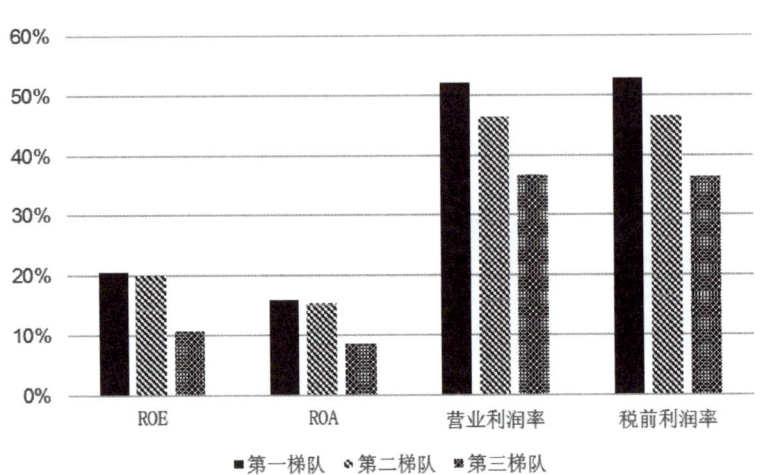

资料来源：中国证监会。

为第一梯队，管理费收入与投资咨询费收入合计排名在第 5 名至第 19 名的公司为第二梯队（1 000 万元以上），管理费收入与投资咨询费收入合计排名在第 20 名及以后的公司为第三梯队（低于 1 000 万元）；2016 年度与 2017 年度梯队划分标准一致。

（一）资产

截至 2017 年末，香港子公司的总资产合计 127.90 亿元，较 2016 年末增长了 167.7%；其中 2 家香港子公司在 2017 年内完成了增资，增资额为 1.97 亿元，扣除增资影响后经营过程中总资产增加 78.14 亿元。

从各个梯队的资产规模来看，第一梯队公司平均每家公司资产达 26.54 亿元，其中，总资产最大的香港子公司为易方达国际。第二梯队公司平均每家总资产为 1.38 亿元，为第一梯队公司的 22.1%。第三梯队公司平均每家总资产为 0.20 亿元，为第一梯队公司的 3.2%。占总数 16.7% 的第一梯队公司总资产占据了香港子公司总资产的 83.0%，占总数 62.5% 的第二梯队公司占据了香港子公司总资产的 16.2%，而占总数 20.8% 的第三梯队公司仅占到香港子公司总资产的 0.8%（见表 6-18）。

表 6-18　各个梯队香港子公司总资产比较

公司类型	2017年末资产	2016年末资产	资产变动率（%）	2017年末资产占总资产比（%）	公司数量	2017年末平均每家公司资产
第一梯队	106.14	28.58	271.38	82.99	4	26.54
第二梯队	20.77	17.80	16.69	16.24	15	1.38
第三梯队	0.99	1.41	-29.79	0.77	5	0.20
合计	127.90	47.79	167.63	100.00	24	5.33

资料来源：中国证监会。

从资产变化分析，受合并结构化主体的影响，2017年末以公允价值计量且其变动计入当期损益的金融资产合计94.97亿元，相比2016年末增长了385.0%。

（二）负债

截至2017年末，香港子公司的负债总规模为96.34亿元，较2016年末增加77.70亿元，增长了416.9%。

在香港子公司的负债结构中，以公允价值计量且其变动计入当期损益的金融负债、应付职工薪酬、其他负债、应付账款、长期借款为最主要的5项负债项目。其中，以公允价值计量且其变动计入当期损益的金融负债86.09亿元，受易方达国际合并结构化主体所造成的影响，该占比由2016年末的62.0%上升至2017年末的89.4%。占全部负债的27.1%。应付职工薪酬3.87亿元，占全部负债的4.0%；其他负债3.69亿元，占全部负债的3.8%，主要为应付股利、预提费用及其他应付款项；长期借款1.09亿元，占全部负债的1.1%；应付账款1.02亿元，占全部负债的1.1%。

（三）净资产

截至2017年末，香港子公司净资产总额为31.56亿元，较2016年末增加2.41亿元，增长了8.3%。

从净资产的构成来看，占比最大的是实收资本，达107.3%；其次为未弥补亏损，占净资产比重为-6.8%，较2016年末有所下降，其原因为香港子公司盈利能力整体大幅提升。同时，与2016年末相比，实收资本与其他综合收益占净资产比重在2017年末有所下降；资本公积占净资产比重基本持平。

从规模来看，2017年末第一梯队公司平均每家净资产达4.01亿元，是第二梯队公司平均每家净资产的4.08倍，是第三梯队公司平均每家净资产的25.22倍。占总数16.7%的第一梯队公司净资产总额占据了全部香港子公司净资产的50.8%，占总数62.5%的第二梯队公司占据了全部香港子公司净资产的46.7%，占总数20.8%的第三梯队公司占到全部香港子公司净资产的2.5%（见表6-19）。

表6-19　各个梯队香港子公司净资产比较

公司类型	2017年末净资产（亿元）	2016年末净资产（亿元）	净资产变动率（%）	占全部香港子公司净资产比重（%）	2017年及2016年公司数量	数量占比（%）	2017年末平均每家净资产额（亿元）
第一梯队	16.03	16.49	-2.79	50.79	4	16.67	4.01
第二梯队	14.74	11.32	30.21	46.69	15	62.50	0.98
第三梯队	0.79	1.34	-41.04	2.52	5	20.83	0.16
合计	31.56	29.15	8.27	100.00	24	100.00	1.32

资料来源：中国证监会。

（四）收入

2017年度，香港子公司实现营业收入19.63亿元，较2016年度增加8.58亿元，上升77.6%。其中，管理费收入11.20亿元，较2016年度增加2.81亿元，上升33.6%。

2017年度，第一梯队公司管理费收入占全部香港子公司管理费收入比重为70.9%，较2016年度的75.8%有所下降，集中度依然较高。总体来看，香港子公司整体的管理费收入呈增长趋势，其中第一、第二梯队公司的涨幅分别为24.9%、60.5%，第二梯队公司收入仍和第一梯队公司有较大差距（详见图6-20）。

从收入构成来看，尽管2017年度管理费收入较2016年度增加2.81亿元，但管理费收入占营业收入的比例由2016年度75.9%下降至57.1%。由于投资咨询费收入、投资收益和公允价值变动损益金额均较2016年度有所上升，因此管理费收入占营业收入的比例有所下降，但依旧是收入最主要

图 6-20　香港子公司管理费收入两年变动情况

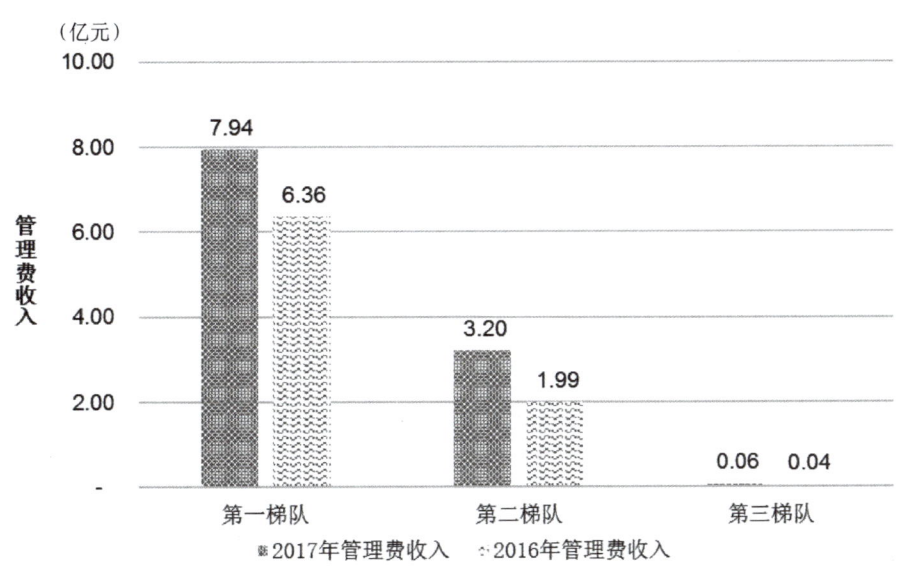

资料来源：中国证监会。

的来源。作为第二大收入来源的投资咨询费收入，2017年度增加至5.20亿元，上升幅度高达111.2%，2017年度占营业收入的比重为26.5%，较2016年度有所上升。第三大收入来源的投资收益，也由2016年度的亏损0.19亿元转为投资盈利1.34亿元。

从管理费收入构成来看，2017年度公募基金管理费收入占管理费收入的52.2%，专户产品管理费收入占管理费收入的47.3%，与2016年度基本持平。

（五）支出

2017年度，香港子公司营业支出15.46亿元，较2016年度增加4.01亿元，上升35.0%。其中业务及管理费15.22亿元，较2016年度增加4.13亿元，增长37.3%。整体上看，营业支出增幅显著低于营业收入增幅。

从费用构成来看，2017年度业务及管理费占营业支出的98.5%，依旧是营业支出的最核心来源。从业务及管理费的构成来看，开支比重最大的项目是人力资源开支，占业务及管理费的比例57.7%，较2016年度增长了3.7个百分点；第二大开支为办公费开支，占业务及管理费的比例为20.6%，较2016年度下降了5.1个百分点；第三大项支出为营销开支，占业务及管理费的比例为 13.5%，与 2016 年度基本持平。

1. 人力资源开支。2017 年度香港子公司人力资源开支合计 8.79 亿元，较 2016 年度增加了 2.80 亿元，增幅为 46.7%。

从人力资源开支占管理费收入的比重来看，第一梯队公司为 69.3%，第二梯队公司为 92.0%，第三梯队公司为 545.0%。可见，对于业务仍在起步阶段的大部分香港子公司而言，仅人力资源开支就占去了其大部分收入，而第三梯队在很大程度上需要依赖资本金来维持人力资源开支。第一梯队公司奖金与工资比为 1.05，第二梯队公司为 0.43，第三梯队公司为 0.16，其中第二、第三梯队的奖金工资比与 2016 年基本持平，而第一梯队的奖金工资比较 2016 年的 0.35 增长了 202.5%，反映出第一梯队公司的激励体系在整体上较其他公司更具弹性。

2. 办公费开支。2017 年度香港子公司办公费开支合计 3.13 亿元，较 2016 年度增加了 0.29 亿元，增幅为 10.1%。

从办公费开支的构成来看，日常开支部分和专业服务费部分是办公费开支最主要的来源。2017 年度日常开支部分（主要包括租赁费、物业管理费及水电费、电子设备运转费及修理费和办公目的会议费、差旅费）和专业服务部分（主要包括咨询费，律师费和会计师费）分别占办公费开支的 69.1% 和 24.2%，2016 年度上述比例分别为 70.0% 和 21.5%。

（六）利润

2017 年度 24 家香港子公司净盈利总额为 3.65 亿元，从 2016 年度亏损转为赢利，增加 4.57 亿元，由 2016 年度的 10 家公司盈利增加为 16 家公司盈利（详见表 6-20）。

表 6-20　　香港子公司盈亏情况

（单位：家）

盈亏情况	2017 年香港子公司数量	2016 年香港子公司数量
盈利	16	10
净亏损低于 1 000 万元	5	6
净亏损高于 1 000 万元	3	8
合　计	24	24

资料来源：中国证监会。

2017年度香港子公司的净资产收益率、总资产收益率、营业利润率、税前利润率整体显著提升。其中,第一梯队公司的净资产收益率、总资产收益率、营业利润率和税前利润率分别为 14.3%、3.4%、22.7% 和 22.6%。从指标可以看出,2017 年度第一梯队与第二梯队净资产收益率与总资产收益率均有大幅增加,其原因为第一梯队与第二梯队盈利能力均有大幅提高,净利润增长幅度超过资产与净资产的增长幅度,尤其是第二梯队,已由亏损转为赢利。但是,第三梯队公司 2017 年度亏损较 2016 年度更为严重,因此其净资产收益率、总资产收益率相较 2016 年度指标均有大幅下降,业务盈利能力面临着更为严峻的挑战(详见表 6-21)。

表 6-21　香港子公司主要盈利指标比较　　　　　　　　　　　　　(单位:%)

公司类型＼年度	净资产收益率		总资产收益率		营业利润率		税前利润率	
	2017	2016	2017	2016	2017	2016	2017	2016
第一梯队	14.26	4.27	3.44	2.87	22.66	16.08	22.64	16.06
第二梯队	12.26	-14.19	8.28	-10.37	23.5	-38.88	23.53	-38.76
第三梯队	-25.43	-10.76	-22.68	-10.19	-109.61	-138.61	-109.61	-138.61
合计	1.09	-20.68	-10.96	-17.69	-63.45	-161.41	-63.44	-161.31

资料来源:中国证监会。

四、年报审计情况

2017 年基金公司、专户子公司和香港子公司各发生会计师费用 4 724.91 万元、3 073.63 万元和 916.20 万元。从会计师费用构成上看,财务报表鉴证及内部控制评价业务为基金公司、专户子公司和香港子公司最大的会计师费用支出项目,占比分别为 43.7%、42.3% 和 75.2%;从两年费用变动看,专户子公司受市场环境影响,2017 年虽发生增资费用 39.24 万元,但由于 2017 年发行新产品显著减少,整体验资业务占比从 2016 年的 46.6% 下降至 18.5%。其他业务方面,全行业比重较大的业务类型包括税务咨询、离任审计、项目咨询、风险监管报表审计等。

从市场份额上看,按照收费金额计算,国际四大中国内地成员所承揽基金公司、专户子公司和香港子公司业务的收费金额占比分别为 82.4%、

67.1%和77.9%。国际四大中国内地成员所在财务报表鉴证及内部控制评价、验资、GIPS鉴证和ISAE3402鉴证、信息系统审计、风险监管报表审计、清算审计等业务方面具有优势,市场份额较高;而国内其他所凭借成本优势,在离任审计、税务咨询等业务方面保持了市场份额,在清算审计、项目咨询、外汇年检等业务方面市场份额有所上升。

第七章

私募基金管理人

截至2017年底,已在中国证券投资基金业协会登记的私募基金管理人22 446家,较上年底增长24.8%。其中,私募证券投资基金管理人8 467家[1],私募股权、创业投资基金管理人13 200家[2]。

第一节 私募基金管理人股权结构

从私募基金管理人的股权性质来看,内资控股管理人占绝大多数。2017年,中国证券投资基金业协会继续推进私募基金行业对外开放,积极为符合条件的外资私募基金管理人办理登记。截至2017年底,有外资参股的私募基金管理人共计235家,管理基金规模4 049亿元,其中外商独资管理人143家(见图7-1),管理基金规模1 828亿元。

从私募基金管理人的控股类型来看,自然人及其所控制民营企业控股的管理人数量依然占绝对比重(见图7-2)[3]。

---

[1] 含未在AMBERS系统中确定自身机构类型但在原备案系统中主要业务类型为私募证券投资基金的管理人。

[2] 含未在AMBERS系统中确定自身机构类型但在原备案系统中主要业务类型为私募股权投资基金或创业投资基金的管理人。

[3] 截至统计时点,仍有828家私募基金管理人未补充填报"控股类型"信息,为更好分析私募基金管理人控股类型分布情况,将828个空字段进行剔除。

图7-1　私募基金管理人中外性质分布

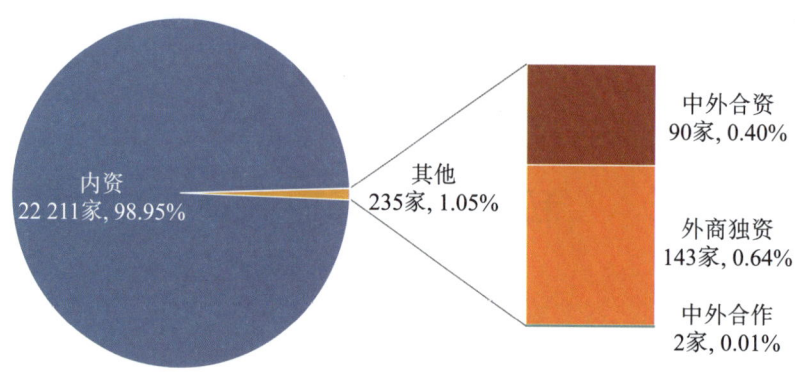

资料来源：中国证券投资基金业协会（AMAC）。

图7-2　私募基金管理人控股股东分布

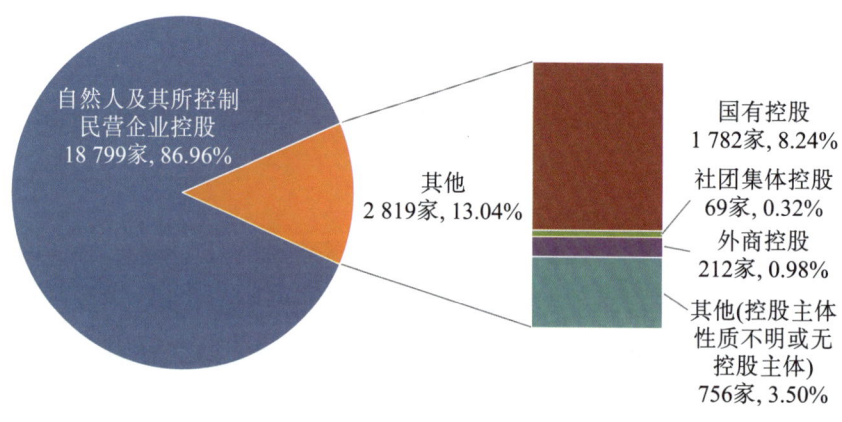

资料来源：中国证券投资基金业协会（AMAC）。

截至2017年底，从私募基金管理人的股东数量来看，股东数量为5家以下的管理人数量为19 913家，占比达到88.7%（见图7-3）。

从大股东对私募基金管理人的控制权来看，单一最大股东持股比例达到50%及以上的私募基金管理人18 278家，占比81.4%，其中有19.11%的私募基金管理人由单一最大股东100%完全控股（见图7-4）。由此可见，私募基金管理人偏向股权集中的形式，以维持机构长期稳健经营。

图 7 − 3　私募基金管理人股东数量分布

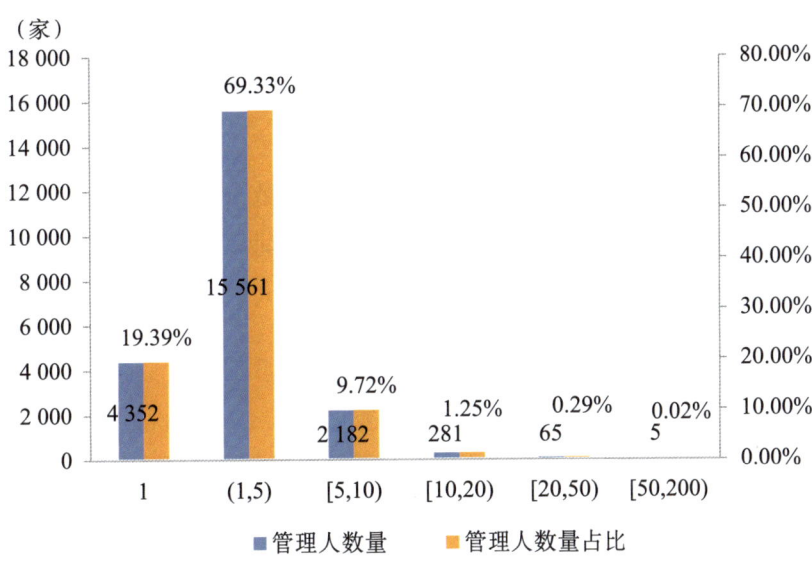

资料来源：中国证券投资基金业协会（AMAC）。

图 7 − 4　私募基金管理人单一最大股东持股比例分布

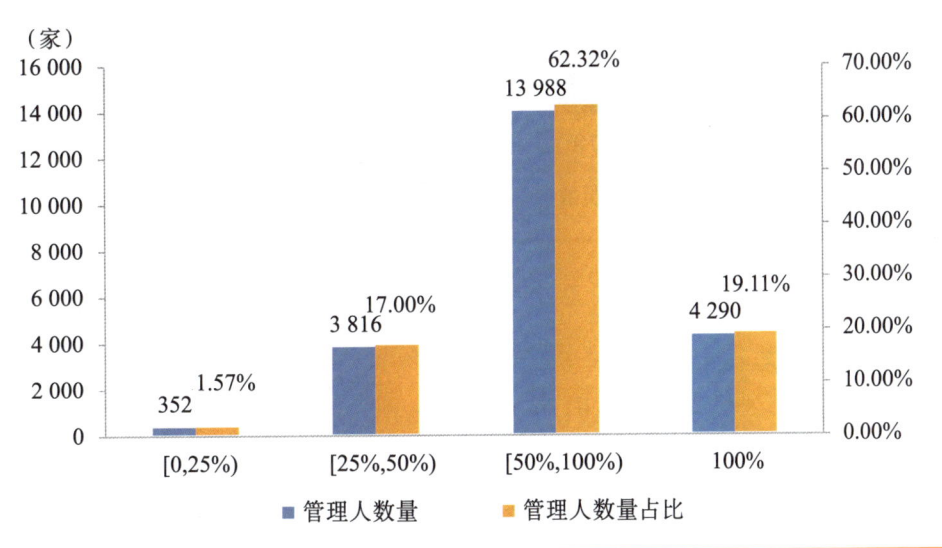

资料来源：中国证券投资基金业协会（AMAC）。

第二节 私募基金管理人人力资源情况

截至2017年底,私募基金管理人员工总人数23.81万人,较上年底增加1.44万人,增长6.4%。其中,具有基金从业资格的员工11.57万人,占比48.6%。私募基金管理人高管总数6.38万人,具有基金从业资格高管5.97万人,占比达93.5%(见图7-5)。

图7-5 私募基金管理人从业人员数量变化

资料来源:中国证券投资基金业协会(AMAC)。

一、管理人从业人员情况

截至2017年底,大多数私募基金管理人具有10人及以下员工。从员工数量角度,目前私募基金管理人还是以中小型管理人为主(见图7-6)。私募基金管理人员工数量与其管理基金规模有明显正相关性,管理基金规模较大的私募基金管理人配备的员工数量相对较多(见图7-7)。

图 7-6　私募基金管理人从业人员数量分布（按家数统计）

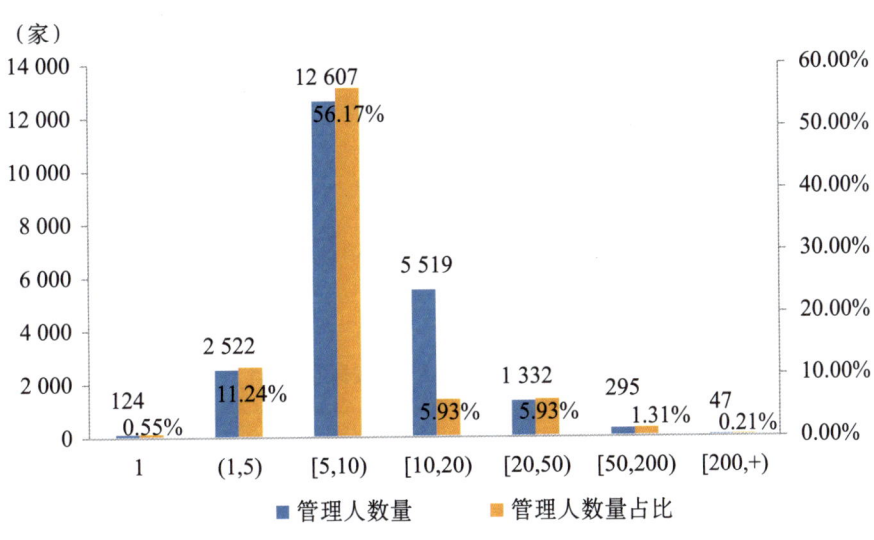

资料来源：中国证券投资基金业协会（AMAC）。

图 7-7　私募基金管理人平均从业人员数量分布（按规模统计）

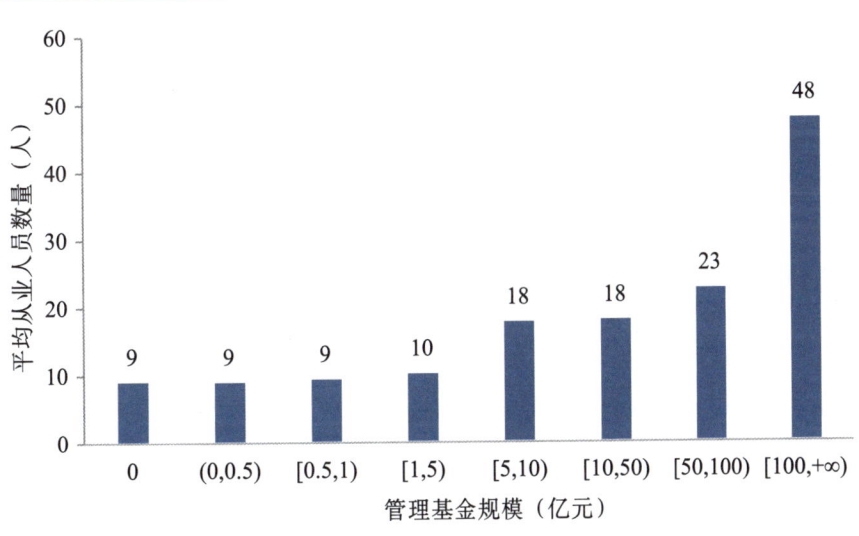

资料来源：中国证券投资基金业协会（AMAC）。

2017 年新登记的管理人从业人员普遍较少。管理规模在 10 亿元以下的管理人平均具有 7 名员工，管理规模在 10 亿元至 50 亿元的管理人平均具有 9 名员工，管理规模在 50 亿元至 100 亿元的管理人平均具有 10 名员工，管理规模在 100 亿元及以上的管理人平均具有 12 名员工。

二、管理人高管情况

（一）管理人高管人数分布情况

截至 2017 年底，从单个私募基金管理人的高管数量来看，99.43% 的管理人具有 2 名或 2 名以上高管（见图 7-8）。

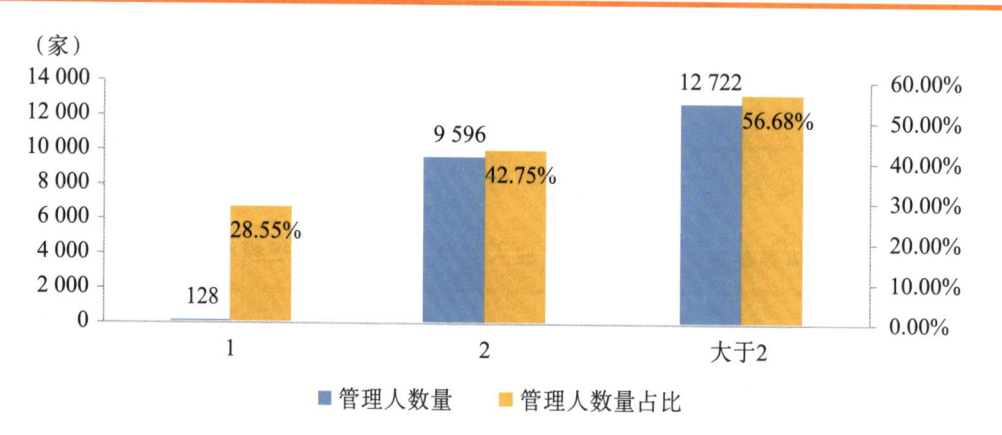

图 7-8　私募基金管理人高管人数分布（按家数统计）

资料来源：中国证券投资基金业协会（AMAC）。

（二）管理人高管取得从业资格情况

截至 2017 年底，私募基金管理人高管中，具备基金从业资格的有 59 660 人，占高管总数的 93.5%；仍有 4 180 名高管未取得基金从业资格。其中，19 645 家管理人的所有高管都具备基金从业资格，占比 87.5%；法定代表人与合规风控负责人具备基金从业资格的管理人 21 305 家，占私募基金管理人数量的 94.9%（见图 7-9 和图 7-10）。

第一篇　行业发展篇

图 7-9　私募基金管理人基金从业资格取得情况（按人数统计）

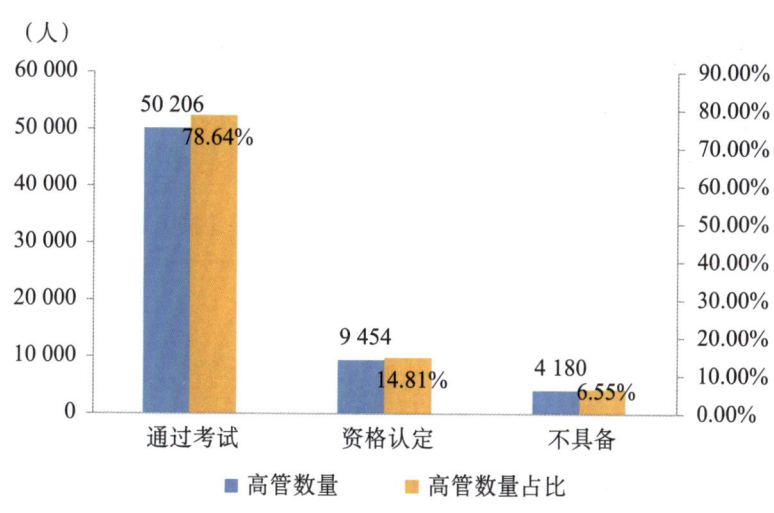

资料来源：中国证券投资基金业协会（AMAC）。

图 7-10　私募基金管理人基金从业资格取得情况（按家数统计）

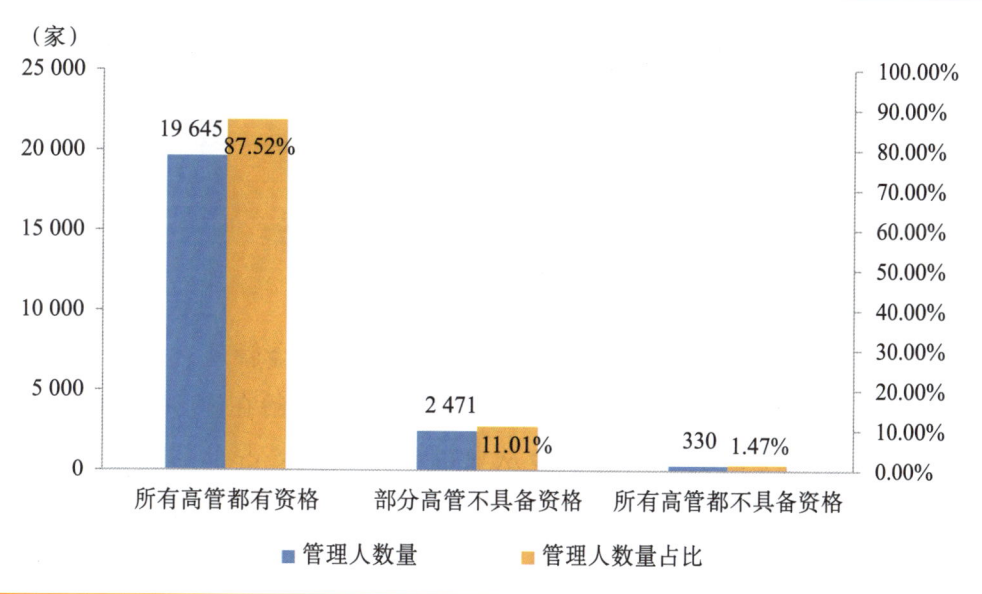

资料来源：中国证券投资基金业协会（AMAC）。

(三) 管理人高管人员学历分布情况

从高管最高学历来看，截至 2017 年底，私募基金管理人高管普遍学历背景良好，最高学历为本科及以上的为 57 072 人，占比 89.4%，其中硕博占比为 41.7%（见图 7-11）。

图 7-11　私募基金管理人高管最高学历分布情况（按人数统计）

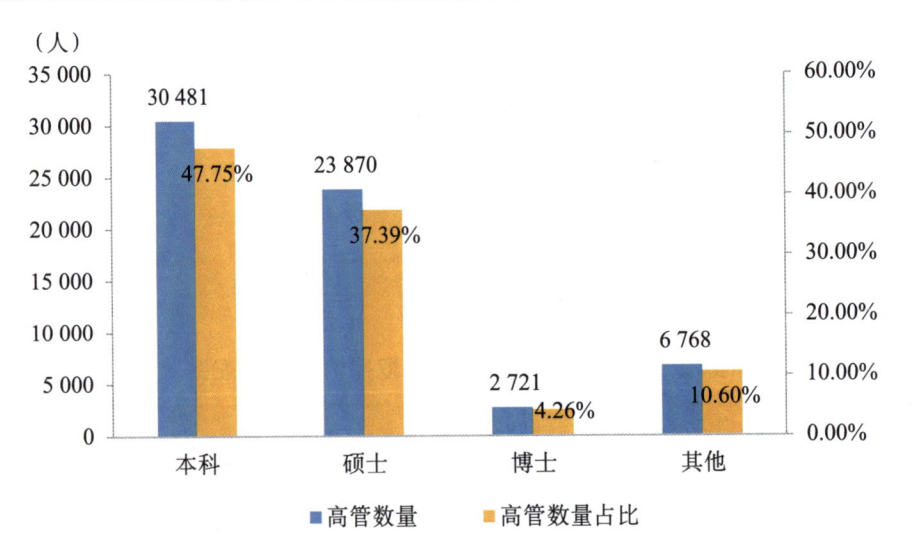

资料来源：中国证券投资基金业协会（AMAC）。

(四) 管理人高管人员年龄分布情况

从高管年龄分布来看，截至 2017 年底，私募基金管理人高管年龄主要集中在 30 岁至 50 岁（不含），占比 75.6%。其中年龄在 30 岁至 40 岁（不含）的青壮年人士，成为私募基金从业的中坚力量，占全部高管人员比例达 44.4%（见图 7-12）。

图 7–12 私募基金管理人高管年龄分布情况（按人数统计）

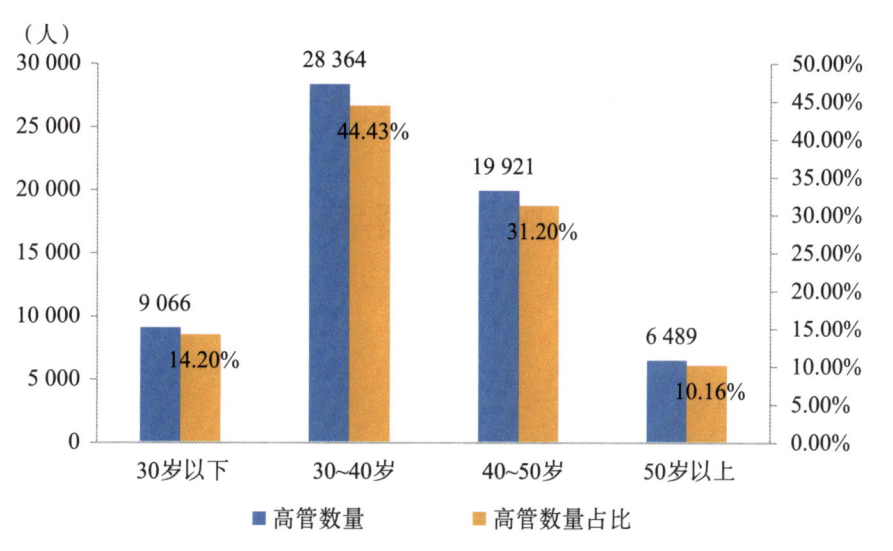

资料来源：中国证券投资基金业协会（AMAC）。

第八章

基金投资者

第一节 公开募集证券投资基金持有人

2018年一季度,中国证券投资基金业协会联合各基金管理公司和独立基金销售机构会员向基金个人投资者发放调查问卷,连续第十一年对基金个人投资者情况进行抽样调查。本次问卷调查最终有效样本54 814份,错误样本剔除率在1%以内。

一、个人投资者基本情况

(一) 年龄构成和性别比例

以青年投资者和男性投资者为主。2017年基金投资者中16(含)~30岁年龄段的投资者占比最高,达到41.6%,其次是30(含)~45岁年龄段的投资者,占比达到39.2%(见图8-1)。女性投资者占比达到48.4%,男性投资者占比51.6%(见图8-2)。

(二) 税收年收入情况

89.4%的个人投资者的税后年收入低于人民币15万元。其中,税后年收入5万元以下的投资者占比33.2%,5万~10万元的投资者占比38.1%,年收入10万~15万元的投资者占比为18.1%,而年收入高于15万元的投资者占比为 10.6%（见图 8-3）。

图 8-1　基金投资者的年龄占比

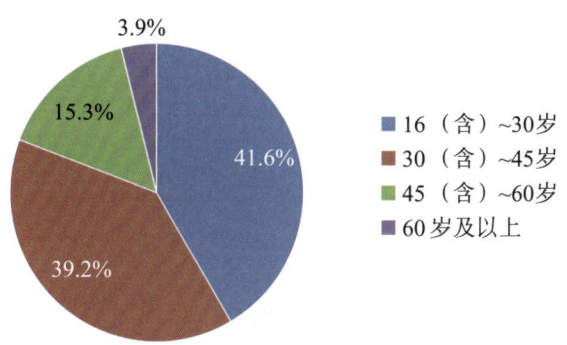

资料来源：中国证券投资基金业协会（AMAC）。

图 8-2　基金投资者的性别构成

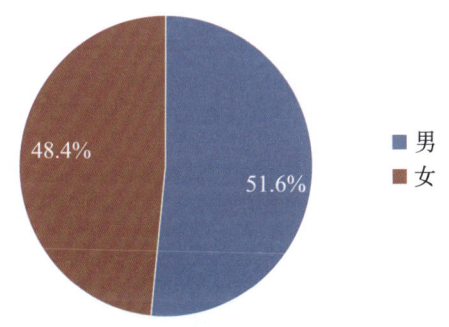

资料来源：中国证券投资基金业协会（AMAC）。

图 8-3　基金个人投资者税后年收入

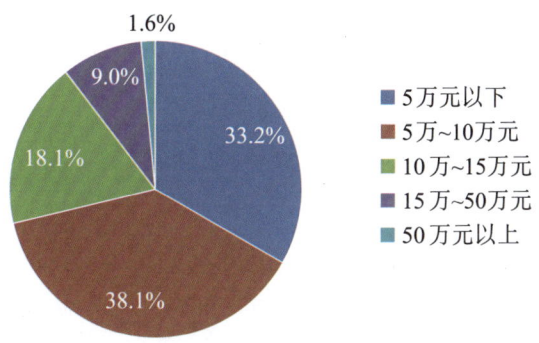

资料来源：中国证券投资基金业协会（AMAC）。

(三) 基金投资经验

半数投资者有3年以上投资经验。29.7%的基金个人投资者投资时间在1~3年之间,投资时间在1年以内和3~5年的投资者占比均为21.2%。28%的投资者投资年限在5年以上(见图8-4)。

图8-4　基金投资者投资年限

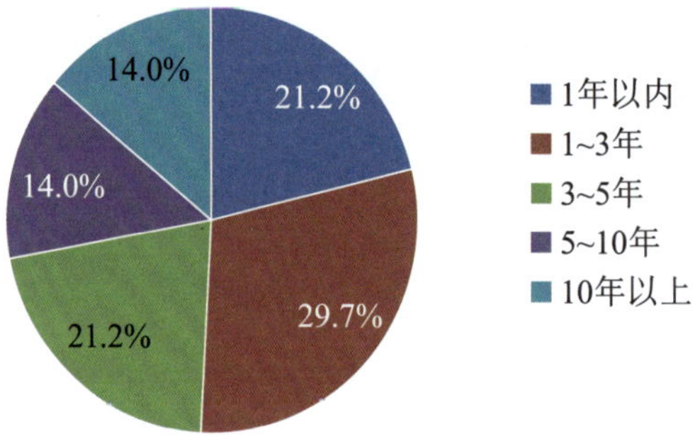

资料来源:中国证券投资基金业协会(AMAC)。

二、投资者金融资产配置情况

(一) 投资金额占家庭年收入的比重

2017年,31.9%的基金个人投资者的投资金额占家庭年收入低于10%,37.2%的基金个人投资者的投资金额占家庭年收入的10%~30%,20.1%的投资者的投资额占家庭年收入的比例在30%~50%之间,投资金额占家庭年收入低于50%的投资者合计占总人数的89.2%。大多数投资者的投资金额占家庭年收入的50%以下(见图8-5)。

(二) 投资的金融产品种类数量

本年度调研了基金个人投资者投资的金融产品的种类,这些种类包括:存款、银行理财产品、公募基金、股票、证券公司或基金公司等专户或集合理财产品、保险产品、信托产品、商品期货、金融期货、其他私募基金、其他。调查结果显示,有57.8%的投资者投资了2~3(含)类金融产品,

第一篇 行业发展篇

图 8-5　基金个人投资者投资金额占家庭收入比重

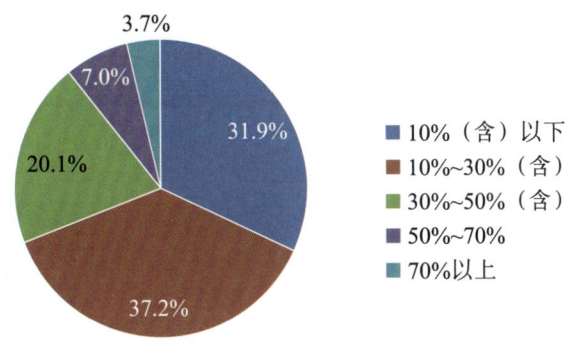

资料来源：中国证券投资基金业协会（AMAC）。

另有 19.0% 投资者投资 3~5 类金融产品，4.4% 的投资者投资 5 类以上金融产品。但仍有 18.8% 的投资者仅投资 1 类金融产品。整体来看，基金个人投资者在一定程度上做到了金融资产多样化配置（见图 8-6）。

图 8-6　基金个人投资者投资的金融产品种类数量

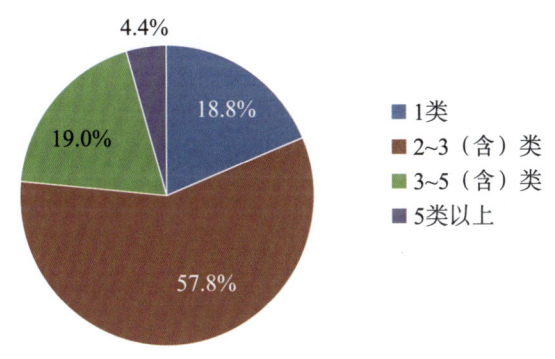

资料来源：中国证券投资基金业协会（AMAC）。

三、投资行为及基金认知

（一）愿意承担的风险

本年度调查了基金个人投资者的风险态度。有 70.9% 的投资者愿意承担适中风险、稳健收益，还有 9.8% 的投资者愿意承担高风险、高收益，

14.9%的投资者只愿意承担低风险、低收益，有4.5%的基金个人投资者不愿意承担任何投资风险（见图8-7）。

图8-7　基金个人投资者愿意承担的风险

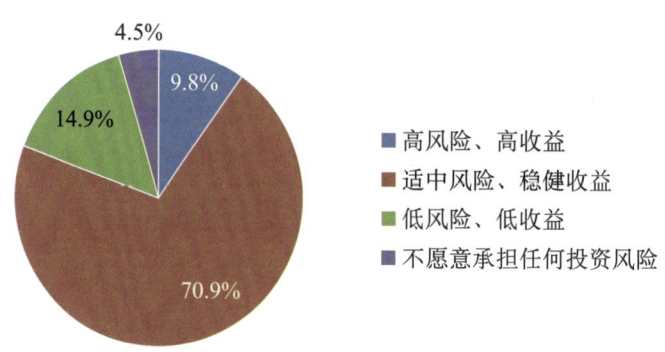

资料来源：中国证券投资基金业协会（AMAC）。

（二）主要交易方式：手机等移动终端占比上升

2017年，有68.8%的个人投资者以手机等移动终端设备作为主要交易方式，占比较2016年的40.8%明显上升（见图8-8）。与之对应，2017年有18.6%基金个人投资者以个人电脑作为主要交易方式，占比比2016年下降14.3个百分点。"移动"买基金可能在不久的将来成为个人投资者交易基金时主要的交易方式。

图8-8　基金个人投资者主要交易方式

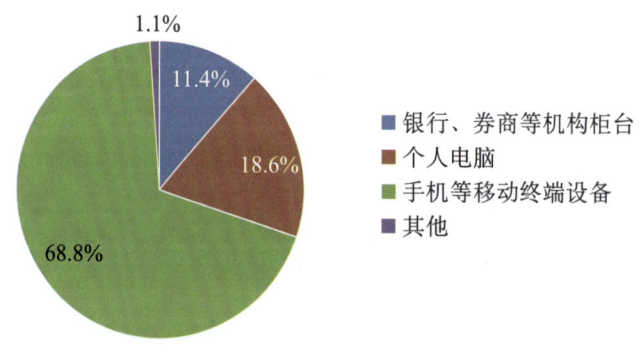

资料来源：中国证券投资基金业协会（AMAC）。

（三）如何看待基金

2017年的调查数据表明，38.9%的投资者信赖基金，并将继续以基金投资为主，这一比例比2016年的41.9%下降了3个百分点。41.5%的投资者认为基金投资没有明显优势，比2016年的34.9%高出6.6个百分点，还有16.9%的投资者认为基金业绩不佳，2.6%的投资者明确表示不再相信基金投资（见图8-9）。

图8-9　基金个人投资者如何看待基金

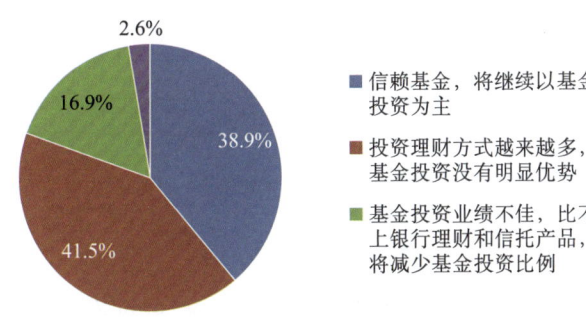

资料来源：中国证券投资基金业协会（AMAC）。

（四）货币基金在基金投资中的占比

持有的货币基金在所有基金中占比超过90%的投资者比例为50.3%，而持有的货币基金比例不足90%的投资者占比为49.7%。整体来看，一半左右的投资者的大部分基金投资都是货币基金（见图8-10）。

图8-10　投资者持有的货币基金在所有基金中的占比

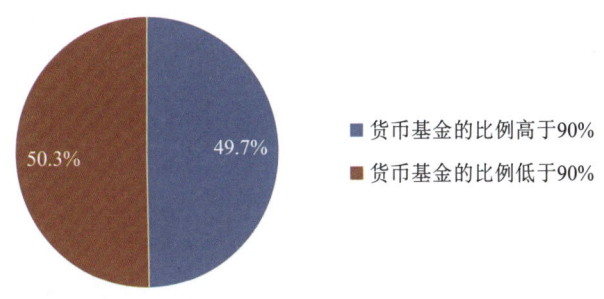

资料来源：中国证券投资基金业协会（AMAC）。

四、养老金问题

(一) 七成投资者会在 50 岁以前考虑养老金问题

调查结果显示,有 77.7% 的基金个人投资者会在 50 岁以前考虑养老金问题。其中,11.6% 的投资者在 30 岁以前考虑养老金的问题,33.4% 的投资者会在 30~40 岁之间考虑养老金问题。在 40~50 岁之间考虑养老金问题的基金个人投资者占总人数的比例为 32.7%。其余,22.3% 的投资者计划在 50 岁以后考虑养老金问题(见图 8-11)。

图 8-11 基金个人投资者考虑养老金问题的时间

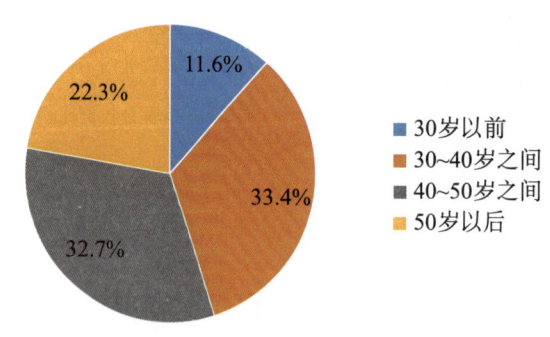

资料来源:中国证券投资基金业协会(AMAC)。

(二) 养老金投资方向

调查结果显示,63.9% 的基金个人投资者将部分养老金投资于银行存款和国债等低风险投资工具,另外有 16% 的基金个人投资者通过购买商业养老保险进行养老金投资。选择投资基金和股票的投资者的占比分别为 11% 和 6.5%,另外有 2.4% 的投资者选择以其他方式投资部分养老金(见图 8-12)。

图 8-12　养老金投资方式

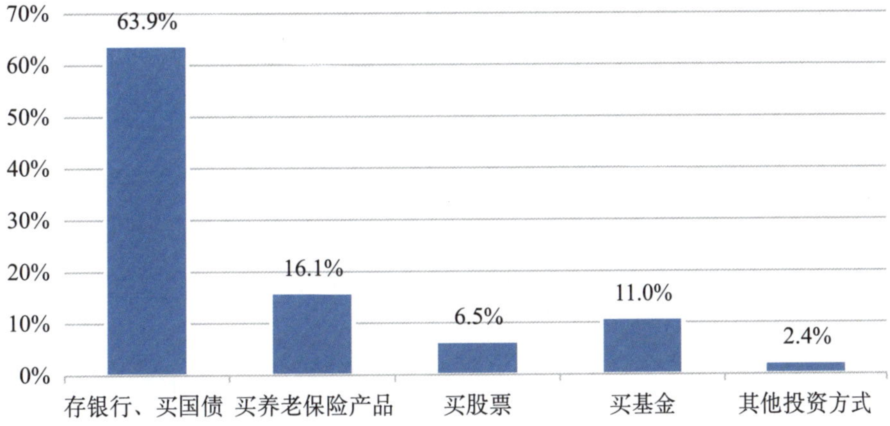

资料来源：中国证券投资基金业协会（AMAC）。

（三）养老投资基金

如果选择一款基金作为养老投资，71.6%的基金个人投资者会选择以养老或生命周期为主题的基金。8.5%的投资者会选择投资于债券基金。选择投资股票基金、混合型基金、绝对收益基金产品的投资者分别占6.5%、5.6%和3.2%。1.9%的投资者表示不会选择基金作为养老投资的工具（见图 8-13）。

图 8-13　用于养老投资的基金

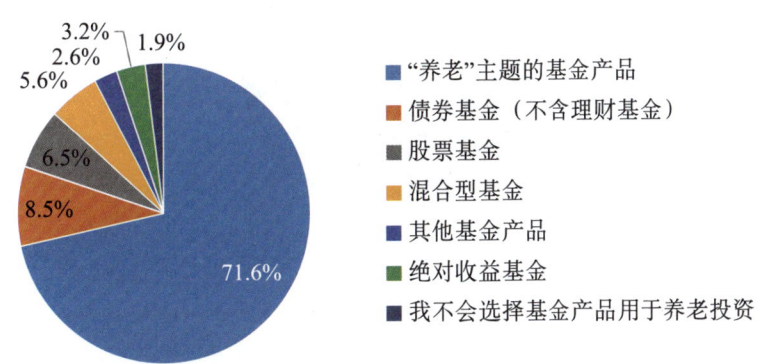

资料来源：中国证券投资基金业协会（AMAC）。

第二节 私募基金投资者

截至 2017 年底，私募基金投资者主要为企业，出资金额约 4.58 万亿元，占全部出资金额的 40.7%；其次为各类型资产管理计划，出资金额约 3.78 万亿元，占全部出资金额的 33.6%；居民出资约 2.14 万亿元，占全部出资金额的 19.0%；其他出资来源于政府资金、养老金等（见图 8-14）。不同类型私募基金的主要投资者类型有明显差异，私募证券投资基金的居民出资占比近五成，而私募股权、创业投资基金的居民出资占比约两成，这与不同投资类型私募基金主要满足相应投资者的资产配置需求正好一致。高净值个人投资者通过私募证券投资基金投资股票、债券市场，承担较高风险以博取更高收益；企业作为机构投资者通过私募股权、创业投资基金配置长周期的股权资产，满足其长期资金时间成本下的高回报需求。

图 8-14　私募基金投资者分布情况

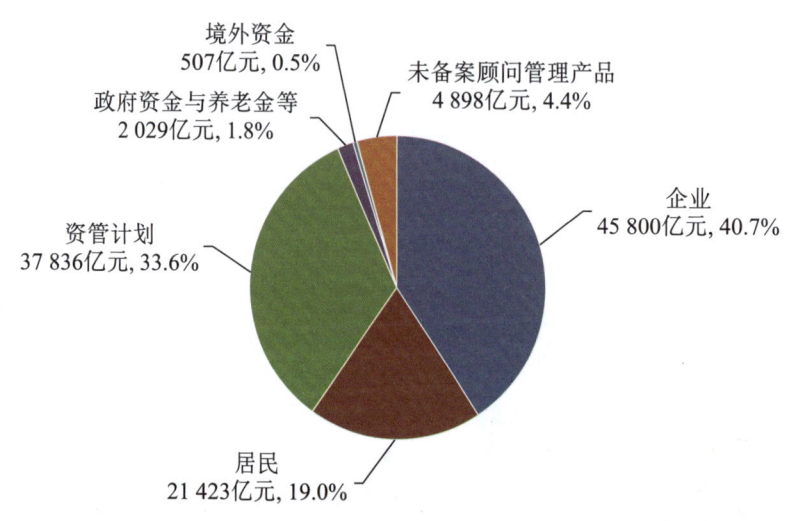

资料来源：中国证券投资基金业协会（AMAC）。

截至 2017 年底，私募基金的投资者数量合计 79.78 万人，其中个人投资者共 69.97 万人。

从单只基金的投资者数量来看，一半以上的私募基金投资者数量在 5 个及以下，约 5.4% 的私募基金投资者数量在 50 人以上。

第三节　证券期货经营机构私募资产管理计划投资者

截至 2017 年底，证券期货经营机构私募资产管理计划投资者主要为企业及各类型资产管理计划，出资金额分别为 13.21 万亿元、13.17 万亿元，合计占全部出资金额的 85.5%；居民出资约 1.74 万亿元，占全部出资金额的 5.6%（见图 8 – 15）。

图 8 – 15　证券期货经营机构私募资产管理计划投资者分布情况

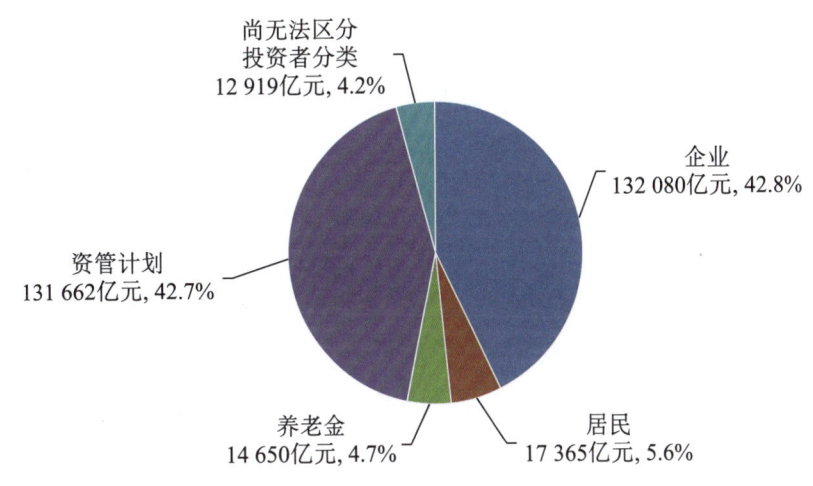

资料来源：中国证券投资基金业协会（AMAC）。

截至 2017 年底，证券期货经营机构私募资产管理计划[①]的投资者数量合计 47.2 万人，其中个人投资者共 41.91 万人。

从单只产品来看，证券期货经营机构私募资产管理计划中，一对一产品数量占 70.5%。

---

① 此处不包括证券公司管理的大集合。

第九章

基金服务机构

第一节 概 述

为支持私募投资基金管理人特色化、差异化发展，降低运营成本，提高核心竞争力，中国证券投资基金业协会于 2014 年底发布了《基金业务外包服务指引（试行）》（以下简称《外包指引》），自 2015 年 2 月开始实施。《外包指引》明确了基金服务业务范围，对基金服务业务主要采取登记管理。

截至目前，协会已先后公布三批共 44 家基金服务机构（以下简称"服务机构"）登记名单，基金服务行业市场化、规范化、多样化竞争格局的初步形成。协会原《外包指引》的基础上，制定发布《私募投资基金服务业务管理办法（试行）》，进一步促进私募投资基金行业的健康发展。

第二节 业务开展情况

一、服务机构登记情况

截至 2017 年末，在协会完成登记的服务机构共计 44 家。从业务类型

第一篇 行业发展篇

看,份额登记机构37家,估值核算机构40家,信息技术系统服务机构5家(见图9-1)。从机构类型看,共包括证券公司、商业银行、基金公司、IT公司及独立服务机构等5类机构,其中证券公司的数量最多(见图9-2)。

图9-1 业务类型分布

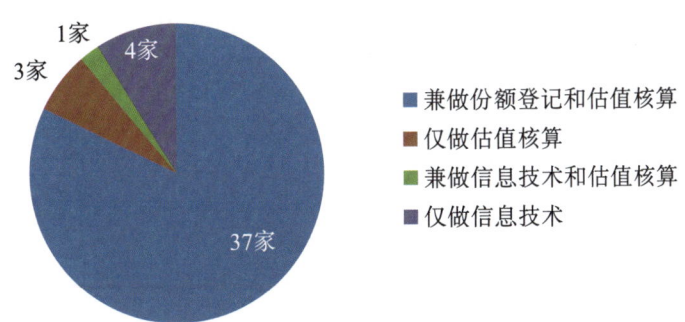

资料来源:中国证券投资基金业协会(AMAC)。

图9-2 机构类型分布

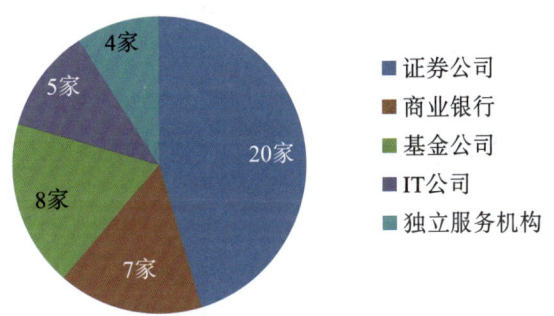

资料来源:中国证券投资基金业协会(AMAC)。

二、业务开展情况

作为《证券投资基金法》下的三大主体之一,服务机构业务发展的初衷是协助搭建基金行业良性发展生态圈。服务机构在协会登记以来,服务对象已经从私募投资基金,不断扩大至公募基金、券商资管、期货资管、基金公司专户等大资管行业各类产品。服务内容除了份额登记和估值核算两项涉及系统重要性数据的核心业务之外,在围绕信息科技建设、助力基金小镇建设等发展目标下，不断扩展至整个基金链条，提供了全方位、多功能的各项专业服务，对基金行业发展起到了重要推动作用。

截至 2017 年底，服务机构提供份额登记及估值核算服务的基金产品共计 44 289 只，资产规模达到 39 089.49 亿元。从服务基金类型来看（见图 9-3 和图 9-4），按照服务业务数量统计，私募投资基金的数量最多，总计 37 553 只，占比 84.8%；公募基金 10 只，占比 0.02%；基金管理公司及其子公司特定客户资产管理产品 2 951 只，占比 6.7%；证券公司和期货公司资产管理产品 3 062 只，占比 6.9%；其他类产品（包括企业年金、养老金、保险资管产品、银行理财产品、QFII、QDIE 等）713 只，占比 1.6%。

图 9-3　服务业务数量占比（按服务基金类型）

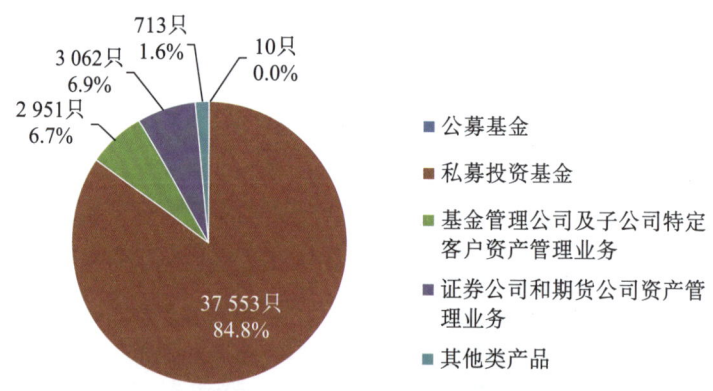

资料来源：中国证券投资基金业协会（AMAC）。

图 9-4　服务业务规模占比（按服务基金类型）

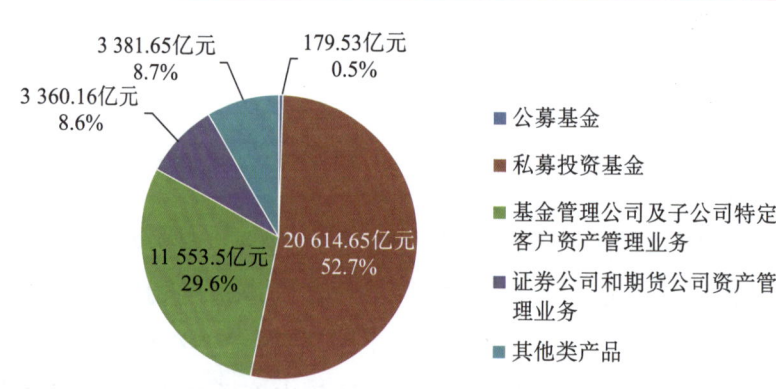

资料来源：中国证券投资基金业协会（AMAC）。

按照服务业务规模统计，私募基金已经超越基金管理公司及其子公司特定客户资产管理业务，成为规模最大的服务类型，总计 20 614.65 亿元，占比 52.7%；基金管理公司及其子公司特定客户资产管理业务规模 11 553.50 亿元，占比 29.6%；公募基金规模 179.53 亿元，占比 0.5%；证券公司和期货公司资产管理业务规模 3 360.16 亿元，占比 8.6%；其他类产品规模 3 381.65 亿元，占比 8.7%（见图 9-5~图 9-7）。

图 9-5　服务机构服务的私募投资基金规模占比（按基金类型）

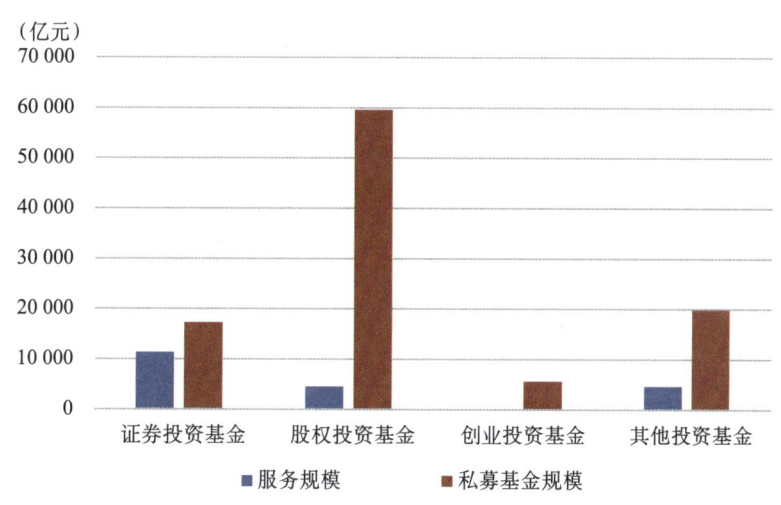

资料来源：中国证券投资基金业协会（AMAC）。

图 9-6　服务机构服务的私募投资基金数量占比（按基金类型）

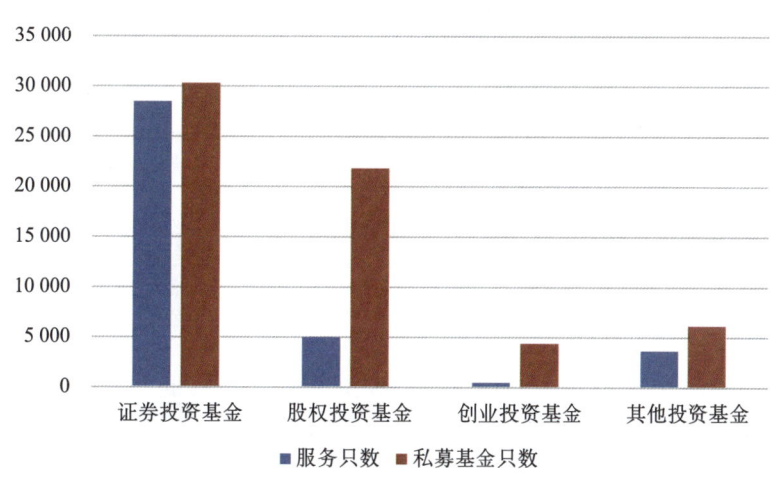

资料来源：中国证券投资基金业协会（AMAC）。

图 9-7 私募投资基金服务业务规模占比（按基金类型）

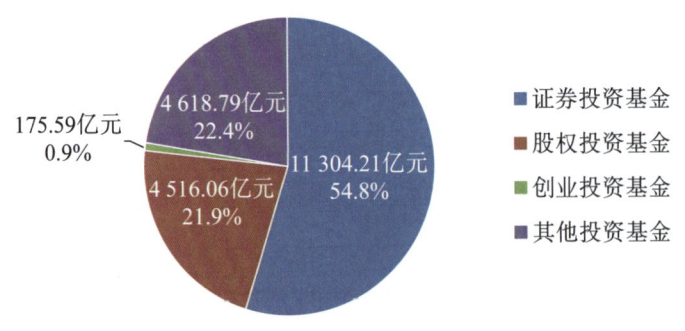

资料来源：中国证券投资基金业协会（AMAC）。

从业务类型看，服务机构同时提供份额登记和估值核算两项业务是行业主流业务模式（见图 9-8）。其中，同时提供份额登记和估值核算服务的业务规模为 25 389.95 亿元，占比 65.0%；仅提供份额登记服务的业务规模 1 968.27 亿元，占比 5.0%；仅提供估值核算服务的业务规模 11 731.27 亿元，占比 30.0%。

图 9-8 服务业务规模占比（按服务业务类型）

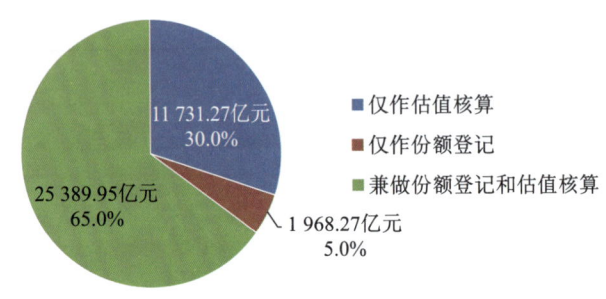

资料来源：中国证券投资基金业协会（AMAC）。

三、行业集中度情况

从 2017 年度服务业务规模来看（见表 9-1），目前行业集中度较高，排名前五的基金服务机构服务资产规模占总规模的 68.3%，排名前十的基金服务机构服务资产规模共计占总规模的 82.8%。私募基金管理人作为服务机构最主要的服务对象，行业集中度呈现出"3+2+n"的特点（见图 9-9），即第一梯队3家（规模>3 000亿元，数量>3 000只），2017年第一梯队新增一家；第二梯队2家（1 000亿元<规模<3 000亿元，1 000只<数量<3 000只），2017年出现只数少于1 000只但规模大于1 000亿元的机构1家，只数大于3 000只但规模小于3 000亿元的机构1家。其余服务机构为第三梯队（规模<1 000亿元，数量<1 000只）。

表9-1　各服务机构服务私募投资基金的规模和数量

服务机构名称	服务规模（亿元）	服务数量（只）
招商证券股份有限公司	6 061.30	8 781
国泰君安证券股份有限公司	3 271.57	5 403
国信证券股份有限公司	3 058.27	4 926
中信中证投资服务有限责任公司	2 357.27	4 257
渤海银行	1 772.22	488
上海银行股份有限公司	1 318.93	1 268
华夏基金	635.52	108
工商银行	536.20	124
华泰证券股份有限公司	514.16	1 648
兴业证券股份有限公司	492.75	673
其他	4 157.63	10 600

资料来源：中国证券投资基金业协会（AMAC）。

图9-9　私募投资基金作为服务主体的行业集中度

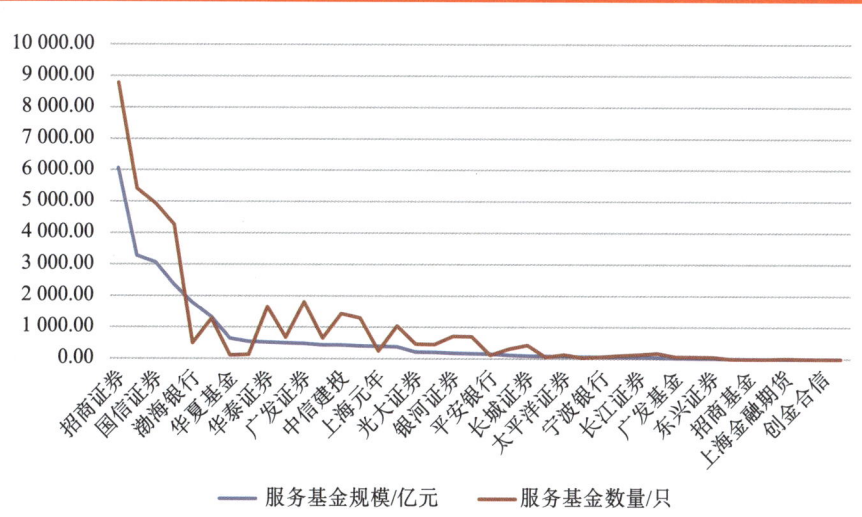

注：图中X轴并未完整列示出所有服务机构。

资料来源：中国证券投资基金业协会（AMAC）。

四、收入情况

2017年度服务业务总收入（见表9-2）约7.32亿元，私募证券基金贡献度达72.8%。

表9-2　2017年基金服务业务（份额登记和估值核算）收入情况（按基金类型分）

服务基金类型	规模（亿元）	收入（万元）	收入贡献度（%）
私募证券投资基金	11 304.21	53 273.14	72.81
私募股权投资基金	4 516.06	6 084.41	8.32
创业投资基金	175.59	366.57	0.50
其他私募投资基金	4 618.79	6 334.81	8.66
基金公司专户	123.07	603.13	0.82
基金子公司专户	11 430.44	2 195.20	3.00
期货公司及其子公司资管计划	783.91	2 505.43	3.42
其他	6 137.43	1 808.14	2.47

资料来源：中国证券投资基金业协会（AMAC）。

第十章

金融科技

第一节　金融科技现状及发展

当前，金融科技发展方兴未艾，技术路径不断革新，处于不断演进变化中，金融科技的内涵和外延还没有形成统一定义。金融科技是技术驱动的金融创新，在金融领域广泛应用人工智能、大数据、移动互联、物联网、云计算、区块链、加密、安全等技术，改变甚至颠覆着金融业的交易行为、运作模式、产品和服务形态等，为金融发展注入了新的活力。

一、金融科技

大数据和云计算是互联网发展的产物。互联网将线下行为移到线上，大数据又将线上的各类消费、交易、交互等行为和场景产生的海量数据通过收集、传输、存储、处理、分析、挖掘，形成信息。云计算是利用互联网实现随时随地、按需、便捷地使用共享计算设施、存储设备、应用程序等资源的计算模式，拥有强大的存储、计算、分析等能力，是大数据实现的重要手段，而大数据又是云计算的重要内容。两者是相辅相成、不可分割的一部分。大数据和云计算在一定程度上构成了人工智能等技术实现的底层基础。

人工智能实现了一种能以人类智能相似的方式做出反应的智能机器，包括机器人、语言识别、图像识别、自然语言处理和专家系统等。但是，机器人、智能投顾等人工智能只能部分替代人类智慧，资管行业要思考的是，如何更好地利用人工智能来表达人类的智慧、满足社会的需要，在运用技术的同时转变自身职能定位。

区块链是近年来不断被研究和应用的新技术，其核心是去中心化的分布式记账技术，具有以下特点：（1）任何人无法对数据源进行篡改，因此区块链中的数据是真实可靠的；（2）数据点对点进行传输，不需要通过复杂的路径和流程，保障数据传输速率；（3）由于区块链中没有中心系统，任何节点出现问题都不会影响整个系统的正常运行；（4）数据经过加密，未经授权其他参与人无法获取。资产管理行业是一个数据密集型行业，各环节参与者需要进行大量的数据传输，而数据信息又是每个参与者的核心机密，因此数据在传输过程中势必经过重重保护和加密，影响传输效率。区块链自身具备的技术特点可以满足投资者、管理人、托管人、服务机构、监管者等各类主体对数据传输准确性、时效性和保密性的高要求，提升行业效率。

二、金融科技重塑金融业态

目前，科技正在加速与金融的深度融合，金融科技已经广泛应用于支付清算、投资管理、智能投顾、数据分析、交易结算、信用评级、数字安全等领域，充分运用技术手段降低了金融服务门槛，大幅度提升金融服务的效率和覆盖度，推进了普惠金融，更深层次上改变了金融企业的运营模式，重塑金融业态，使金融更方便、快捷、高效地为居民提高财富管理服务，使资本以最有效率的方式配置到实体经济中去。

大数据、云计算的应用，使以余额宝为代表的互联网金融产品迅速崛起，改变了金融服务的方式、途径和用户群体。一是降低了投资者门槛，产品更为透明、简单，使金融理财服务平民化，小额理财成为可能；金融理财嵌入生活消费场景中，金融服务成本更低，投资者理财更为便捷、高效。二是使金融理财服务从以产品为中心的标准化服务模式到以用户为中心的定制化服务模式。千人千面，互联网金融产品在降低金融机构运营成本的同时，可以利用大数据给用户精准画像，根据用户特点、投资风险和收益偏好智能推荐和匹配相关金融产品，提供更为精准、个性化的服务。

三是使传统的金融机构更轻便化、智能化，从底层的数据存储、分析等基础设施的构建，到产品的研发、投研、交易、风控等业务流程，再到最终面向客户的服务，互联网金融实现了线上处理，使金融机构的运营更加智能化、更有效率。

人工智能的应用极大提高了金融服务效率和用户体验，智能投顾就是一个典型案例。随着居民收入的不断增长，人们的理财需求也在不断增加，个性化定制、精准服务诉求高涨。智能投顾可以利用人工智能技术，结合大数据分析投资人的风险偏好、风险承受能力，结合算法模型定制个性化的资产配置方案，并进行实时跟踪及调整。人工智能技术的应用，不仅提升了个人客户体验，满足了广大投资者的个性化需求，同时使资产管理人在付出有限成本的前提下，降低了投顾服务的门槛、简化了服务流程。

在基金合同业务中，电子合同是利用区块链防篡改、智能合约等技术，实现合同签署和管理的电子化智能化。电子合同平台提供了业务平台场景，电子合同字段化合同信息（投资范围、份额登记、持有人大会、托管服务业务内容等）和场景化的投资者信息录入，有助于厘清基金主体权责，落实管理人和托管人的受托职责、销售机构适当性要求、份额登记机构权属证明登记职责，提升管理人、托管人、投资者和服务机构等市场主体的相互博弈能力，促进基金行业自治。同时，可以打通司法存证取证环节，增强司法存储和证据效力，解决行业合同回收困难引发的法律纠纷和投诉。

金融科技发展如火如荼，科技正深刻融入并改变着金融行业，正确认识、运用、监管金融科技也成为重大课题。

第二节　金融科技监管

一、正确认识金融科技

金融科技 Fintech 为金融"Finance"与科技"Technology"两个词合成，是金融与科技发展到一定阶段相互融合的结果。金融科技并不是简单的金融和科技的相加，也不是脱离于金融衍生出的另一种新生行业。科技是发展金融创新、提高金融运作效率、优化金融服务的手段，金融是科技应用的载体，科技必须遵守金融逻辑、在金融业务的场景中应用才能为金融科技，技术是驱动力和加速器，金融永远是压舱石和目的。科技在金融领域的应用，只是改变了金融原有运作生态，优化了金融从储蓄到投资实现过程的路径和方式，改变了传统金融海量数据获取、记录、存储、处理的手段，改变了金融的场景空间和交易方式，提升了价值流通的效率，并没有改变金融的功能属性和本质，没有改变金融背后的权责关系以及金融主体相应的权利和义务。抛开各类形式的创新和复杂的技术应用，金融科技归根结底还是属于金融的范畴，应适用同样的金融法律与监管规则。

作为新兴事物，金融科技发展鱼龙混杂，有打着金融科技口号的非金融公司进行非法集资，也有传统金融公司利用技术手段游走在金融监管的边缘。金融科技并不是互联网公司搞P2P或者金融企业简单引入互联网就是金融科技，创新与伪创新泥沙俱下，可能导致劣币驱逐良币。因此，在金融科技迅猛发展的热潮中，我们要保持冷静，既不能盲目从科技的角度来颠覆金融的实质，也不能固守传统金融不寻求创新发展。

二、切实防范风险，提高监管能力

科技在金融领域的应用是把"双刃剑"，在给金融业注入新活力的同时，也带来很大的安全问题。一是金融科技大多基于互联网或虚拟技术，金融风险与网络风险、技术风险、数字安全风险等多重风险叠加，呈现形式通常跨系统、跨行业、跨区域，风险变得更为隐蔽、突发、传染性，一旦风险爆发，容易扩散迅速，形成风险外溢，风险防范和管控难度加大。二是金融科技的应用经常伴随着大量数据的存储和传输，网络安全、信息与数据安全，特别是个人隐私和数据的安全问题日益复杂与突出。金融科技目前尚处于起步阶段，很多技术尚未成熟，一旦发生风险，不但给用户和金融科技企业自身带来难以估量的损失，甚至可能会带来系统性风险。

因此，金融机构自身在提升安全意识和风控水平的同时，监管机构也必须平衡好创新与稳定之间的关系，既要保证金融科技的创新发展，又要高度重视风险防控，切实维护好投资者权益。一方面，要健全完善我国金融科技发展的制度政策，促进相关规则标准研究，建立包容性的监管体系，为金融科技的发展提供空间，支撑、引导金融科技创新有序发展。另一方面，以保护金融消费者权益为前提，要处理好安全与发展的关系，重视风险防控。适应新形势、新变化，积极利用大数据、人工智能、云计算等技术丰富金融监管手段，提升跨行业、跨市场交叉性金融风险的甄别、防范和化解能力。

作为基金行业自律组织，中国证券投资基金业协会也高度关注金融科技的发展，积极拥抱行业变革，并将科技手段运用在日常自律管理与服务工作中。在《证券投资基金法》框架下，中国证券投资基金业协会于2014年11月和2017年3月先后发布《基金业务外包服务指引（试行）》和《私募基金服务业务管理办法》，进一步对信息技术系统服务业务，包括基金链条上的销售、支付、投资交易、份额登记、估值核算、信息披露、数据接口规范及技术标准等，进行了统一规范。2017年，协会成立金融科技专业委员会，通过建立多元、有效的沟通交流机制形成市场合力，持续关注新技术对行业产品创新、成本节约和效率提升等方面的推动作用，以及可能发生的风险外溢、系统关联等不良影响，从而促进金融科技的规范发展，提高行业整体竞争力。同时，协会积极推进科学技术在风险监测、会员管理、信息披露、远程培训等方面的应用，利用信息技术手段持续提升行业服务效率和自律管理的有效性。

第二篇
政策环境篇

第十一章

法律与监管环境

2017年,在深化金融改革、防范金融风险、服务实体经济的任务部署下,"防风险、去杠杆"成为贯穿全年的主基调,回归本源、优化结构、强化监管、市场导向成为金融工作的基本原则。国务院金融稳定发展委员会的成立,"一行三会"等监管机构针对资管行业、银行、公募、保险等出台一系列金融监管政策,推动资管行业不断规范健康发展。

第一节 公募基金稳中有进

2017年,公募基金持续加强合规与风险监管,同时拓展行业发展新空间,基金规模持续增长,突破十万亿元大关。

合规与风险管理进一步从严加强。2017年1月24日,中国证监会发布实施《关于避险策略基金的指导意见》,引导投资人对保本基金形成新的合理预期,打破了投资人对既有保本基金绝对保本"刚性兑付"的认知,进一步强化避险策略基金投资策略相关监管要求,降低运作风险。6月6日,中国证监会发布《证券公司和证券投资基金管理公司合规管理办法》,进一步加强基金管理公司内部合规管理,防范合规风险。9月13日,中国证券投资基金业协会发布《证券投资基金管理公司合规管理规范》,要求基金管理公司合规管理人员配备必须符合相关合规要求,进一步强调基金管理公司合规管理规范。8月31日,中国证监会发布《公开募集开放式证券投资基金流动性风险管理规定》,加强对公开募集开放式证券投资基金流动性风险的管控，进一步规范开放式基金的投资运作活动，完善基金管理人的内部控制，保护投资者的合法权益。

公募基金资产配置迎来新发展。4月24日，中国证监会发布《基金中基金（FOF）审核指引》，要求各家基金管理人按照该指引要求，准备有关基金中基金注册申报文件，为公募FOF基金的推出提供了更明确的细则标准。5月4日，中国证券投资基金业协会发布《基金中基金估值业务指引（试行）》，对公募FOF估值方法做出了明确规定，进一步促进了FOF产品的落地。9月8日，首批公募FOF基金获批，公募基金迎来了大类资产配置新时代。

公募基金在养老金投资中将发挥更大的专业化价值。11月3日，中国证监会就《养老目标证券投资基金指引（试行）》公开征求意见，标志着公募基金将在养老金市场化改革中发挥更大的作用，随着该指引（试行）的完善与实施，养老型公开募集证券投资基金的发行，公募基金迎来新的发展空间。

第二节　私募基金规范发展

2017年，私募基金监管不断完善，自律规则体系不断健全，取得快速增长，行业正本清源、优胜劣汰效应显现。

顶层制度设计方面，8月30日，国务院法制办公室发布《私募投资基金管理暂行条例（征求意见稿）》（简称《暂行条例》），成为《证券投资基金法》以外，专门规范私募行业的法律效力最高的规范性文件。《暂行条例》总结吸收了近几年私募监管方面的实践经验，在更高的法律层面提出全面、系统的规范性要求，对私募基金管理人的准入门槛作出严格规定，提出专业化经营、备案登记等要求；同时对托管人职责、建立业务隔离机制等做出规定；明确了向特定合格投资者募集、履行投资者适当性管理义务，建立从业人员投资申报登记等多项制度。11月17日，央行会同原银监会、中国证监会、原保监会、外汇局等部门联合发布了《关于规范金融机构资产管理业务的指导意见（征求意见稿）》，成为首份横跨各类机构的纲领性文件，涵盖了包括私募投资基金在内的大资管业务。

自律规则方面，中国证券投资基金业协会不断完善自律管理体系，适应行业发展需要不断健全登记备案等自律规则，促进行业的规范发展。3月1日，协会发布实施《私募投资基金服务业务管理办法（试行）》，以及《私募投资基金服务机构登记法律意见书指引》，要求服务机构应在协会登记并成为协会会员，对私募基金份额登记、估值核算、信息技术系统服务等服务业务做了明确规范。3月31日，协会发布了《私募基金登记备案相关问题解答（十三）》，对私募基金管理人的专业化管理原则提出了落实及整改要求。私募基金管理人在申请登记时，应当在"私募证券投资基金管理人""私募股权、创业投资基金管理人"等机构类型，以及与机构类型关联对应的业务类型中，仅选择一类机构类型及业务类型进行登记；私募基金管理人只可备案与本机构已登记业务类型相符的私募基金，不可管理与本机构已登记业务类型不符的私募基金；同一私募基金管理人不可兼营多种类型的私募基金管理业务。6月28日，中国证券投资基金业协会发布《基金募集机构投资者适当性管理实施指引（试行）》（中基协发〔2017〕4号），进一步规范基金募集机构销售行为，指导投资者适当性管理制度的有效落实，维护投资者合法权益。11月3日，中国证券投资基金业协会发布《私募基金登记备案相关问题解答（十四）》，明确私募不予登记6种情形，严控私募壳资源买卖。12月22日，中国证券投资基金业协会发布《私募基金管理人登记须知》，明确重点事项规范性标准，明确了首只产品不能是顾问产品、高管不得随意兼职、完成首只产品备案前不得变更实控人等要求。

第三节　证券期货经营机构资产管理业务结构优化

2017年以来，银行同业、理财、表外资金、净资本约束等监管加强，证券期货经营机构私募资管业务调整，通道业务规模下降，结构优化明显，合规性、主动管理能力不断提升。

一是回归主业，进一步加强合规性管理。2月14日，中国证券投资基金业协会发布《证券期货经营机构私募资产管理计划备案管理规范第4号

——私募资产管理计划投资房地产开发企业、项目》，明确16个热点城市的房地产投资限制，落实国家房地产调控政策。6月6日，中国证监会发布《证券公司和证券投资基金管理公司合规管理办法》，进一步加强证券基金经营机构的内部合规管理，防范合规风险。11月6日，中国证监会机构管理部下发《机构监管情况通报》——"通道有风险，通道不免责"，重点通报分析监管套利的通道业务，引导行业正确认识通道业务的法律风险，严格履行管理人职责，消除监管套利，回归资产管理主业。

二是统一资管监管标准，减少监管套利。资管业务在满足居民财富管理需求、增强金融机构盈利能力、优化社会融资结构、支持实体经济等方面发挥了积极作用。但由于同类资管业务的监管规则和标准不一致，导致监管套利活动频繁，一些产品多层嵌套，风险底数不清，资金池模式蕴含流动性风险，部分产品成为信贷出表的渠道，刚性兑付普遍，在正规金融体系之外形成监管不足的影子银行，一定程度上干扰了宏观调控，提高了社会融资成本，影响了金融服务实体经济的质效，加剧了风险的跨行业、跨市场传递。在此背景下，中国人民银行会同中国银行保险监督管理委员会、中国证券监督管理委员会、国家外汇管理局等部门，联合起草《关于规范金融机构资产管理业务的指导意见（征求意见稿）》（简称"大资管办法"），并于11月17日正式征求意见。大资管办法坚持问题导向，从弥补监管短板、提高监管有效性入手，在充分立足各行业金融机构资管业务开展情况和监管实践的基础上，按照资管产品的类型制定统一的监管标准，对同类资管业务做出一致性规定，实行公平的市场准入和监管，最大限度地消除监管套利空间，有效防控金融风险，为资管业务健康发展创造良好的制度环境。

第四节　投资者保护不断加强

2016年12月12日，中国证监会公布的《证券期货投资者适当性管理办法》（以下简称《办法》）于2017年7月1日起实施。《办法》明确了投资者分类、产品分级、适当性匹配等各环节的标准或底线，要求经营机构对投资者进行科学分类，把"了解客户""了解产品""客户与产品匹配""风险揭示"作为基本的经营原则，充分保障了投资者的合法权益。同时，《办法》明确了监管机构和自律组织的职责要求。2017年6月28日，中国证券投资基金业协会发布《基金募集机构投资者适当性管理实施指引（试行）》，作为《办法》的配套文件，《指引》对建立健全投资者适当性管理制度、投资者分类、基金产品或服务风险等级划分、普通投资者回访制度、销售禁止性规定、录音录像及留痕等做出了明细规范，确保各项适当性要求落到实处。

第五节 对外开放不断深化

2017年，资本市场改革开放不断扩大，资管行业的对外开放也取得拓展。以私募基金为例，2017年共在中国证券投资基金业协会成功登记富达、瑞银资管英红曼、富敦、惠理、景顺、路博超、安本标唯、贝莱德、施罗德等10家外资机构，备案产品5只。

2017年6月21日，美国明晟公司（MSCI）宣布，从2018年6月起将中国A股纳入MSCI新兴市场指数和全球基准指数，这将对我国资本市场的进一步成熟完善和国际化带来积极的影响。

第十二章

行业自律与风险防范

2017年，防范系统性风险、规范行业健康发展、保护投资者合法权益、服务实体经济迈向新台阶，行业稳中求进，在曲折发展中正在开启可持续发展新篇章。面对新形势、新要求，中国证券投资基金业协会大力推进自律管理，积极履职尽责，始终坚持以建设"市场欢迎、行业拥护、监管信赖、社会公信"的现代资产管理行业协会为目标，夯实"自律、服务、创新"三大工作宗旨，持续推进深化协会治理、推动完善法律法规、加强行业自律管理、完善信息化系统、做好投资者保护，全力打造制度健全、监测到位、执纪有力的现代行业协会，推动全行业健康协调发展。

第一节 完善协会治理，打造多层有机行业治理生态

一、全面落实理事会各项核心决策

围绕行业治理和协会治理，坚持自律规则制定、财务预决算等各类重大事项均提交理事会审议，保证了理事会和监事会对协会重大事项的决策权和监督权。2017年，第二届理事会和监事会共召开三次会议，进行了10次通讯表决，累计审议通过21项议案，理事会核心治理功能更加公开、透明。

二、充分发挥专业委员会专业治理与行业智库作用

将原有17个专业委员会改组为两大类共21个委员会：一是行业类专业委员会；二是业务类专业委员会。目前，21个委员会均已完成改组、改选工作，落实了专业化工作职责。充分发挥专业委员会行业智库作用，密集召开专业委员会会议，高管委员出席率达到70%以上。加强研究制约行业发展的关键问题，对基金行业增值税问题、私募基金条例、资管新规、落实国有股转持豁免公示工作、私募会员信用信息报告工作规则、增加社保基金管理人证券公司参选比例、公募REITs实践路径和落实方案、私募资管业务现状等热点问题进行研讨，维护行业基础法则，促进行业长远健康发展。组织私募股权基金在多层次资本市场功能与作用、创投基金持有期与上市锁定期的反向挂钩政策等多场主题座谈会，推动行业顶层制度完善和法制建设。

三、完善会员服务，落实会费减免方案

响应国务院降税减负相关政策，2017年共计减免623家机构5 001.33万元年会费。对私募创投机构加强支持和帮扶，先后减免2016年底前加入协会的私募创投机构年会费，对同一集团的多家会员及新设机构等也进行了定向减免。

第二节 坚持法律保障，夯实行业发展制度根基

以《私募投资基金管理暂行条例》和大资管办法为契机，推动行业上位法及监管法规建设。协会持续呼吁在《证券投资基金法》层面明确基金的实质性定义，界定资产管理业务和信贷边界，明确相关主体受托责任和受托财产法律属性。《证券投资基金法》第153条确立了基金的三种组织形式——契约型、合伙型、公司型，但三种组织形式的受托责任主体缺少清

晰界定，还需要进一步细化落实。针对大资管办法，协会呼吁明确以《证券投资基金法》作为立法依据，弥补《证券投资基金法》未明确的私募股权基金管理规范，以及各类牌照机构私募资产管理规则，重点就杠杆、嵌套、资金池等影子银行问题提出意见建议，防范监管套利和刚性兑付风险。

第三节 完善行业自律规则，促进市场信用建设

一、健全自律规则体系，推动行业规范有序发展

进一步完善私募"7+2"自律规则体系，发布《私募投资基金服务业务管理办法》，促进私募服务业务规范发展；持续推进《私募基金管理人担任投资顾问管理办法》的制定，明确投资顾问职责等核心性信托义务的承担主体、履行机制与监督要求。发布《证券投资基金管理公司合规管理规范》《基金募集机构投资者适当性管理实施指引（试行）》，提升行业合规水平，切实保护投资者利益。发布《中国基金估值标准》《证券投资基金投资流通受限股票估值指引（试行）》《基金中基金估值业务指引（试行）》，满足市场变化中的估值需求。发布《关于基金从业人员资格管理实施有关事项的通知》，做好对原中国证券业协会有关考试成绩、私募从业人员资格注册等过渡衔接工作。发布《证券期货经营机构私募资产管理计划备案管理规范第4号》，贯彻落实党中央、国务院关于房地产调控工作的指示精神；完成登记备案须知，引导债权投资。启动公募基金费率调研，推动建立管理人、托管人、基金销售机构和投资者利益一致的费率结构。

二、探索差异化自律管理，打造行业诚信体系

积极探索私募基金"差异化自律管理"新举措。按照实质重于形式的原则，明确创业投资基金管理人类型认定与基金类型认定，对符合条件的创投基金及管理人实行简化申请材料等差异化自律管理。明确其他类私募基

金备案要求以及不符合基金定义产品的过渡期处理，遏制业务风险积聚。增加观察类会员，完善普通会员审核标准，为缺少历史信用记录的私募管理人参与协会治理提供现实路径，引导形成"登记备案→观察会员→普通会员→专委会委员→理监事"的会员发展路径预期。2017年共完成私募入会527家，截至2017年底，私募会员数量达到2 501家，其中普通会员260家，观察会员2 241家。

推动建立健全会员信用档案和市场化信用积累机制。建立私募会员信用信息报告制度，率先在证券投资领域启动会员信用信息报告工作，发布实施《私募证券投资基金管理人会员信用信息报告工作规则（试行）》，从合规性、稳定度、专业度、透明度等维度持续记录会员展业过程中的信用信息情况。

三、加强自律处分及纠纷调解机制

加大自律执纪力度。2017年，协会共注销私募机构112家，其中会员机构2家，非会员机构110家。对4家机构采取撤销管理人登记、取消会员资格等纪律处分措施，其中3家会员机构、1家非会员机构，对7名从业人员进行纪律处分，上述纪律处分计入资本市场诚信数据库。

加强诉调联动和核查工作。2017年协会收到有效投诉2 090件，涉及被投诉机构1 071家，投诉处理完成率67%。接待现场来访人员600名，处理率100%。充分发挥协会调处作用，2017年移交投资者服务中心调解事项7件，自行调解5件，涉及金额9.7亿元。

第四节 坚持技术引领，提升风险监测和信用管理能力

一、加强系统建设，资产管理业务综合报送平台成功上线

协会加快资产管理业务综合报送平台建设布局，使公募、私募、资管

行业信息报送、存储方式从非结构化、非标准化文档实现了向结构化、标准化数据的实质性转变，有力支撑了登记备案、持续披露、社会公示、失联报告、投诉调解、自律处分等各项工作，行业信用积累、信用服务、信用约束机制明显增强。系统整体迁移完成之后运行平稳，在线用户峰值达1.4万人以上，日均业务量3万多笔，日均文件上传3万多件。央行稳定局在调研"一行三会"数据时，认为协会数据系统建设基础扎实、指标完善，为日常监管和风险监测工作提供了有效支撑，提前完成了金融工作会议有关要求。

二、统一规范行业数据标准，建立行业闭环数据库

发布《基金行业数据集中备份接口规范（试行）》，是首个关于资管行业投资者数据接口规范，将为完善风险监测和穿透式监管起到重要作用。

第五节 坚持服务宗旨，着力解决行业痛点问题

一、规范货币市场基金年末排名和行业评价

针对基金行业年末冲规模、2017年货币基金规模增速较快的问题，协会明确不再公布货币市场基金相关规模排名、建议理性看待货币市场基金发展。向相关会员机构发送《关于公募基金评价（评奖）业务有关事项的建议》，重申法规对评价主体、评价结果的引用等要求，规范基金评价行为。

二、积极推动养老金第三支柱顶层制度和业务方案落地

推动建立以账户制为基础的第三支柱个人养老金制度。推动养老金第三支柱税收递延激励、建立个人养老账户、赋予个人投资自主权成为广泛

共识。开展专题研究，形成多篇专题报告，与社科院等机构合作出版我国第一部《世界社会保障法律译丛》。配合证监会制定《养老目标证券投资基金指引（试行）》（公开征求意见稿），为服务个人养老做好充分准备。开展投资者与市场教育，举办各类培训，推动研究开展，强化基金业专业化投资管理能力与风险控制能力，服务地方养老金入市。

三、推动有利于长期资本形成的税制改革

推动解决营改增相关问题。开展专题研究，配合相关部门进行行业调研，摸清行业落实营改增的整体情况及影响。积极与相关部门沟通，以促进税制改革和行业发展为目标，及时反映、推动解决行业在营改增中的难点问题。营改增实施时，编制《证券投资基金营改增会计核算指引》及起草说明，做好税收政策语言与基金运营语言的全口径转换工作。

四、推动解决制约私募发展问题

协助中国证监会起草创投基金减持环节"反向挂钩"机制，会同发行部研究解决 IPO 过程中"三类股东"问题。会同中国证监会、股转系统共同研究有关新三板挂牌私募机构整改方案的落实和执行。向中国证监会党委报送《发挥私募股权基金功能 提升多层次资本市场长期资本形成能力》调研报告，提出鼓励新三板和地方股权交易中心发展私募股权基金做市商制度，发展私募流动性基金，给予税收激励等政策建议。

五、完善培训体系，加强从业人员管理

举办 56 期面授培训，包括 30 期公益培训。全年组织各种学习培训近 12 万人次，其中在线学习人数达 11 万多人次。发行《股权投资基金》教材，修订《证券投资基金》以及基金从业资格考试三个科目大纲。从业资格考试全年累计报名 192.65 万科次、110.68 万人，总体通过率 48.1%。全面加强从业人员管理，启动私募从业人员注册，注册从业人员由 7 万余多人增加至 20 余万人。

第六节 丰富投资者教育，提升行业国际水平

一、加大投资者教育，形成行业合力

全面开展投资者适当性教育活动，协会与今日头条合作开展了投资者教育保护月活动对投资者最关注的 144 个问题提供了 685 条专业回答，总阅读量超过 3 700 万人次。开发制作《你财知道?》系列季播动漫，腾讯上线两周点击观看 500 万人次。在全国范围发放 100 余万副"正确认识私募 远离非法集资"主题扑克牌。组织行业投放 214 件投教作品，组织培训活动 986 场，覆盖受众 8 484 万余人。

二、加大行业宣传，营造良好的行业舆论环境

依托协会官方微信号，发布资讯 1 150 条，订阅近 44 万人，阅读 828 万人次。举办 2017 年度全国媒体培训班，来自全国范围内的 81 家媒体、115 位记者编辑参加培训。策划 25 个主题，主动发布稿件、电视节目共 434 个。组织首届中国资本市场新闻报道优秀作品评选活动，筹备中国基金业 20 周年系列宣传纪念活动。作为证监会系统内新闻宣传优秀代表，参加证监会 2017 年新闻宣传舆论引导工作座谈暨培训班，交流工作心得。组织 17 家公募、券商、私募机构领军人物解读资管新规，为政策实施营造良好舆论环境。

三、落实对外开放要求，深化对外交流

借助国际投资基金协会（IIFA）和亚太投资基金协会（AOIFA）平台展开民间外交，取得 2018 年两个协会年会在中国的主办权。积极稳妥推进 WOFE 等外资机构在境内开展基金投资活动，2017 年共办理 10 家 WOFE 机

构登记。

第七节 坚持社会责任，落实价值投资与扶贫攻坚

一、落实绿色发展理念，推动 ESG 责任投资

举办天津责任投资论坛，参加外部会议十余次，推广 ESG 投资理念，引导中国实践。合作编译发布系列研究报告，完成 2016 年度公募基金社会责任报告。依托国际业务专委会，开展 ESG 投资实证分析。开展 ESG 投资调查和环境信息披露需求调查，推进"上市公司 ESG 评价体系"研究，为深入推进 ESG 责任投资打下坚实基础。

二、扶贫攻坚迈出实质性步伐

紧紧围绕"六个精准"，着力增强汾西县"造血机能"。一是"光伏农场"项目扶贫托底。发动会员单位支持汾西县下属 8 个乡镇各建设一个"光伏农场"项目，预算投资 1 680 万元，35 家机构实际自愿捐款 2 355 万元。二是"洪昌养殖"项目产业示范。推动山东诸城外贸等全国养殖龙头企业，对口帮扶汾西县龙头企业洪昌养殖公司，预计可直接安置农村剩余劳动力 2 300 余人，带动 1 万余人脱贫致富，实现人均增收 2 600 元。目前，洪昌养殖已出口阿富汗鸡肉制品 27 吨。三是"产业扶贫投资基金"开发引领。协会代表基金行业向汾西县捐赠 1 000 万元，支持汾西县以该笔捐赠基金为基础，设立市场化运作的"汾西县产业扶贫投资基金"，促进汾西县的产业发展。

第三篇

行业数据篇

一、公开募集证券投资基金概况 I（开放式和封闭式）

年份 Year	基金只数（只） Number of Funds (unit)			基金份额（亿份） Fund Units (100 million units)			基金资产规模（亿元） Fund Asset Value (100 million yuan)		
	合计 Total	封闭式 Close-ended Funds	开放式 Open-ended Funds	合计 Total	封闭式 Close-ended Funds	开放式 Open-ended Funds	合计 Total	封闭式 Close-ended Funds	开放式 Open-ended Funds
2005	218	54	164	4 714.18	817.00	3 897.18	4 691.38	822.17	3 869.21
2006	307	53	254	6 220.67	812.00	5 408.67	8 565.05	1 623.64	6 941.41
2008	439	33	406	25 741.78	890.32	24 851.46	19 403.25	758.95	18 644.30
2009	547	31	516	23 518.55	945.02	22 573.53	26 024.80	1 238.78	24 786.02
2010	704	39	665	23 955.33	1 119.80	22 835.53	25 040.86	1 299.00	23 741.86
2011	914	57	857	26 510.37	1 371.32	25 139.05	21 918.55	1 234.15	20 684.40
2012	1 173	68	1 105	31 708.41	1 424.85	30 283.56	28 661.81	1 413.01	27 248.80
2013	1 551	130	1 421	31 167.18	1 953.94	29 213.24	30 011.54	1 987.56	28 023.98
2014	1 899	135	1 764	42 032.70	1 256.71	40 776.00	45 374.30	1 366.81	44 007.49
2015	2 722	164	2 558	76 674.13	1 669.54	75 004.59	83 971.83	1 947.72	82 024.11
2016	3 746	29	3 717	87 598.39	441.77	87 156.62	90 598.37	481.36	90 117.00
2017	4 848	479	4 369	110 182.12	5 862.57	104 319.55	115 989.13	6 097.29	109 891.84

资料来源：中国证监会、中国证券投资基金业协会（AMAC）。

二、公开募集证券投资基金概况 II（ETF 和 LOF）

年份	ETF		LOF	
	只数	份额（亿份）	只数	份额（亿份）
2005	1	81.12	13	86.09
2006	5	89.96	17	331.37
2007	5	77.23	26	2 388.79
2008	5	154.91	28	2 267.82
2009	9	363.39	37	2 389.09
2010	20	702.04	57	2 323.16
2011	37	949.17	82	2 400.96
2012	50	1 156.11	97	2 501.66
2013	87	1 159.50	109	2 186.90
2014	107	1 251.48	124	1 856.87
2015	129	3 544.20	162	1 509.24
2016	147	3 030.06	207	2 201.34
2017	170	2 333.01	272	1 815.15

资料来源：上海证券基金评价研究中心，Wind 资讯。

三、开放式基金概况:按投资类型(2008~2017年)

年份	股票型			混合型			债券型			货币市场型			QDII		
	只数(只)	份额(亿份)	规模(亿元)	只数(只)	份额(亿份)	规模(亿元)	只数(只)	份额(亿份)	规模(亿元)	只数(只)	份额(亿份)	规模(亿元)	只数(只)	份额(亿份)	规模(亿元)
2008	162	10 866.30	7 242.57	138	7 395.81	5 193.09	61	1 745.23	1 880.36	40	3 891.73	3 892.43	10	1 094.01	522.41
2009	239	12 454.50	13 702.50	158	6 692.64	7 478.45	81	765.82	839.37	43	2 581.41	2 581.41	10	1 017.35	742.24
2010	332	12 945.64	13 214.94	166	6 651.08	7 300.67	103	1 359.03	1 449.76	46	1 532.77	1 532.78	28	940.50	735.50
2011	439	13 548.16	10 421.59	191	6 736.21	5 671.22	140	1 380.82	1 401.85	51	2 948.85	2 948.86	51	913.45	576.02
2012	538	13 598.55	11 564.46	217	6 467.76	5 619.47	233	3 823.86	3 922.43	62	5 722.40	5 722.41	67	875.46	632.02
2013	610	11 794.06	11 026.24	288	5 917.75	5 624.77	346	3 260.97	3 309.02	94	7 475.74	7 475.93	83	764.71	588.02
2014	699	10 772.46	13 142.02	395	5 525.28	6 025.23	409	3 048.65	3 482.28	171	20 804.36	20 862.43	90	625.26	495.54
2015	587	5 988.13	7 657.13	1 184	17 948.31	22 287.25	466	5 895.92	6 973.84	220	44 371.59	44 443.36	101	800.64	662.53
2016	599	6 207.08	6 843.90	1 722	18 853.95	20 246.74	929	16 739.20	17 799.25	293	44 103.88	43 972.51	123	1 019.18	950.27
2017	792	5 849.63	7 605.27	2 097	16 313.08	19 375.58	990	14 092.31	14 648.10	348	67 253.81	67 357.02	142	810.72	905.86

资料来源:中国证券投资基金业协会(AMAC)。

四、开放式基金（认）申购与赎回（季，2015~2017 年）

季度	合计 认申购额	合计 赎回额	合计 净认申赎	股票型 认申购额	股票型 赎回额	股票型 净认申赎	混合型 认申购额	混合型 赎回额	混合型 净认申赎	债券型 认申购额	债券型 赎回额	债券型 净认申赎	货币市场型 认申购额	货币市场型 赎回额	货币市场型 净认申赎	QDII 认申购额	QDII 赎回额	QDII 净认申赎
2015Q1	47 661	45 435	2 226	8 520	8 675	-155	3 952	1 963	1 989	1 953	1 787	166	33 080	32 885	195	155	124	31
2015Q2	92 217	76 923	15 294	22 812	22 484	328	18 150	5 806	12 344	1 949	1 828	122	48 629	46 470	2 159	677	335	342
2015Q3	69 952	68 947	-6 286	9 332	11 061	-1 729	6 929	13 829	-6 899	2 856	1 519	1 337	50 801	42 490	1 019	33	48	-14
2015Q4	68 966	57 980	10 986	2 041	2 200	-159	5 636	3 383	2 253	4 154	2 278	1 876	57 048	50 058	6 990	87	61	27
2015 总和	278 796	249 285	22 221	42 706	44 420	-1 715	34 667	24 981	9 686	10 913	7 412	3 501	189 558	171 904	10 363	953	568	385
2016Q1	67 816	69 591	-1 775	2 226	1 817	409	3 701	4 316	-615	3 363	2 464	899	58 390	60 926	-2 536	135	68	67
2016Q2	64 781	63 296	1 485	1 381	1 407	-26	3 905	3 460	445	3 522	3 166	356	55 784	55 176	608	189	87	102
2016Q3	68 639	62 655	5 983	1 658	1 074	584	3 974	3 132	842	5 688	2 467	3 220	57 219	55 859	1 361	100	124	-24
2016Q4	77 217	74 619	2 597	1 346	1 254	92	4 414	4 022	392	8 245	5 115	3 130	62 983	64 091	-1 107	228	138	90
2016 总和	278 453	270 162	8 291	6 611	5 552	1 059	15 994	14 929	1 065	20 818	13 213	7 605	234 377	236 051	-1 674	652	417	235
2017Q1	76 897	72 621	4 277	1 116	1 043	73	3 604	3 254	350	5 379	2 865	2 514	66 683	65 332	1 351	115	127	-12
2017Q2	81 018	71 902	9 116	1 169	1 296	-127	2 489	3 458	-969	1 715	3 694	-1 979	75 564	63 256	12 307	81	197	-117
2017Q3	104 878	95 781	9 096	1 537	1 714	-177	3 124	3 901	-777	3 035	3 311	-276	97 102	86 698	10 404	80	158	-78
2017Q4	117 063	113 659	3 405	1 781	1 772	9	3 438	4 595	-1 157	4 159	3 389	771	107 612	103 751	3 861	72	152	-79
2017 总和	379 856	353 962	25 894	5 603	5 825	-222	12 656	15 208	-2 552	14 288	13 259	1 030	346 961	319 037	27 924	348	634	-286

五、基金管理公司基本经营数据统计表（2017年）

序号	公司代码	基金管理公司全称	公募基金 只数	公募基金 份额（亿份）	公募基金 规模（亿元）	封闭式 只数	封闭式 份额（亿份）	封闭式 规模（亿元）	开放式 只数	开放式 份额（亿份）	开放式 规模（亿元）
1	50010000	国泰基金管理有限公司	108	806.18	1 012.03	5	10.28	11.20	103	795.89	1 000.82
2	50020000	南方基金管理股份有限公司	153	3 964.53	4 394.47	20	124.65	124.57	133	3 839.88	4 269.90
3	50030000	华夏基金管理有限公司	123	3 229.79	3 956.47	9	69.21	69.42	114	3 160.58	3 887.05
4	50040000	华安基金管理有限公司	102	1 580.45	1 851.24	7	91.42	90.97	95	1 489.03	1 760.27
5	50050000	博时基金管理有限公司	198	4 271.00	4 422.83	28	362.54	360.82	170	3 908.46	4 062.01
6	50060000	鹏华基金管理有限公司	155	2 596.02	2 651.60	26	117.11	151.97	129	2 478.92	2 499.63
7	50070000	长盛基金管理有限公司	79	492.32	506.48	5	7.94	8.11	74	484.37	498.37
8	50080000	嘉实基金管理有限公司	143	3 263.00	3 783.82	15	202.52	218.53	128	3 060.48	3 565.29
9	50090000	大成基金管理有限公司	86	1 599.68	1 631.85	6	30.00	30.27	80	1 569.68	1 601.58
10	50100000	富国基金管理有限公司	101	1 777.65	1 885.66	13	95.81	98.80	88	1 681.84	1 786.86
11	50110000	易方达基金管理有限公司	129	5 463.95	6 075.87	6	159.71	175.44	123	5 304.24	5 900.43
12	50120000	宝盈基金管理有限公司	22	494.72	493.30	0	0.00	0.00	22	494.72	493.30
13	50130000	融通基金管理有限公司	70	758.05	766.95	4	17.18	17.70	66	740.87	749.25
14	50140000	银华基金管理有限公司	94	1 908.25	2 060.21	12	84.82	85.80	82	1 823.43	1 974.40
15	50150000	长城基金管理有限公司	45	668.84	701.00	2	30.09	31.46	43	638.74	669.54
16	50160000	银河基金管理有限公司	51	758.84	792.32	2	103.50	105.76	49	655.34	686.57
17	50170000	泰达宏利基金管理有限公司	57	424.98	449.92	3	24.00	24.06	54	400.98	425.86
18	50180000	国投瑞银基金管理有限公司	69	999.30	999.79	8	52.13	52.52	61	947.17	947.28
19	50190000	万家基金管理有限公司	55	615.72	630.58	9	26.18	26.42	46	589.53	604.15
20	50200000	金鹰基金管理有限公司	41	444.28	447.59	2	5.07	5.08	39	439.21	442.51

续表1

序号	公司代码	基金管理公司全称	股票型 只数	股票型 份额（亿份）	股票型 规模（亿元）	混合型 只数	混合型 份额（亿份）	混合型 规模（亿元）	债券型 只数	债券型 份额（亿份）	债券型 规模（亿元）
1	50010000	国泰基金管理有限公司	23	183.12	252.32	57	422.80	553.26	16	77.32	78.71
2	50020000	南方基金管理股份有限公司	41	230.33	409.72	67	1 046.74	1 285.86	28	299.75	311.66
3	50030000	华夏基金管理有限公司	24	382.07	806.35	53	908.76	1 168.51	27	346.91	359.62
4	50040000	华安基金管理有限公司	21	175.28	313.03	51	556.18	670.68	18	198.17	210.83
5	50050000	博时基金管理有限公司	23	132.64	174.06	58	523.58	594.24	101	1 440.55	1 464.46
6	50060000	鹏华基金管理有限公司	37	284.67	273.37	62	336.41	391.53	43	277.93	287.85
7	50070000	长盛基金管理有限公司	11	25.62	24.67	47	202.01	216.88	18	59.54	59.61
8	50080000	嘉实基金管理有限公司	37	593.99	837.23	48	964.86	1 225.29	40	269.64	278.04
9	50090000	大成基金管理有限公司	13	30.69	45.03	44	327.84	341.27	17	336.20	338.54
10	50100000	富国基金管理有限公司	23	528.18	514.77	41	367.89	465.30	30	289.03	301.72
11	50110000	易方达基金管理有限公司	28	317.76	536.23	52	1 226.01	1 511.35	26	638.85	724.41
12	50120000	宝盈基金管理有限公司	3	5.91	6.57	17	181.22	179.03	1	1.03	1.15
13	50130000	融通基金管理有限公司	8	78.83	96.57	30	208.59	197.82	28	416.78	418.74
14	50140000	银华基金管理有限公司	20	71.49	82.43	39	274.64	412.23	26	205.23	208.18
15	50150000	长城基金管理有限公司	2	4.21	7.09	30	268.14	292.62	10	64.55	69.36
16	50160000	银河基金管理有限公司	4	8.90	13.92	34	169.23	190.39	11	195.35	202.66
17	50170000	泰达宏利基金管理有限公司	7	11.99	13.88	33	98.53	113.48	12	91.90	99.98
18	50180000	国投瑞银基金管理有限公司	8	23.01	25.31	37	184.81	177.03	16	80.56	85.77
19	50190000	万家基金管理有限公司	6	41.44	47.20	19	94.12	101.16	25	226.92	228.98
20	50200000	金鹰基金管理有限公司	5	15.22	10.95	21	89.65	96.58	13	89.21	89.87

续表 2

序号	公司代码	基金管理公司全称	货币型			QDII		
			只数	份额（亿份）	规模（亿元）	只数	份额（亿份）	规模（亿元）
1	50010000	国泰基金管理有限公司	5	111.73	111.73	7	11.20	16.00
2	50020000	南方基金管理股份有限公司	8	2 284.25	2 284.24	9	103.46	102.99
3	50030000	华夏基金管理有限公司	10	1 482.74	1 482.74	9	109.32	139.25
4	50040000	华安基金管理有限公司	4	619.96	619.96	8	30.86	36.75
5	50050000	博时基金管理有限公司	11	2 149.72	2 157.65	5	24.52	32.42
6	50060000	鹏华基金管理有限公司	9	1 676.57	1 676.57	4	20.45	22.28
7	50070000	长盛基金管理有限公司	2	204.71	204.71	1	0.43	0.60
8	50080000	嘉实基金管理有限公司	10	1 341.15	1 341.15	8	93.36	102.11
9	50090000	大成基金管理有限公司	8	899.51	899.51	4	5.44	7.50
10	50100000	富国基金管理有限公司	4	580.96	580.95	3	11.60	22.92
11	50110000	易方达基金管理有限公司	10	3 190.47	3 193.91	13	90.85	109.97
12	50120000	宝盈基金管理有限公司	1	306.55	306.55	0	0.00	0.00
13	50130000	融通基金管理有限公司	2	53.25	53.25	2	0.60	0.58
14	50140000	银华基金管理有限公司	6	1 321.60	1 322.24	3	35.29	35.12
15	50150000	长城基金管理有限公司	3	331.94	331.94	0	0.00	0.00
16	50160000	银河基金管理有限公司	2	385.36	385.36	0	0.00	0.00
17	50170000	泰达宏利基金管理有限公司	4	219.42	219.42	1	3.13	3.15
18	50180000	国投瑞银基金管理有限公司	5	709.15	709.15	3	1.77	2.53
19	50190000	万家基金管理有限公司	5	253.23	253.23	0	0.00	0.00
20	50200000	金鹰基金管理有限公司	2	250.20	250.20	0	0.00	0.00

续表3

序号	公司代码	基金管理公司全称	公募基金 只数	份额（亿份）	规模（亿元）	封闭式 只数	份额（亿份）	规模（亿元）	开放式 只数	份额（亿份）	规模（亿元）
21	50210000	招商基金管理有限公司	141	3 757.17	3 920.07	17	74.30	76.37	124	3 682.87	3 843.70
22	50220000	华宝基金管理有限公司	59	1 213.68	1 243.62	3	9.79	10.09	56	1 203.89	1 233.53
23	50230000	摩根士丹利华鑫基金管理有限公司	30	154.87	192.55	4	58.04	61.07	26	96.83	131.48
24	50240000	国联安基金管理有限公司	44	205.63	212.84	3	16.66	17.14	41	188.97	195.70
25	50250000	海富通基金管理有限公司	56	464.57	487.99	8	34.69	37.29	48	429.87	450.69
26	50260000	长信基金管理有限责任公司	58	516.74	542.61	13	71.37	67.17	45	445.36	475.44
27	50270000	泰信基金管理有限公司	20	47.27	39.30	1	0.72	0.76	19	46.55	38.54
28	50280000	天治基金管理有限公司	11	23.69	19.59	1	0.35	0.35	10	23.34	19.24
29	50290000	景顺长城基金管理有限公司	72	593.59	725.87	6	37.57	38.38	66	556.03	687.50
30	50300000	广发基金管理有限公司	164	2 610.66	2 799.24	8	58.86	61.32	156	2 551.80	2 737.92
31	50310000	兴全基金管理有限公司	20	1 407.75	1 597.26	0	0.00	0.00	20	1 407.75	1 597.26
32	50330000	诺安基金管理有限公司	55	834.17	878.51	7	13.03	13.31	48	821.14	865.20
33	50340000	申万菱信基金管理有限公司	38	309.51	301.83	5	14.35	14.56	33	295.16	287.27
34	50350000	中海基金管理有限公司	34	188.90	174.45	6	38.43	35.14	28	150.47	139.31
35	50360000	光大保德信基金管理有限公司	43	699.47	736.44	5	59.39	59.88	38	640.09	676.56
36	50370000	华富基金管理有限公司	35	425.15	440.25	2	5.36	5.36	33	419.79	434.89
37	50380000	上投摩根基金管理有限公司	61	1 432.27	1 516.29	3	4.20	4.19	58	1 428.06	1 512.10
38	50390000	东方基金管理有限责任公司	45	186.31	201.44	4	9.36	9.59	41	176.95	191.85
39	50400000	中银基金管理有限公司	94	3 624.34	3 624.25	22	1 310.86	1 309.34	72	2 313.48	2 314.91
40	50410000	东吴基金管理有限公司	27	270.03	266.36	0	0.00	0.00	27	270.03	266.36

续表4

序号	公司代码	基金管理公司全称	股票型			混合型			债券型		
			只数	份额(亿份)	规模(亿元)	只数	份额(亿份)	规模(亿元)	只数	份额(亿份)	规模(亿元)
21	50210000	招商基金管理有限公司	24	238.99	202.17	61	722.12	883.51	44	711.94	742.47
22	50220000	华宝基金管理有限公司	17	68.78	66.02	31	163.17	204.67	4	4.62	5.30
23	50230000	摩根士丹利华鑫基金管理有限公司	6	12.61	15.42	14	50.83	72.72	9	91.43	104.40
24	50240000	国联安基金管理有限公司	6	21.54	22.25	32	120.74	126.76	5	13.87	14.35
25	50250000	海富通基金管理有限公司	6	1.47	2.35	24	124.58	103.26	20	104.67	147.60
26	50260000	长信基金管理有限责任公司	11	45.64	56.72	19	141.22	147.56	23	136.06	144.43
27	50270000	泰信基金管理有限公司	2	1.27	1.13	13	33.39	25.46	4	1.74	1.84
28	50280000	天治基金管理有限公司	0	0.00	0.00	7	13.63	8.10	3	3.27	4.71
29	50290000	景顺长城基金管理有限公司	21	121.64	180.48	26	170.68	228.09	19	97.20	107.93
30	50300000	广发基金管理有限公司	46	176.27	212.56	70	539.49	669.34	32	965.44	978.82
31	50310000	兴全基金管理有限公司	2	16.76	29.18	25	360.67	527.60	5	272.00	282.17
32	50330000	诺安基金管理有限公司	12	34.63	37.99	10	258.16	298.70	11	31.39	33.11
33	50340000	申万菱信基金管理有限公司	14	154.39	143.07	17	88.88	91.44	6	7.35	8.44
34	50350000	中海基金管理有限公司	3	2.39	3.23	21	91.80	79.91	9	40.13	36.73
35	50360000	光大保德信基金管理有限公司	2	34.78	44.25	23	130.48	155.85	15	267.92	270.04
36	50370000	华富基金管理有限公司	3	1.42	1.75	22	43.88	44.90	7	35.26	49.02
37	50380000	上投摩根基金管理有限公司	11	109.48	146.63	29	181.92	238.99	12	35.70	37.34
38	50390000	东方基金管理有限责任公司	1	0.07	0.10	30	77.78	91.99	11	15.81	16.69
39	50400000	中银基金管理有限公司	7	56.30	49.48	43	315.19	304.44	36	1 949.61	1 967.10
40	50410000	东吴基金管理有限公司	3	6.12	6.39	16	45.74	41.58	6	4.96	5.17

续表 5

序号	公司代码	基金管理公司全称	货币型			QDII		
			只数	份额（亿份）	规模（亿元）	只数	份额（亿份）	规模（亿元）
21	50210000	招商基金管理有限公司	9	2 082.48	2 090.24	3	1.65	1.68
22	50220000	华宝基金管理有限公司	3	915.18	915.19	4	61.93	52.44
23	50230000	摩根士丹利华鑫基金管理有限公司	1	0.00	0.00	0	0.00	0.00
24	50240000	国联安基金管理有限公司	1	49.48	49.48	0	0.00	0.00
25	50250000	海富通基金管理有限公司	3	230.51	230.51	3	3.33	4.28
26	50260000	长信基金管理有限责任公司	2	192.22	192.22	3	1.59	1.67
27	50270000	泰信基金管理有限公司	1	10.87	10.87	0	0.00	0.00
28	50280000	天治基金管理有限公司	1	6.79	6.79	0	0.00	0.00
29	50290000	景顺长城基金管理有限公司	4	168.22	168.22	2	35.85	41.15
30	50300000	广发基金管理有限公司	7	910.01	910.01	9	19.44	28.50
31	50310000	兴全基金管理有限公司	3	758.31	758.31	0	0.00	0.00
32	50330000	诺安基金管理有限公司	4	500.08	500.08	3	9.91	8.63
33	50340000	申万菱信基金管理有限公司	1	58.88	58.88	0	0.00	0.00
34	50350000	中海基金管理有限公司	1	54.58	54.58	0	0.00	0.00
35	50360000	光大保德信基金管理有限公司	3	266.30	266.29	0	0.00	0.00
36	50370000	华富基金管理有限公司	3	344.58	344.58	0	0.00	0.00
37	50380000	上投摩根基金管理有限公司	4	1 022.71	1 022.71	5	82.45	70.63
38	50390000	东方基金管理有限责任公司	3	92.66	92.66	0	0.00	0.00
39	50400000	中银基金管理有限公司	5	1 296.73	1 296.73	3	6.51	6.50
40	50410000	东吴基金管理有限公司	2	213.22	213.22	0	0.00	0.00

续表6

序号	公司代码	基金管理公司全称	公募基金			封闭式			开放式		
			只数	份额（亿份）	规模（亿元）	只数	份额（亿份）	规模（亿元）	只数	份额（亿份）	规模（亿元）
41	50420000	国海富兰克林基金管理有限公司	31	264.86	291.57	2	9.98	9.77	29	254.87	281.80
42	50430000	天弘基金管理有限公司	58	17 880.64	17 888.71	2	31.35	32.55	56	17 849.30	17 856.16
43	50440000	华泰柏瑞基金管理有限公司	57	597.16	826.29	1	0.59	0.61	56	596.58	825.67
44	50450000	新华基金管理有限公司	53	403.49	440.14	1	3.75	4.66	52	399.74	435.48
45	50460000	汇添富基金管理有限公司	98	2 968.09	3 232.93	10	210.93	223.41	88	2 757.16	3 009.52
46	50470000	工银瑞信基金管理有限公司	114	5 528.18	5 463.37	12	55.09	58.03	102	5 473.09	5 405.34
47	50480000	交银施罗德基金管理有限公司	78	1 275.98	1 364.43	10	72.07	76.87	68	1 203.91	1 287.56
48	50490000	中信保诚基金管理有限公司	77	901.66	910.67	8	72.70	74.02	69	828.97	836.65
49	50500000	建信基金管理有限责任公司	99	4 797.58	4 856.96	8	555.39	561.17	92	4 242.19	4 295.79
50	50510000	华商基金管理有限公司	44	336.36	380.81	1	1.71	1.83	43	334.65	378.97
51	50520000	汇丰晋信基金管理有限公司	18	200.26	276.81	0	0.00	0.00	18	200.26	276.81
52	50530000	益民基金管理有限公司	9	25.01	17.61	1	2.04	2.03	8	22.97	15.58
53	50540000	中邮创业基金管理股份有限公司	37	467.52	441.07	1	15.36	15.52	36	452.17	425.55
54	50550000	信达澳银基金管理有限公司	17	193.17	199.40	0	0.00	0.00	17	193.17	199.40
55	50560000	诺德基金管理有限公司	15	111.22	120.74	0	0.00	0.00	15	111.22	120.74
56	50570000	中欧基金管理有限公司	66	801.37	903.98	12	155.96	157.57	54	645.41	746.41
57	50580000	金元顺安基金管理有限公司	15	107.41	110.76	0	0.00	0.00	15	107.41	110.76
58	50590000	浦银安盛基金管理有限公司	34	1 098.14	1 107.01	9	95.19	98.41	25	1 002.95	1 008.59
59	50600000	农银汇理基金管理有限公司	43	1 802.35	1 875.27	6	31.97	32.28	37	1 770.38	1 842.99
60	50610000	民生加银基金管理有限公司	53	1 026.26	1 057.91	5	63.95	67.21	48	962.31	990.70

续表7

序号	公司代码	基金管理公司全称	股票型 只数	股票型 份额(亿份)	股票型 规模(亿元)	混合型 只数	混合型 份额(亿份)	混合型 规模(亿元)	债券型 只数	债券型 份额(亿份)	债券型 规模(亿元)
41	50420000	国海富兰克林基金管理有限公司	5	12.76	20.55	14	66.06	81.33	7	55.27	58.35
42	50430000	天弘基金管理有限公司	19	47.10	45.09	23	107.44	112.03	12	80.92	86.39
43	50440000	华泰柏瑞基金管理有限公司	9	70.66	232.95	38	259.59	290.06	6	4.21	4.55
44	50450000	新华基金管理有限公司	2	9.31	10.17	38	89.40	108.81	11	80.05	96.43
45	50460000	汇添富基金管理有限公司	30	357.50	406.35	32	570.61	773.13	23	678.73	690.20
46	50470000	工银瑞信基金管理有限公司	35	349.49	291.64	31	343.02	271.93	36	663.04	723.08
47	50480000	交银施罗德基金管理有限公司	9	28.91	30.59	38	270.71	347.31	21	288.59	294.94
48	50490000	中信保诚基金管理有限公司	10	28.81	29.37	34	155.33	169.17	28	391.93	386.95
49	50500000	建信基金管理有限责任公司	31	112.52	126.78	33	287.66	314.32	26	943.49	961.85
50	50510000	华商基金管理有限公司	2	5.78	9.45	32	244.23	271.66	9	50.22	63.57
51	50520000	汇丰晋信基金管理有限公司	10	112.90	179.71	6	21.53	31.22	1	1.52	1.56
52	50530000	益民基金管理有限公司	1	0.06	0.06	5	22.18	14.82	2	2.24	2.20
53	50540000	中邮创业基金管理股份有限公司	1	0.79	0.89	26	285.26	253.75	8	71.62	76.58
54	50550000	信达澳银基金管理有限公司	2	12.55	12.41	9	24.17	30.27	4	3.60	3.87
55	50560000	诺德基金管理有限公司	1	0.08	0.09	10	17.04	26.29	3	5.12	5.37
56	50570000	中欧基金管理有限公司	5	62.10	74.29	34	387.21	475.46	22	131.37	133.56
57	50580000	金元顺安基金管理有限公司	0	0.00	0.00	9	7.71	8.58	4	36.16	38.65
58	50590000	浦银安盛基金管理有限公司	3	1.77	2.49	12	72.69	74.62	15	285.46	291.67
59	50600000	农银汇理基金管理有限公司	5	44.89	42.76	22	61.06	116.48	12	833.50	853.13
60	50610000	民生加银基金管理有限公司	5	10.51	18.43	15	44.22	52.09	29	463.92	479.78

续表8

序号	公司代码	基金管理公司全称	货币型			QDII		
			只数	份额（亿份）	规模（亿元）	只数	份额（亿份）	规模（亿元）
41	50420000	国海富兰克林基金管理有限公司	2	117.81	117.81	3	12.96	13.54
42	50430000	天弘基金管理有限公司	4	17 645.19	17 645.19	0	0.00	0.00
43	50440000	华泰柏瑞基金管理有限公司	3	262.44	298.47	1	0.27	0.27
44	50450000	新华基金管理有限公司	2	224.73	224.73	0	0.00	0.00
45	50460000	汇添富基金管理有限公司	7	1 341.07	1 341.07	6	20.18	22.18
46	50470000	工银瑞信基金管理有限公司	8	4 163.35	4 163.33	4	9.28	13.40
47	50480000	交银施罗德基金管理有限公司	7	678.98	678.99	3	8.78	12.60
48	50490000	中信保诚基金管理有限公司	3	324.70	324.70	2	0.89	0.47
49	50500000	建信基金管理有限责任公司	6	3 452.53	3 452.53	3	1.38	1.49
50	50510000	华商基金管理有限公司	1	36.12	36.12	0	0.00	0.00
51	50520000	汇丰晋信基金管理有限公司	1	64.32	64.32	0	0.00	0.00
52	50530000	益民基金管理有限公司	1	0.53	0.53	0	0.00	0.00
53	50540000	中邮创业基金管理股份有限公司	2	109.85	109.85	0	0.00	0.00
54	50550000	信达澳银基金管理有限公司	2	152.85	152.85	0	0.00	0.00
55	50560000	诺德基金管理有限公司	1	88.98	88.98	0	0.00	0.00
56	50570000	中欧基金管理有限公司	5	220.69	220.67	0	0.00	0.00
57	50580000	金元顺安基金管理有限公司	2	63.54	63.53	0	0.00	0.00
58	50590000	浦银安盛基金管理有限公司	4	738.22	738.22	0	0.00	0.00
59	50600000	农银汇理基金管理有限公司	4	862.90	862.90	0	0.00	0.00
60	50610000	民生加银基金管理有限公司	4	507.62	507.62	0	0.00	0.00

续表 9

序号	公司代码	基金管理公司全称	公募基金			封闭式			开放式		
			只数	份额(亿份)	规模(亿元)	只数	份额(亿份)	规模(亿元)	只数	份额(亿份)	规模(亿元)
61	50620000	西部利得基金管理有限公司	27	225.30	227.43	0	0.00	0.00	27	225.30	227.43
62	50630000	浙商基金管理有限公司	16	361.90	366.52	1	5.10	5.13	15	356.80	361.39
63	50640000	平安大华基金管理有限公司	47	1 795.56	1 796.16	5	14.45	14.24	42	1 781.11	1 781.92
64	50650000	富安达基金管理有限公司	10	30.57	42.81	0	0.00	0.00	10	30.57	42.81
65	50660000	财通基金管理有限公司	14	167.15	167.63	2	9.51	9.53	12	157.63	158.10
66	50670000	方正富邦基金管理有限公司	10	130.03	132.82	1	0.10	0.11	9	129.93	132.71
67	50680000	长安基金管理有限公司	14	51.31	54.05	0	0.00	0.00	14	51.31	54.05
68	50690000	国金基金管理有限公司	13	347.18	349.68	1	2.65	2.66	12	344.53	347.02
69	50700000	安信基金管理有限责任公司	38	249.79	294.84	6	12.66	13.17	32	237.12	281.66
70	50710000	德邦基金管理有限公司	27	126.80	129.59	4	5.25	5.21	23	121.55	124.38
71	50720000	华宸未来基金管理有限公司	2	0.14	0.15	0	0.00	0.00	2	0.14	0.15
72	50730000	红塔红土基金管理有限公司	9	18.31	18.84	2	4.89	4.89	7	13.42	13.95
73	50740000	英大基金管理有限公司	7	17.32	18.54	0	0.00	0.00	7	17.32	18.54
74	50750000	江信基金管理有限公司	9	28.55	28.27	3	9.99	9.73	6	18.56	18.54
75	50760000	太平基金管理有限公司	5	119.32	114.01	0	0.00	0.00	5	119.32	114.01
76	50770000	华润元大基金管理有限公司	11	30.06	32.08	0	0.00	0.00	11	30.06	32.08
77	50780000	前海开源基金管理有限公司	64	470.02	529.22	3	5.35	5.38	61	464.68	523.85
78	50790000	东海基金管理有限责任公司	4	9.89	9.25	1	8.63	8.15	3	1.26	1.11
79	50800000	中加基金管理有限公司	17	460.33	461.98	5	71.97	72.77	12	388.36	389.21
80	50810000	兴业基金管理有限公司	44	1 699.79	1 715.80	7	69.01	71.15	37	1 630.78	1 644.65

续表 10

序号	公司代码	基金管理公司全称	股票型 只数	股票型 份额（亿份）	股票型 规模（亿元）	混合型 只数	混合型 份额（亿份）	混合型 规模（亿元）	债券型 只数	债券型 份额（亿份）	债券型 规模（亿元）
61	50620000	西部利得基金管理有限公司	2	4.86	5.00	12	27.59	28.69	9	66.74	67.64
62	50630000	浙商基金管理有限公司	1	0.76	1.06	6	16.57	20.14	7	103.28	104.05
63	50640000	平安大华基金管理有限公司	6	62.23	62.63	23	76.23	71.25	14	49.83	55.00
64	50650000	富安达基金管理有限公司	0	0.00	0.00	7	20.41	32.61	2	0.43	0.47
65	50660000	财通基金管理有限公司	1	0.58	1.00	9	131.83	131.63	3	5.91	6.17
66	50670000	方正富邦基金管理有限公司	1	6.34	8.55	3	5.19	5.77	3	25.02	25.02
67	50680000	长安基金管理有限公司	1	0.69	0.79	11	18.76	21.33	1	2.38	2.45
68	50690000	国金基金管理有限公司	2	2.68	2.80	6	6.43	8.82	2	15.41	15.41
69	50700000	安信基金管理有限责任公司	5	43.08	80.31	22	68.27	75.16	7	47.38	48.31
70	50710000	德邦基金管理有限公司	1	0.73	0.86	8	18.56	20.62	13	29.81	30.41
71	50720000	华宸未来基金管理有限公司	1	0.00	0.00	0	0.00	0.00	1	0.14	0.15
72	50730000	红塔红土基金管理有限公司	0	0.00	0.00	6	10.01	10.55	2	4.89	4.89
73	50740000	英大基金管理有限公司	0	0.00	0.00	5	9.11	9.99	1	2.28	2.62
74	50750000	江信基金管理有限公司	0	0.00	0.00	2	0.73	0.75	6	19.58	19.27
75	50760000	太平基金管理有限公司	0	0.00	0.00	2	24.38	19.06	0	0.00	0.00
76	50770000	华润元大基金管理有限公司	3	1.94	3.39	3	1.05	1.59	3	2.40	2.44
77	50780000	前海开源基金管理有限公司	12	112.20	93.88	41	151.34	179.93	8	39.77	41.14
78	50790000	东海基金管理有限责任公司	1	0.86	0.69	2	8.88	8.41	1	0.15	0.15
79	50800000	中加基金管理有限公司	0	0.00	0.00	2	22.60	22.84	14	221.71	223.12
80	50810000	兴业基金管理有限公司	0	0.00	0.00	15	86.76	98.15	24	568.50	573.12

续表11

序号	公司代码	基金管理公司全称	货币型			QDII		
			只数	份额（亿份）	规模（亿元）	只数	份额（亿份）	规模（亿元）
61	50620000	西部利得基金管理有限公司	4	126.11	126.11	0	0.00	0.00
62	50630000	浙商基金管理有限公司	2	241.27	241.27	0	0.00	0.00
63	50640000	平安大华基金管理有限公司	4	1 607.27	1 607.27	0	0.00	0.00
64	50650000	富安达基金管理有限公司	1	9.72	9.72	0	0.00	0.00
65	50660000	财通基金管理有限公司	1	28.83	28.83	0	0.00	0.00
66	50670000	方正富邦基金管理有限公司	3	93.48	93.48	0	0.00	0.00
67	50680000	长安基金管理有限公司	1	29.48	29.48	0	0.00	0.00
68	50690000	国金基金管理有限公司	3	322.65	322.64	0	0.00	0.00
69	50700000	安信基金管理有限责任公司	4	91.05	91.06	0	0.00	0.00
70	50710000	德邦基金管理有限公司	5	77.70	77.70	0	0.00	0.00
71	50720000	华宸未来基金管理有限公司	0	0.00	0.00	0	0.00	0.00
72	50730000	红塔红土基金管理有限公司	1	3.41	3.41	0	0.00	0.00
73	50740000	英大基金管理有限公司	1	5.93	5.93	0	0.00	0.00
74	50750000	江信基金管理有限公司	1	8.25	8.25	0	0.00	0.00
75	50760000	太平基金管理有限公司	3	94.94	94.94	0	0.00	0.00
76	50770000	华润元大基金管理有限公司	2	24.67	24.67	0	0.00	0.00
77	50780000	前海开源基金管理有限公司	3	166.72	214.28	0	0.00	0.00
78	50790000	东海基金管理有限责任公司	0	0.00	0.00	0	0.00	0.00
79	50800000	中加基金管理有限公司	1	216.02	216.02	0	0.00	0.00
80	50810000	兴业基金管理有限公司	5	1 044.53	1 044.53	0	0.00	0.00

续表 12

序号	公司代码	基金管理公司全称	公募基金 只数	公募基金 份额（亿份）	公募基金 规模（亿元）	封闭式 只数	封闭式 份额（亿份）	封闭式 规模（亿元）	开放式 只数	开放式 份额（亿份）	开放式 规模（亿元）
81	50820000	中融基金管理有限公司	43	515.61	513.13	3	5.42	5.54	40	510.19	507.60
82	50830000	国开泰富基金管理有限责任公司	4	7.44	7.50	1	0.59	0.56	3	6.85	6.94
83	50840000	中信建投基金管理有限公司	16	85.53	86.27	1	2.19	2.26	15	83.33	84.01
84	50850000	上银基金管理有限公司	7	558.90	559.85	1	25.10	25.11	6	533.80	534.74
85	50860000	鑫元基金管理有限公司	21	360.57	363.25	3	36.98	37.10	18	323.60	326.15
86	50880000	永赢基金管理有限公司	10	864.22	867.44	0	0.00	0.00	10	864.22	867.44
87	50890000	兴银基金管理有限责任公司	19	522.57	524.72	5	101.02	101.35	14	421.56	423.37
88	50900000	国寿安保基金管理有限公司	40	1 390.53	1 397.28	6	91.02	91.22	34	1 299.51	1 306.06
89	50920000	北信瑞丰基金管理有限公司	16	59.97	60.41	2	7.52	7.77	14	52.45	52.65
90	50940000	嘉合基金管理有限公司	2	118.45	118.60	0	0.00	0.00	2	118.45	118.60
91	50950000	圆信永丰基金管理有限公司	12	185.24	199.51	1	7.98	8.00	11	177.25	191.51
92	50960000	中金基金管理有限公司	14	77.87	78.28	0	0.00	0.00	14	77.87	78.28
93	50970000	红土创新基金管理有限公司	5	40.80	40.78	1	2.11	2.15	4	38.70	38.63
94	50980000	九泰基金管理有限公司	17	149.09	143.96	1	8.84	8.83	16	140.25	135.13
95	50990000	创金合信基金管理有限公司	32	144.95	149.39	1	2.16	2.20	31	142.79	147.19
96	51040000	新沃基金管理有限公司	4	42.19	42.20	0	0.00	0.00	4	42.19	42.20
97	51060000	中科沃土基金管理有限公司	4	9.19	9.19	0	0.00	0.00	4	9.19	9.19
98	51070000	泓德基金管理有限公司	20	153.27	167.84	2	8.31	8.43	18	144.96	159.42
99	51080000	金信基金管理有限公司	10	11.12	10.92	0	0.00	0.00	10	11.12	10.92
100	51130000	富荣基金管理有限公司	3	27.27	27.32	0	0.00	0.00	3	27.27	27.32

续表13

序号	公司代码	基金管理公司全称	股票型			混合型			债券型		
			只数	份额（亿份）	规模（亿元）	只数	份额（亿份）	规模（亿元）	只数	份额（亿份）	规模（亿元）
81	50820000	中融基金管理有限公司	7	26.43	22.41	17	34.19	35.48	16	55.50	55.75
82	50830000	国开泰富基金管理有限责任公司	0	0.00	0.00	2	2.46	2.54	1	0.59	0.56
83	50840000	中信建投基金管理有限公司	0	0.00	0.00	9	19.90	20.56	4	13.63	13.71
84	50850000	上银基金管理有限公司	0	0.00	0.00	2	4.20	4.65	2	104.34	104.83
85	50860000	鑫元基金管理有限公司	0	0.00	0.00	3	6.67	6.80	16	184.04	186.59
86	50880000	永赢基金管理有限公司	0	0.00	0.00	2	1.05	1.00	6	298.51	301.78
87	50890000	兴银基金管理有限责任公司	0	0.00	0.00	5	9.08	9.64	10	189.06	190.65
88	50900000	国寿安保基金管理有限公司	6	23.80	25.13	16	54.61	57.07	11	343.82	346.78
89	50920000	北信瑞丰基金管理有限公司	1	0.52	0.52	12	27.18	27.12	1	4.91	5.41
90	50940000	嘉合基金管理有限公司	0	0.00	0.00	1	7.32	7.48	0	0.00	0.00
91	50950000	圆信永丰基金管理有限公司	1	6.79	10.26	6	79.24	89.73	4	47.26	47.58
92	50960000	中金基金管理有限公司	3	3.15	2.70	8	11.91	12.48	2	4.94	5.23
93	50970000	红土创新基金管理有限公司	0	0.00	0.00	3	3.38	3.35	0	0.00	0.00
94	50980000	九泰基金管理有限公司	0	0.00	0.00	15	117.30	112.13	1	0.61	0.65
95	50990000	创合信基金管理有限公司	8	24.77	27.49	13	41.73	42.81	10	71.81	72.45
96	51040000	新沃基金管理有限公司	0	0.00	0.00	1	0.11	0.12	2	0.33	0.34
97	51060000	中科沃土基金管理有限公司	0	0.00	0.00	2	2.50	2.51	1	1.28	1.27
98	51070000	泓德基金管理有限公司	1	5.63	6.44	10	92.00	102.01	7	48.30	52.06
99	51080000	金信基金管理有限公司	0	0.00	0.00	7	4.63	4.48	2	2.75	2.71
100	51130000	富荣基金管理有限公司	0	0.00	0.00	0	0.00	0.00	2	4.00	4.05

续表 14

序号	公司代码	基金管理公司全称	货币型			QDII		
			只数	份额（亿份）	规模（亿元）	只数	份额（亿份）	规模（亿元）
81	50820000	中融基金管理有限公司	3	399.50	399.50	0	0.00	0.00
82	50830000	国开泰富基金管理有限责任公司	1	4.40	4.40	0	0.00	0.00
83	50840000	中信建投基金管理有限公司	3	52.00	52.00	0	0.00	0.00
84	50850000	上银基金管理有限公司	3	450.36	450.36	0	0.00	0.00
85	50860000	鑫元基金管理有限公司	2	169.86	169.86	0	0.00	0.00
86	50880000	永赢基金管理有限公司	2	564.66	564.66	0	0.00	0.00
87	50890000	兴银基金管理有限责任公司	4	324.44	324.44	0	0.00	0.00
88	50900000	国寿安保基金管理有限公司	7	968.31	968.31	0	0.00	0.00
89	50920000	北信瑞丰基金管理有限公司	2	27.36	27.36	0	0.00	0.00
90	50940000	嘉合基金管理有限公司	1	111.13	111.13	0	0.00	0.00
91	50950000	圆信永丰基金管理有限公司	1	51.94	51.94	0	0.00	0.00
92	50960000	中金基金管理有限公司	1	57.87	57.87	0	0.00	0.00
93	50970000	红土创新基金管理有限公司	2	37.42	37.42	0	0.00	0.00
94	50980000	九泰基金管理有限公司	1	31.18	31.18	0	0.00	0.00
95	50990000	创金合信基金管理有限公司	1	6.64	6.64	0	0.00	0.00
96	51040000	新沃基金管理有限公司	1	41.74	41.74	0	0.00	0.00
97	51060000	中科沃土基金管理有限公司	1	5.41	5.41	0	0.00	0.00
98	51070000	泓德基金管理有限公司	2	7.34	7.34	0	0.00	0.00
99	51080000	金信基金管理有限公司	1	3.73	3.73	0	0.00	0.00
100	51130000	富荣基金管理有限公司	1	23.27	23.27	0	0.00	0.00

续表15

序号	公司代码	基金管理公司全称	公募基金			封闭式			开放式		
			只数	份额(亿份)	规模(亿元)	只数	份额(亿份)	规模(亿元)	只数	份额(亿份)	规模(亿元)
101	51160000	新疆前海联合基金管理有限公司	13	334.22	336.53	1	100.10	100.40	12	234.12	236.13
102	51190000	鹏扬基金管理有限公司	5	71.88	72.35	0	0.00	0.00	5	71.88	72.35
103	51230000	中航基金管理有限公司	2	5.85	5.85	0	0.00	0.00	2	5.85	5.85
104	51250000	华泰保兴基金管理有限公司	6	62.77	63.07	2	4.65	4.73	4	58.11	58.34
105	51270000	弘毅远方基金管理有限公司	0	0.00	0.00	0	0.00	0.00	0	0.00	0.00
106	51280000	恒生前海基金管理有限公司	1	1.77	1.88	0	0.00	0.00	1	1.77	1.88
107	51290000	恒越基金管理有限公司	0	0.00	0.00	0	0.00	0.00	0	0.00	0.00
108	51300000	汇安基金管理有限责任公司	13	63.26	66.38	0	0.00	0.00	13	63.26	66.38
109	51340000	凯石基金管理有限公司	0	0.00	0.00	0	0.00	0.00	0	0.00	0.00
110	51360000	格林基金管理有限公司	1	15.84	15.84	0	0.00	0.00	1	15.84	15.84
111	51390000	先锋基金管理有限公司	5	62.91	63.00	0	0.00	0.00	5	62.91	63.00
112	51500000	南华基金管理有限公司	3	6.03	6.03	0	0.00	0.00	3	6.03	6.03
113	51510000	国融基金管理有限公司	0	0.00	0.00	0	0.00	0.00	0	0.00	0.00
114	51520000	东方阿尔法基金管理有限公司	0	0.00	0.00	0	0.00	0.00	0	0.00	0.00
115	51560000	博道基金管理有限公司	0	0.00	0.00	0	0.00	0.00	0	0.00	0.00
116	51610000	青松基金管理有限公司	0	0.00	0.00	0	0.00	0.00	0	0.00	0.00

续表 16

序号	公司代码	基金管理公司全称	股票型			混合型			债券型		
			只数	份额（亿份）	规模（亿元）	只数	份额（亿份）	规模（亿元）	只数	份额（亿份）	规模（亿元）
101	51160000	新疆前海联合基金管理有限公司	1	0.51	0.60	5	4.62	5.37	5	114.60	116.07
102	51190000	鹏扬基金管理有限公司	0	0.00	0.00	2	14.29	14.50	2	23.22	23.48
103	51230000	中航基金管理有限公司	0	0.00	0.00	1	3.09	3.09	0	0.00	0.00
104	51250000	华泰保兴基金管理有限公司	0	0.00	0.00	3	5.47	5.69	2	3.92	3.99
105	51270000	弘毅远方基金管理有限公司	0	0.00	0.00	0	0.00	0.00	0	0.00	0.00
106	51280000	恒生前海基金管理有限公司	0	0.00	0.00	1	1.77	1.88	0	0.00	0.00
107	51290000	恒越基金管理有限公司	0	0.00	0.00	10	22.60	25.23	3	40.67	41.15
108	51300000	汇安基金管理有限责任公司	0	0.00	0.00	0	0.00	0.00	0	0.00	0.00
109	51340000	凯石基金管理有限公司	0	0.00	0.00	0	0.00	0.00	0	0.00	0.00
110	51360000	格林基金管理有限公司	0	0.00	0.00	3	3.34	3.43	0	0.00	0.00
111	51390000	先锋基金管理有限公司	0	0.00	0.00	3	6.03	6.03	0	0.00	0.00
112	51500000	南华基金管理有限公司	0	0.00	0.00	0	0.00	0.00	0	0.00	0.00
113	51510000	国融基金管理有限公司	0	0.00	0.00	0	0.00	0.00	0	0.00	0.00
114	51520000	东方阿尔法基金管理有限公司	0	0.00	0.00	0	0.00	0.00	0	0.00	0.00
115	51560000	博道基金管理有限公司	0	0.00	0.00	0	0.00	0.00	0	0.00	0.00
116	51610000	青松基金管理有限公司	0	0.00	0.00	0	0.00	0.00	0	0.00	0.00

续表 17

序号	公司代码	基金管理公司全称	货币型			QDII		
			只数	份额（亿份）	规模（亿元）	只数	份额（亿份）	规模（亿元）
101	51160000	新疆前海联合基金管理有限公司	2	214.49	214.49	0	0.00	0.00
102	51190000	鹏扬基金管理有限公司	1	34.37	34.37	0	0.00	0.00
103	51230000	中航基金管理有限公司	1	2.76	2.76	0	0.00	0.00
104	51250000	华泰保兴基金管理有限公司	1	53.38	53.38	0	0.00	0.00
105	51270000	弘毅远方基金管理有限公司	0	0.00	0.00	0	0.00	0.00
106	51280000	恒生前海基金管理有限公司	0	0.00	0.00	0	0.00	0.00
107	51290000	恒越基金管理有限责任公司	0	0.00	0.00	0	0.00	0.00
108	51300000	汇安基金管理有限责任公司	0	0.00	0.00	0	0.00	0.00
109	51340000	凯石基金管理有限公司	0	0.00	0.00	0	0.00	0.00
110	51360000	格林基金管理有限公司	1	15.84	15.84	0	0.00	0.00
111	51390000	先锋基金管理有限公司	2	59.58	59.57	0	0.00	0.00
112	51500000	南华基金管理有限公司	0	0.00	0.00	0	0.00	0.00
113	51510000	国融基金管理有限公司	0	0.00	0.00	0	0.00	0.00
114	51520000	东方阿尔法基金管理有限公司	0	0.00	0.00	0	0.00	0.00
115	51560000	博道基金管理有限公司	0	0.00	0.00	0	0.00	0.00
116	51610000	青松基金管理有限公司	0	0.00	0.00	0	0.00	0.00

六、全球开放式基金净资产

全球开放式基金净资产

（截至2017年第四季度末　单位：十亿美元）

类别	2016				2017			
	Q1	Q2	Q3	Q4	Q1	Q2	Q3	Q4
全部基金*	38 876	39 330	41 050	40 556	42 976	44 982	47 380	49 294
长期基金	33 724	34 242	35 901	35 422	37 820	39 652	41 659	43 394
股票型基金	16 295	16 433	17 304	17 326	18 768	19 587	20 628	21 829
债券型基金	8 368	8 681	9 072	8 797	9 314	9 742	10 184	10 373
平衡/混合型基金	5 227	5 294	5 458	5 323	5 660	5 927	6 228	6 415
保本基金	73	69	68	66	69	71	70	68
房地产基金	572	593	610	607	637	679	717	755
其他基金	3 188	3 171	3 388	3 302	3 372	3 646	3 832	3 953
货币市场基金	5 152	5 088	5 149	5 135	5 156	5 330	5 720	5 900
备注项目：								
ETF基金	2 815	2 877	3 183	3 315	3 751	4 001	4 281	4 642
机构基金	3 404	3 554	3 720	3 560	3 799	4 002	4 238	4 378

注：*不包括FOF基金。

数据来源：世界各国（地区）投资基金协会，2017年第四季度共收集了全球47个国家（地区）的统计数据。

七、全球开放式基金资产净值：按基金类别

全球开放式基金资产净值：按基金类别

截至2017年第四季度末，不包括FOF基金

单位：百万美元

国家/地区	合计	股票基金	债券基金	平衡/混合基金	货币市场基金	保本/保障基金	房地产基金	其他基金	备注项 ETF基金	备注项 机构基金
全球	49 293 650	21 829 456	10 373 178	6 414 722	5 899 808	68 432	755 279	3 952 774	4 641 687	4 377 884
美洲	24 880 326	13 626 436	5 585 760	2 443 659	3 027 003	1 153	18 390	177 923	3 519 985	490 296
阿根廷	29 213	1 364	20 113	4 404	3 331					
巴西	1 238 039	71 246	707 291	267 731	79 174	1 153	18 390	93 052	2 088	490 295
加拿大	1 292 023	459 243	187 268	610 723	19 847			14 942	117 039	
智利	54 744	4 076	18 561	9 392	21 713			1 002	162	
哥斯达黎加	2 446	16	138		2 292					
墨西哥	109 449	13 822	26 053	16 233	53 342					
特立尼达和多巴哥	7 426	46	5 724	1 655						1
美国	22 146 986	13 076 623	4 620 612	1 533 521	2 847 304			68 927	3 400 696	
欧洲	17 739 018	5 260 979	4 230 896	3 489 164	1 525 854	66 778	657 790	2 507 558	735 977	3 114 856
奥地利	179 198	25 285	81 296	56 782	65	1 316	8 960	5 495		102 919
比利时	117 924	54 466	11 741	10 733	3 897	10 874		26 214	1 569	
保加利亚	770	165	90	456	50			9	20	
克罗地亚	2 982	309	1 009	142	1 398			124		

第三篇　行业数据篇

续表 1

国家/地区	合计	股票基金	债券基金	平衡/混合基金	货币市场基金	保本/保障基金	房地产基金	其他基金	备注项 ETF基金	备注项 机构基金
塞浦路斯	1 581	1 193	65	126				197		
捷克	12 823	1 998	3 796	5 826	73	16	1 114			
丹麦	145 837	62 137	69 066	13 324	44			1 267		
芬兰	110 998	48 459	46 309	9 227	2 203		23	4 777	305	
法国	2 313 588	426 050	337 254	418 038	412 787	29 580	166 943	522 937	98 802	1 850 513
德国	2 312 051	368 424	552 187	1 004 674	9 131	223	196 393	181 020	66 661	
希腊	5 390	1 127	1 871	1 629	723			40	26	
匈牙利	16 983	1 079	4 405	1 150	2 529	135	3 864	3 820	7	885
爱尔兰	2 873 630	787 972	648 084	127 210	584 029	223	15 205	711 130	426 023	590 016
意大利	260 385	26 339	58 111	84 559	4 902	109		86 365		3 706
列支敦士登	54 674	13 670	10 999	19 050	2 685		68	8 202		2
卢森堡[4]	4 988 625	1 485 875	1 482 704	1 090 796	393 845	89	69 154	466 251	131 741	566 567
马耳他	3 437	290	1 334	967	73	121	20	753		175
荷兰	923 269	397 891	283 048	20 215			111 814	110 301	1 816	
挪威	138 737	70 898	45 709	8 623	12 120			1 386		
波兰	41 450	8 520	10 858	8 656	12 697			720		
葡萄牙	23 697	1 452	2 039	621	518		12 944	6 032		3 706
罗马尼亚	5 827	127	2 810	222	28			2 519	1	
斯洛伐克	7 889	485	2 249	3 574	192		1 390			73

续表2

国家/地区	合计	股票基金	债券基金	平衡/混合基金	货币市场基金	保本/保障基金	房地产基金	其他基金	ETF基金	机构基金
斯洛文尼亚	3 106	1 876	213	951	66			1		
西班牙	351 307	88 869	93 303	116 499	8 507	23 721		20 408	427	
瑞典	355 957	239 700	33 540	58 060	19 921			4 736	3 780	
瑞士	558 769	200 218	159 393	141 279	22 333		35 545		4 759	
土耳其	13 185	585	6 047	1 394	3 660	64		1 434	40	
英国	1 914 949	945 520	281 366	284 381	27 378	530	34 353	341 420		
亚洲和太平洋地区	6 492 544	2 897 411	551 196	394 768	1 321 208	501	71 420	1 256 040	385 725	772 732
澳大利亚	2 144 052	982 575	66 989		1 035 176			1 094 488		
中国	1 688 981	116 837	225 109	297 818	1 035 176	494	439	14 041	56 077	
台湾地区	72 835	19 571	10 241	3 517	26 775	494		11 798	11 208	
印度	307 387	102 999	107 301	26 206	44 824			26 057	11 775	
日本	1 759 449	1 586 121	44 550	27 844	115 312		13 466		273 270	
韩国	451 886	77 381	89 702	38 132	91 791		57 515	107 653	33 367	772 732
新西兰	57 441	7 836	5 311		4 374			1 788		
巴基斯坦	4 591	1 870		532	1 957	7		215		
菲律宾	5 922	2 221	1 984	719	999				28	
非洲	181 762	44 630	5 326	87 131	25 743		7 679	11 253	181 762	
南非	181 762	44 630	5 326	87 131	25 743		7 679	11 253	181 762	

注释：由于约数和数据缺失，各分项之和与总计项略有误差。总计项包括ETF基金和机构基金。克罗地亚、法国、爱尔兰、卢森堡、荷兰、挪威、斯洛伐克和土耳其的数据包括FOF基金。新西兰、特立尼达和多巴哥的数据包含本国注册基金和海外注册基金。显示为零的项目表示该值小于0.500百万美元。

数据来源：世界各国（地区）投资基金协会，2017年第四季度共收集了全球47个国家（地区）的统计数据。

八、全球开放式基金净销售额

全球开放式基金净销售额

（截至2017年第四季度末　单位：十亿美元）

类　别	2016				2017			
	Q1	Q2	Q3	Q4	Q1	Q2	Q3	Q4
全部基金	146	212	464	381	617	609	802	687
长期基金	198	225	414	285	587	483	492	555
股票型基金	52	-19	47	122	174	124	142	283
债券型基金	91	148	278	94	270	220	228	162
平衡/混合型基金	17	45	47	36	77	72	64	79
保本基金	-2	0	-1	2	2	-1	-3	-3
房地产基金	11	9	7	8	12	9	11	13
其他基金	29	42	36	23	51	59	50	21
货币市场基金	-52	-13	51	96	30	126	310	132
备注项目：								
ETF基金	63	42	122	136	186	145	125	165
机构基金	58	68	64	87	74	46	75	90

注：2016年年第一季度至2016年第三季度和2017年第三季度至2017年第一季度的数据，包含了45个国家（地区）的数据；2017年第四季度，包含了45个国家（地区）的数据。2017年第四季度末，报告净销售额的国家（地区）基金资产总额占全部调研国家基金资产总额的95%。净销售额=新增销售额+红利再投资-基金赎回+基金净转换。由于取整处理及未分类基金的存在，各分项之和与总计项略有误差。不含FOF基金。

数据来源：世界各国（地区）投资基金协会。

附　录

一、基金行业发展进程

- 1997年11月14日
  《证券投资基金管理暂行办法》
- 1998年3月
  首批基金管理公司国泰、南方基金管理公司成立
- 1998年4月7日
  基金开元、基金金泰上市
- 2000年10月8日
  《开放式证券投资基金试点办法》颁布实施
- 2001年9月21日
  首只开放式基金华安创新设立
- 2002年7月1日
  《外资参股基金管理公司设立规则》实施
- 2002年8月15日
  最后一只封闭式基金银丰设立
- 2002年9月20日
  首只债券型开放式基金南方宝元设立
- 2002年11月8日
  首只指数型开放式基金华安180设立
- 2002年12月26日
  首家合资基金管理公司招商基金管理公司设立
- 2003年6月27日
  首只保本型开放式基金南方避险增值基金设立
- 2003年12月30日
  首只货币市场基金华安现金富利设立
- 2004年3月12日
  首只百亿元以上规模开放式基金海富通收益设立
- 2004年6月
  《证券投资基金信息披露管理办法》实施
  《证券投资基金运作管理办法》实施
  《证券投资基金销售管理办法》实施

附录

- **2004年7月1日** 《中华人民共和国证券投资基金法》实施
- **2004年7月** 上海证券交易所获准推出交易所交易基金
- **2004年8月** 深圳证券交易所获准推出交易所交易基金
- **2004年8月24日** 首只上市开放式基金南方积极配置基金设立
- **2004年9月** 《货币市场基金管理暂行规定》出台
  《证券投资基金管理公司管理办法》出台
  《证券投资基金行业高级管理人员任职管理办法》出台
- **2004年12月** 《证券投资基金托管资格管理办法》出台
- **2004年12月30日** 首只交易型开放式指数基金华夏上证50基金设立
- **2005年2月** 《商业银行设立基金管理公司试点管理办法》出台
- **2005年6月** 首家银行系基金管理公司工银瑞信基金管理有限公司设立
- **2005年7月** 《开放式基金场内认申购、赎回业务的相关规则指引》出台
- **2005年8月14日** 首只短债开放式基金博时稳定价值债券型基金设立
- **2005年8月31日** 首只银行系开放式基金工银瑞信核心价值基金设立
- **2006年2月** 《证券投资基金募集申请审核指引》出台
- **2006年3月** 《证券投资基金产品创新鼓励措施》实施
- **2006年5月** 《关于规范基金管理公司设立及股权处置有关问题的通知》出台

- **2006年6月14日** 首只封转开封闭式基金基金兴业停牌公告其封转开方案
- **2006年6月29日** 首只复制基金南方稳健2号发行
- **2006年7月17日** 首只进行拆分试点的基金——富国天益基金实施拆分
- **2006年8月** 《关于基金管理公司提取风险准备金有关问题的通知》出台
- **2006年11月** 《基金管理公司投资管理人员管理指导意见》出台
- **2007年2月**
  - 《关于证券投资基金行业开展投资者教育活动的通知》出台
  - 《证券投资基金销售机构内部控制指导意见》出台
  - 《关于完善证券投资基金交易席位制度有关问题的通知》出台
- **2007年3月**
  - 《关于统一规范证券投资基金认(申)购费用及认(申)购份额计算方法有关问题的通知》出台
  - 《证券投资基金销售业务信息管理平台管理规定》出台
  - 《关于2006年度证券投资基金和基金管理公司年度报告编制及审计工作有关事项的通知》出台
- **2007年4月** 监管层出击整顿基金业内利用未公开信息交易违法行为
- **2007年4月** 《关于证券投资基金投资股指期货有关问题的通知》出台
- **2007年5月** 《关于切实加强基金投资风险管理及有关问题的通知》出台
- **2007年6月**
  - 《关于证券投资基金执行〈企业会计准则〉估值业务及份额净值计价有关事项的通知》发出
  - 《关于基金从业人员投资证券投资基金有关事宜的通知》出台
  - 《合伙企业法》为私募投资基金引入有限合伙制的组织形式

附录

2007年7月
《合格境内机构投资者境外证券投资管理试行办法》施行

2007年7月9日
首只分级基金产品国投瑞银瑞福优先发行

2007年7月23日
首只创新封闭式基金大成优选股票型基金正式发行

2007年8月
华宝兴业基金管理有限公司推出面向基金经理的基金份额激励计划

首家第二批银行系基金管理公司浦银安盛基金管理有限公司宣告开业

2007年9月13日
中信证券公司发布公告称华夏基金将吸收合并中信基金，成为国内基金管理公司合并的第一案

2007年10月
《证券投资基金销售机构内部控制指导意见》出台
《证券投资基金销售适用性指导意见》出台

2007年11月
国泰、工银瑞信、广发3家基金管理公司获得第二批企业年金投资管理人资格（获得此资格的基金管理公司达到12家）

2007年11月
《关于进一步做好基金行业风险管理工作有关问题的通知》和《基金管理公司特定客户资产管理业务试点办法》出台

2007年12月26日
博时基金48%的股权拍卖，以每股131元、溢价130倍的价格创下了中国基金管理公司股权转让的最大成交金额和最大增值记录

2008年1月
中国证监会发布《关于证券投资基金宣传推介材料监管事项的补充规定》

2008年3月
中国证监会正式发布实施《特定资产管理合同内容与格式指引》

2008年4月
中国证监会基金监管部发布通知，基金拆分不必再报中国证监会事前审核

2008年4月21日
中国证监会公布首例基金经理利用未公开信息交易违法行为的处罚结果

2008年5月
中国证监会制定并发布《关于证券投资基金管理公司在香港设立机构的规定》

2008年9月
中国证监会发布了《基金信息披露XBRL标引规范》和《基金信息披露XBRL模板第1号〈季度报告〉》

2008年9月15日
中国证监会发布《关于进一步规范证券投资基金估值业务的指导意见》

2008年9月22日
中国证券业协会托管专业委员会、基金销售委员会正式成立

2008年10月17日
中国证监会颁布了《合格境外机构投资者督察员指导意见》

2008年12月
中国证监会基金部向各基金管理公司发布《证券投资基金产品创新的鼓励措施》

2008年12月8日
首只创新型封闭式债券型基金富国天丰在深圳证券交易所上市交易

2008年12月26日
中国证监会正式发布《关于授权派出机构审核基金管理公司设立分支机构的决定》

2009年3月17日
中国证监会发布修订后的《基金管理公司投资管理人员管理指导意见》

2009年5月
融通基金的基金经理张野因涉嫌利用未公开信息交易违法行为被中国证监会调查；11月，长城、景顺长城基金管理公司的基金经理刘海、韩刚和涂强因涉嫌利用未公开信息交易违法行为被稽查

2009年5月
长盛同庆创新可分离交易基金单日募集达147亿元，开启创新基金产品大发展浪潮

2009年9月
中银基金管理公司推出首只"一对多"产品——"中银专户主题1号"

2009年11月6日
中国证监会发布《证券投资基金评价业务管理暂行办法》

2009年12月14日
中国证监会发布《开放式证券投资基金销售费用管理规定》

2010年1月11日
中国证券业协会发布《证券投资基金评价业务自律管理规则（试行）》

2010年11月1日
中国证监会发布《基金管理公司特定客户资产管理业务试点办法》（征求意见稿）

2011年5月4日
《合格境外机构投资者参与股指期货交易指引》发布

2011年6月9日
新《证券投资基金销售管理办法》发布

2011年8月3日
《证券投资基金管理公司公平交易制度指导意见》发布

2011年8月25日
《基金管理公司特定客户资产管理业务试点办法》发布

2011年9月23日
《证券投资基金销售结算资金管理暂行规定》发布

2011年12月16日
《基金管理公司、证券公司人民币合格境外机构投资者境内证券投资试点办法》发布

2012年6月3日
中国证券投资基金业协会党委成立
孙杰同志任协会党委书记，韩康同志任协会党委副书记，曹殿义、钟蓉萨、汤进喜同志任协会党委委员

2012年6月6日
中国证券投资基金业协会成立
经会员大会选举，协会第一届理事会表决，孙杰同志担任会长，韩康同志担任副会长兼秘书长，曹殿义同志担任副会长，于华、刘晓艳、江先周、陈敏、周月秋、林利军、范勇宏、金旭、赵学军等9名同志担任兼职副会长。钟蓉萨、汤进喜同志担任副秘书长

2012年7月27日
关于实施《合格境外机构投资者境内证券投资管理办法》有关问题的规定

2012年9月26日
新《基金管理公司特定客户资产管理业务试点办法》发布

2012年10月29日
《证券投资基金管理公司子公司管理暂行规定》发布

2012年11月15日
《基金管理公司开展投资、研究活动防控内幕交易指导意见》发布

2012年12月13日
《关于深化基金审核制度改革有关问题的通知》发布

2012年12月24日
《托管银行证券资金结算协议（格式文本）》发布

2012年12月28日
新《中华人民共和国证券投资基金法》审议通过

2013年1月3日
《资产管理类特别会员入会工作指引》和首批特别会员名单发布

2013年1月23日
证监会发布《黄金交易型开放式证券投资基金暂行规定》

2013年1月30日
中国证券投资基金业协会第一届理事会第二次会议在北京召开

2013年2月17日
中国保监会发布《关于保险资产管理公司开展资产管理产品业务试点有关问题的通知》

2013年2月
国内首只四分法基金融通丰利四分法基金成立

2013年2月18日
中国证监会发布《资产管理机构开展公募证券投资基金管理业务暂行规定》

2013年3月1日
中国证监会、中国人民银行、国家外汇管理局发布《人民币合格境外机构投资者境内证券投资试点办法》

2013年3月5日
第一只债券ETF国泰上证5年期国债ETF成立

2013年3月14日
中国证监会就《合格境内机构投资者境外证券投资管理试行办法（征求意见稿）》公开征求意见

2013年3月15日
中国证监会发布《关于实施〈证券投资基金销售管理办法〉的规定》《基金销售机构通过第三方电子商务平台开展业务管理暂行规定》《非银行金融机构开展证券投资基金托管业务暂行规定》

2013年3月20日
中国证监会就《私募证券投资基金业务管理暂行办法（征求意见稿）》公开征求意见

2013年4月2日
中国证监会、中国银监会发布《证券投资基金托管业务管理办法》

2013年4月26日
中国证监会就《公开募集证券投资基金运作管理办法（征求意见稿）》公开征求意见

2013年4月26日
基金业协会合规与风险管理专业委员会成立

2013年5月7日
基金业协会发布《证券投资基金产品创新评审规则（试行）》

2013年5月7日
韩康同志因工作调动不再担任中国基金业协会党委副书记、非会员理事、副会长兼秘书长

2013年5月8日
华夏基金行业ETF上市

2013年5月13日
基金业协会发布《短期理财基金产品业务运作规范》

2013年5月17日
中国证监会就《公开募集证券投资基金管理人管理办法》及其配套规则修订草案、《公开募集证券投资基金管理人董事、监事和高级管理人员监督管理办法》《证券投资基金服务机构业务管理办法（征求意见稿）》公开征求意见

附 录

- **2013年5月20日**
  基金业协会发布中基协（AMAC）基金行业股票估值指数

- **2013年6月1日**
  新《证券投资基金法》实施

- **2013年6月**
  与天弘增利宝货币基金对接的余额宝产品推出

- **2013年6月7日**
  中国证监会、中国保监会发布《保险机构投资设立基金管理公司试点办法》

- **2013年6月26日**
  中国证监会公布修订后的《证券公司客户资产管理业务管理办法》《证券公司集合资产管理业务实施细则》

- **2013年6月27日**
  中央编办发布《关于私募股权基金管理职责分工的通知》

- **2013年6月27日**
  "富国一年期纯债基金"成立，管理费率随基金合同事先约定的业绩考核周期和基金投资收益浮动

- **2013年7月12日**
  基金业协会发布《黄金交易型开放式证券投资基金及联接基金会计核算和估值业务指引（试行）》

- **2013年8月**
  第一只采用浮动费率的权益类基金"中欧成长优先回报"成立

- **2013年8月2日**
  中国证监会发布《基金管理公司固有资金运用管理暂行规定》

- **2013年8月19日**
  胡家夫同志任中国基金业协会党委委员，提名为副会长人选

- **2013年9月3日**
  中国证监会发布《公开募集证券投资基金参与国债期货交易指引》

- **2013年9月9日**
  基金业协会、中国证券业协会、中国期货业协会联合发布《证券期货科学技术奖励管理办法（试行）》

- **2013年9月23日**
  钟蓉萨同志任协会党委委员，委派为非会员理事，提名为副会长人选，汤进喜同志任协会党委委员，委派为非会员理事、提名为副会长兼秘书长人选

- **2013年9月24日**
  中国证监会发布《公开募集证券投资基金风险准备金监督管理暂行办法》

- **2013年9月25日**
  经中国基金业协会第一届理事会表决，胡家夫、钟蓉萨同志担任协会副会长，汤进喜同志担任协会副会长兼秘书长，韩康同志辞去协会副会长兼秘书长职务

- **2013年11月**
  嘉实新兴市场双币分级债券型基金成立

- **2013年11月26日**
  基金业协会发布《关于加强专项资产管理业务风险管理有关事项的通知》

- 2013年12月5日
  基金业协会发布《证券投资基金参与国债预发行交易会计核算和估值业务指引（试行）》

- 2013年12月6日
  第一只对冲型公募基金"嘉实绝对收益策略基金"成立

- 2013年12月10日
  《国务院关于管理公开募集基金的基金管理公司有关问题的批复》公布

- 2013年12月10日
  基金业协会成立投资总监联席会，发布《资产管理行业投资总监倡议书》

- 2013年12月13日
  基金业协会信息技术专业委员会成立

- 2013年12月20日
  基金业协会公司治理专业委员会、投资者教育和公共关系委员会成立

- 2013年12月25日
  《国务院办公厅关于进一步加强资本市场中小投资者合法权益保护工作的意见》发布

- 2013年12月26日
  基金业协会国际业务专业委员会、人力资源与培训委员会成立

- 2013年12月27日
  基金业协会产品与销售委员会、托管与运营委员会成立

- 2013年12月30日
  基金业协会发布《基金从业人员证券投资管理指引（试行）》

- 2014年1月6日
  基金业协会自律监察专业委员会成立

- 2014年1月7日
  基金业协会创新与战略专业委员会成立
  基金业协会第一届理事会第四次会议在北京召开

- 2014年1月10日
  中国证监会《证券期货业统计指标标准指引（2013年修订）》

- 2014年1月17日
  基金业协会发布《私募投资基金管理人登记和基金备案办法（试行）》

- 2014年2月7日
  《私募投资基金管理人登记和基金备案办法（试行）》施行，基金业协会启动私募投资基金管理人登记、产品备案工作

- 2014年2月20日
  基金业协会私募证券投资基金专业委员会成立

附　录

- **2014年3月10日**
中国期货保证金监控中心发布《特殊单位客户统一开户业务操作指引》，在基金业协会备案的私募投资基金产品可在期货市场开立账户

- **2014年3月10日**
基金业协会更新并发布《基金经理证券投资法律知识考试大纲》，自2014年4月3日起开始实施

- **2014年3月10日**
基金业协会发布《关于进一步完善基金管理公司治理相关问题的意见》

- **2014年3月13日**
基金业协会发布《证券投资基金国债期货投资会计核算业务细则（试行）》

- **2014年3月25日**
中国证券登记结算有限责任公司发布《关于私募投资基金开户和结算有关问题的通知》，在基金业协会备案的私募投资基金可申请开立证券交易账户

- **2014年4月10日**
中国证监会《关于进一步加强基金管理公司及其子公司从事特定客户资产管理业务风险管理的通知》

- **2014年5月9日**
国务院《关于进一步促进资本市场健康发展的若干意见》

- **2014年5月13日**
中国证监会《关于进一步推进证券经营机构创新发展的意见》

- **2014年5月16日**
人民银行、银监会、证监会、保监会、外汇局《关于规范金融机构同业业务的通知》

- **2014年6月10日**
中国证监会《关于做好有关私募产品备案管理及风险监测衔接工作的通知》

- **2014年6月13日**
中国证监会《关于大力推进证券投资基金行业创新发展的意见》

- **2014年6月13日**
中国证监会《沪港股票市场交易互联互通机制试点若干规定》

- **2014年6月13日**
中国证监会《关于做好有关私募产品备案管理及风险监测工作的通知》

- **2014年6月15日**
基金业协会国际会员委员会成立

2014年6月18日
基金业协会与另类投资管理协会（AIMA）签署合作谅解备忘录

2014年6月24日
基金业协会发布《基金管理公司风险管理指引（试行）》

2014年6月30日
基金业协会与卢森堡基金业协会（ALFI）签署合作谅解备忘录

2014年7月1日
基金业协会正式承担证券公司、基金管理公司及其子公司私募产品备案管理、风险（统计）监测等职责

2014年7月7日
基金业协会发布《基金管理公司及其子公司特定客户资产管理业务电子签名合同操作指引（试行）》

2014年7月10日
20家基金行业协会在北京共同启动中国基金行业协会联席会机制，签订了《中国基金行业协会联席会多边合作谅解备忘录》

2014年8月13日
孙杰同志因到龄退休，不再担任基金业协会党委书记、非会员理事、会长

2014年8月19日
基金业协会发布《公开募集证券投资基金销售公平竞争行为规范》

2014年8月22日
基金业协会发布《关于基金托管人高级管理人员任职备案的通知》

2014年8月22日
基金业协会与中国证券业协会、中国期货业协会联合发布《中国证券期货市场场外衍生品交易主协议（2014年版）》及补充协议、《中国证券期货市场场外衍生品交易权益类衍生品定义文件（2014年版）》

2014年9月4日
基金业协会发布《基金业协会纪律处分实施办法（试行）》《基金业协会自律检查规则（试行）》《基金业协会投诉处理办法（试行）》《基金业协会投资基金纠纷调解规则（试行）》等四项自律规则

2014年9月12日
证监会张育军主席助理在郑州资产管理行业业务情况通报会上提出，资产管理行业要守住"八条底线"

附录

- **2014年9月12日**
  基金业协会成立特定客户资产管理业务子公司联席会

- **2014年9月19日**
  基金业协会信息技术专业委员会代表协会在杭州与恒生电子、上海大智慧、胜科金仕达、金证科技及赢时胜公司签署战略合作备忘录

- **2014年9月25日**
  基金业协会与英国投资管理协会（IMA）在伦敦签署合作谅解备忘录

- **2014年10月17日**
  中国证监会《关于改革完善并严格实施上市公司退市制度的若干意见》

- **2014年7月7日**
  中国证监会《公开募集证券投资基金运作管理办法》及其实施规定

- **2014年8月21日**
  中国证监会《私募投资基金监督管理暂行办法》

- **2014年10月14日**
  基金业协会与欧洲基金与资产管理协会（EFAMA）、法国资产管理协会（AFG）、爱尔兰基金业协会（IFIA）分别在京签署双边合作谅解备忘录

- **2014年10月15日**
  洪磊同志任基金业协会党委书记，委派为非会员理事、提名为副会长（主持工作）人选。胡家夫同志任协会党委副书记、纪委书记，不再担任协会非会员理事、副会长

- **2014年10月16日**
  经基金业协会第一届理事会表决，洪磊同志担任协会副会长（主持工作），胡家夫同志卸任协会副会长

- **2014年10月20~22日**
  基金业协会当选国际基金业协会（IIFA）董事会成员

- **2014年10月31日**
  财政部、国家税务总局、证监会《财政部 国家税务总局 证监会关于QFII和RQFII取得中国境内的股票等权益性投资资产转让所得暂免征收企业所得税问题的通知》

- **2014年11月4日**
  曹殿义同志因健康原因不再担任基金业协会党委委员、副会长

- **2014年11月13日**
  基金业协会发布《基金业协会估值核算工作小组关于2015年1季度固定收益品种的估值处理标准》

- **2014年11月17日**
  中国证监会《证券公司及基金管理公司子公司资产证券化业务管理规定》及配套规则

- **2014年11月21日**
  张小艾同志任基金业协会党委委员，委派为非会员理事，提名为副会长人选，贾红波同志任协会党委委员，推荐为秘书长人选

时间轴

- **2014年11月24日**
  基金业协会发布《基金业务外包服务指引（试行）》

- **2014年11月26日**
  经基金业协会第一届理事会表决，张小艾同志担任协会副会长，贾洪波同志担任协会秘书长，汤进喜同志不再兼任协会秘书长，曹殿义同志不再担任协会副会长

- **2014年12月15日**
  基金业协会发布《基金从业人员执业行为自律准则》

- **2014年12月15日**
  基金业协会发布《关于期货公司资产管理计划备案相关事项的通知》

- **2014年12月15日**
  中国保监会《中国保监会关于保险资金投资创业投资基金有关事项的通知》

- **2014年12月16日**
  中国保监会《公开募集证券投资基金运作指引第1号——商品期货交易型开放式基金指引》

- **2014年12月24日**
  基金业协会发布《资产支持专项计划备案管理办法》《资产证券化业务基础资产负面清单指引》《资产证券化业务风险控制指引》等自律规则及相关文件

- **2014年12月26日**
  中国证监会《关于证券经营机构参与全国股转系统相关业务有关问题的通知》

- **2014年12月26日**
  基金业协会资产证券化业务备案系统试运行

- **2015年1月1日**
  基金业协会实行私募基金登记备案电子证明，不再发放私募基金管理机构登记证书

- **2015年1月4日**
  基金业协会发布《关于规范私募基金管理人登记填报工作的通知》

- **2015年1月9日**
  证监会发布《股票期权交易试点管理办法》及配套规则

- **2015年1月13日**
  基金业协会第一届理事会第七次会议在北京召开

- **2015年1月15日**
  证监会发布《公司债券发行与交易管理办法》

- **2015年1月24日**
  基金业协会在北京举办首届私募基金行业"私享汇"

- **2015年1月28日**
  基金业协会创办协会刊物《声音》

附 录

- **2015年1月28日~30日**
  基金业协会在广州举办资产管理业务风险管理与创新高级研讨会

- **2015年2月7日**
  私募基金登记备案制度实施一周年

- **2015年3月5日**
  基金业协会制定发布《证券期货经营机构落实资产管理业务"八条底线"禁止行为细则（2015年3月版）》

- **2015年3月6日**
  基金业协会首次发布《证券公司、基金管理公司私募资产管理业务2014年统计年报》

- **2015年3月6日**
  基金业协会正式发布实施《中国证券投资基金业协会信息技术管理办法（试行）》

- **2015年3月10日**
  基金业协会向符合条件的私募基金管理人发送了《关于成为中国证券投资基金业协会特别会员的通知》，正式启动私募基金管理人入会工作

- **2015年3月11日**
  国务院办公厅发布《关于发展众创空间推进大众创新创业的指导意见》

- **2015年3月17日~3月30日**
  基金业协会与央视财经频道合作推出《私募明星观大市》系列访谈节目

- **2015年3月17日**
  基金业协会成立互联网金融专业委员会

- **2015年3月19日**
  国务院办公厅发布《关于创新投资管理方式建立协同监管机制的若干意见》

- **2015年3月19日**
  基金业协会发布《关于实行私募基金管理人分类公示制度的公告》，正式启动私募基金管理人分类公示制度

- **2015年3月23日**
  中国证监会与波兰金融监督管理局签署《证券期货监管合作谅解备忘录》

- **2015年3月27日**
  中国证监会发布《公开募集证券投资基金参与沪港通交易指引》

- **2015年3月28日**
  2015中国（杭州）财富管理论坛召开

- **2015年4月7日**
  私募基金备案登记系统2.0顺利上线

- **2015年4月17日**
  中国证券投资基金业协会与中国证券业协会、上海证券交易所、深圳证券交易所联合发布《关于促进融券业务发展有关事项的通知》

- **2015年4月17日**
  中国证券投资基金业协会、中国证券业协会联合出台《基金参与融资融券及转融通证券出借业务指引》

- 2015年4月24日 基金业协会公示首批私募基金外包服务机构
- 2015年4月27日 基金业协会期货公司资产管理业务备案系统正式上线
- 2015年5月13日 中国证监会与哈萨克斯坦国家银行签署《证券期货监管合作谅解备忘录》
- 2015年5月14日 中国证监会公布《香港互认基金管理暂行规定》
- 2015年5月15日 证监会发布《关于加强非上市公众公司监管工作的指导意见》
- 2015年5月18日 中国证监会发布修订后的《证券市场禁入规定》
- 2015年5月19日 中国证监会与阿塞拜疆国家证券委员会签署《证券期货监管合作谅解备忘录》
- 2015年5月21日 基金业协会成立资产管理业务专业委员会
- 2015年5月22日 中国证监会发布决定废止涉及证券期货经营机构的限制约束类部函的公告
- 2015年5月22日 首单面向合格投资者公开发行的公司债券在交易所发行
- 2015年5月22日 基金业协会从业人员管理系统正式启用
- 2015年5月26日 基金业协会与北京证监局联合发布《关于在北京市开展打击以私募投资基金为名从事非法集资专项整治行动的通告》
- 2015年6月3日 基金业协会发布《关于做好打击非法私募活动专项整治行动有关宣传工作的通知》
- 2015年6月5日 基金业协会成立私募股权投资基金专业委员会、创业投资基金专业委员会
- 2015年6月5日 基金业协会合规与风险管理专业委员会发布《公募基金价值投资倡议书》，提示关注创业板风险，回归价值投资
- 2015年6月15日 《中国证券投资基金业年报（2014）》《公募基金管理公司社会责任报告（2014）》《基金投资者情况调查分析报告（2014年度）》《基金管理公司财务分析报告（2014年）》正式出版发售

2015年6月16日
《国务院关于大力推进大众创业万众创新若干政策措施的意见》

2015年6月17日
基金业协会发布《关于基金从业资格考试有关事项的通知》

2015年6月18日
"财富管理与多层次养老体系"夏季论坛（2015）在青岛召开

2015年6月23日
基金业协会组编的基金从业资格考试教材《证券投资基金》正式出版发售

2015年6月25日
基金业协会发布《资产管理行业"互联网+"行动计划》

2015年6月25日
基金业协会第一届理事会第八次会议在北京召开

2015年6月26日
基金业协会下发了《关于开展基金管理公司专户子公司风险排查及加强风险防控的通知》

2015年6月26日
基金业协会2015年年会在北京召开

2015年6月30日
基金业协会发布题为"艳阳总在风雨后"的私募证券投资基金专业委员会倡议书

2015年7月1日
证监会发布《证券公司融资融券业务管理办法》

2015年7月3日
基金业协会正式开通官方微信咨询平台

2015年7月4日
国务院发布《关于积极推进"互联网+"行动的指导意见》

2015年7月4日
基金业协会发布《公募基金坚信资本市场能够健康稳定发展——25家公募基金管理公司会议纪要》

2015年7月7日
94家公募基金管理人发布公告，积极落实7月4日公募基金公司会议精神

2015年7月10日
基金业协会公募信息系统报送系统上线

2015年7月12日
中国证监会发布《关于清理整顿违法从事证券业务活动的意见》

2015年7月13日~28日
基金业协会首次向全社会公开发布了2015年上半年基金管理公司资管业务总规模排名，公募基金、基金管理公司专户业务、基金子公司专户业务、证券公司资管业务总规模、证券公司主动管理业务规模排名共6项排名数据

2015年7月14日
基金业协会信息公示系统上线,并与百度合作推出私募地图功能模块

2015年7月16日
基金业协会发布《基金从业资格考试大纲》的通知

2015年7月18日
中国人民银行、工信息部、公安部、财政部、国家工商总局、国务院法制办、银监会、证监会、保监会、国家互联网信息办公室联合印发《关于促进互联网金融健康发展的指导意见》

2015年7月22日
基金业协会发布《2015年度基金从业人员资格考试计划》及《2015年度基金从业资格考试公告(第1号)》

2015年7月24日
基金业协会发布《基金从业资格考试管理办法(试行)》的通知

2015年7月31日
中国证监会发布《关于落实注册资本登记制度改革修改相关规定的决定》

2015年8月10日
基金业协会开展"十佳基金logo"评选活动,进一步宣传公募基金行业

2015年8月11日
中国证券投资基金业协会与中国证券业协会、中国期货业协会联合发布《中国证券期货市场场外衍生品交易商品定义文件(2015年版)》等文件

2015年8月12日
基金业协会成立天使投资专业委员会(后更名为早期投资专业委员会)

2015年8月14日
基金业协会发布《关于基金销售机构从业人员资格管理有关事项的通知》及《基金销售机构从业人员资格管理相关问题解答》

2015年8月23日
国务院印发《基本养老保险基金投资管理办法》

2015年8月27日
基金业协会发布《证券投资基金参与同业存单会计核算和估值业务指引(试行)》

2015年8月30日
洪磊同志被提名为基金业协会会长人选

2015年9月8日
中国证监会发布《关于加强证券期货投资者教育基地建设的指导意见》及《首批投资者教育基地申报工作指引》

2015年9月12~13日
2015年基金从业人员资格考试全国第一次统考在全国48个主要城市顺利举行

2015年9月15日
基金业协会与银河证券签署合作协议,推出"私募汇APP",通过移动终端发布私募登记备案信息

2015年9月18日
基金业协会发布《中国基金业绿色责任倡议书》,并向阿拉善生态基金会捐出50万元

2015年9月26日
国务院发布《关于加快构建大众创业万众创新支撑平台的指导意见》

2015年9月29日
基金业协会建立"失联"私募机构公示制度,2015年公示两批16家失联机构

2015年10月28日
经基金业协会第一届理事会表决,洪磊同志担任基金业协会会长;汤进喜同志不再担任基金业协会副会长职务

2015年10月29日
中国人民银行关于印发《进一步推进中国(上海)自由贸易试验区金融开放创新试点 加快上海国际金融中心建设方案》的通知

2015年11月3日
国务院印发《关于"先照后证"改革后加强事中事后监管的意见》

2015年11月5日
《基金从业人员后续职业培训大纲(2015)》首次发布

2015年11月13日
国务院办公厅印发《关于加强金融消费者权益保护工作的指导意见》

2015年11月16日
中国证监会发布《关于进一步推进全国中小企业股份转让系统发展的若干意见》

2015年11月18日
基金从业人员远程培训系统上线试运行

2015年11月20日
中国证券投资基金业协会与中国登记结算公司在北京签署《关于建立资管数据合作机制合作备忘录》

2015年11月20日
基金业协会正式开通私募基金全国统一咨询热线"400-017-8200"

2015年12月14日
财政部、国家税务总局、证监会联合发布《关于内地与香港基金互认有关税收政策的通知》

2015年12月16日
北京市西城区人民法院对天津汉红股权投资基金管理有限公司起诉中国证券投资基金业协会侵犯其名誉权一案作出判决,驳回天津汉红的诉讼请求

2015年12月17日
中国证监会与中国人民银行联合发布《货币市场基金监督管理办法》

2015年12月18日
中国证监会同证券业协会、基金业协会、期货业协会、期货市场监控中心、证券金融公司、中证监测中心等相关单位,开展对证券期货经营机构的风险压力测试

2015年12月18日
中国证监会与香港证监会正式注册了首批3只香港互认基金

2015年12月27日
全国人大常委会审议通过股票发行注册制改革授权决定

2015年12月31日
中国证监会发布完善新股发行制度相关规则

2016年1月7日
中国证监会发布《上市公司大股东、董监高减持股份的若干规定》

2016年1月13日
中国证监会发布《证券期货业信息系统托管基本要求》

2016年1月20日
基金业协会第一届理事会第十次会议暨第一届监事会第十次会议召开

2016年3月2日
中国证监会对现行证券、基金、期货业务许可证颁发进行整合

附录

2016年3月11日
基金业协会官网及微信首次发布《中国证券投资基金业协会关于处理基金从业资格考试违纪人员的公告》

2016年3月30日
基金业协会召开互联网金融专业委员会工作会议

2016年4月1日
中国证监会就取消4项行政审批事项及7项行政审批中介服务事项发布公告

2016年4月8日
基金业协会、中国保险资产管理业协会、另类投资管理协会共同举办"人工智能在资管行业的应用及网络安全研讨会"

2016年4月22日
"个人养老金制度与实践国际研讨会"召开

2016年4月26日
中国证监会联合财政部、中国人民银行发布修订后的《证券投资者保护基金管理办法》

2016年5月6日
中国证监会在北京召开投资者教育座谈会，并正式为国内首批13家国家级证券期货投资者教育基地授牌

2016年5月20日
基金业协会地方协会联席会议召开

2016年5月30日
基金业协会联合天津金融局、天津证监局、天津股权投资基金协会等单位举办"中国私募基金业2016论坛"

2016年6月3日
基金业协会、大连商品交易所行业测试中心及恒生电子股份有限公司共同签署了《基金行业核心系统统一测试合作备忘录》

2016年6月16日
中国证监会发布《证券公司风险控制指标管理办法》及配套规则

2016年6月16日
协会中国天使投资联合会成立仪式暨第一次全体成员大会召开

2016年6月25日
中国证监会与俄罗斯银行签署《证券期货监管合作谅解备忘录》

2016年7月2日
基金业协会、阿拉善生态基金会和北京基金小镇管委会共同举办了"骆驼行走，公益长征"北京冲刺5公里徒步走活动

2016年7月5日
中国证监会向丹东欣泰电气股份有限公司及有关当事人下达行政处罚决定和市场禁入决定

2016年7月5日
基金业协会与中证中小投资者服务中心举办"证券投资基金纠纷解决合作备忘录"签约仪式

2016年7月13日
中国证监会与最高人民法院联合召开全国证券期货纠纷多元化解机制试点工作推进会，部署《关于在全国部分地区开展证券期货纠纷多元化解机制试点工作的通知》落实工作

2016年7月13日
中国证监会发布《上市公司股权激励管理办法》

2016年7月13日
基金业协会召开国际业务委员会2016年第一次工作会议

2016年7月14日
中国证监会发布《证券期货经营机构私募资产管理业务运作管理暂行规定》

2016年7月14日
中国证监会与阿布扎比全球市场金融服务监管局签署《证券期货监管合作谅解备忘录》

2016年7月18日
中国证监会印发《全国组织机构代码共享平台查询使用工作规程》

2016年7月18日
基金业协会纪委发布《基金业协会工作人员任职回避和公务回避规定（试行）》

2016年7月21日
中国证监会发布《关于对失信被执行人实施联合惩戒的通知》

2016年7月27日
中国证监会贯彻绿色发展理念，支持上海证券交易所成功发行首单人民币绿色资产支持证券

2016年8月1日
基金业协会注销了7800家既未提交法律意见书也未在协会备案私募基金产品的私募基金管理人登记信息

2016年8月2日
中国证监会与国资委、财政部联合下发《关于国有控股混合所有制企业开展员工持股试点的意见》

2016年8月2日
中国证监会印发《证券期货业统计指标标准指引（2016年修订）》

附 录

- **2016年8月2日**
  基金业协会召开创业投资基金专业委员会工作会议

- **2016年8月30日**
  基金业协会召开私募证券投资基金专业委员会工作会议

- **2016年8月31日**
  基金业协会互联网金融专业委员会主办，招商证券、第一财经协办，通联数据承办了"人工智能时代下的资管业发展"高峰论坛

- **2016年9月6日**
  基金业协会远程培训系统升级完成正式启用

- **2016年9月8日**
  基金业协会纪委发布《基金业协会关于严格禁止协会工作人员及其亲属买卖股票期货办法（试行）》

- **2016年9月8日**
  中国证监会发布《关于修改〈上市公司重大资产重组管理办法〉的决定》

- **2016年9月8日**
  中国证监会发布《中国证监会关于发挥资本市场作用服务国家脱贫攻坚战略的意见》

- **2016年9月11日**
  中国证监会正式发布实施《公开募集证券投资基金运作指引第2号——基金中基金指引》

- **2016年9月13日**
  基金业协会纪委发布《基金业协会关于加强纪检监察干部队伍建设的具体执行措施》

- **2016年9月14日**
  中国证监会印发《资本市场诚信建设实施意见》

- **2016年10月13日**
  中国证监会等15部门联合发布《股权众筹风险专项整治工作实施方案》

- **2016年10月21日**
  中国证监会印发《关于进一步规范证券基金经营机构参与场外衍生品交易的通知》

- **2016年10月21日**
  《证券期货经营机构私募资产管理计划备案管理规范第1—3号》发布实施

- **2016年10月22日**
  责任投资与绿色金融国际研讨会召开

- **2016年10月24日**
  基金业协会与横琴管委会形成《中国证券投资基金业协会与珠海市横琴新区管委会合作方案》

2016年10月28日
中国证监会支持创新创业，成功发行首批"双创"公司债

2016年11月3日
中国证监会与香港证监会签署《内地与香港股票市场交易互联互通机制下中国证监会与香港证监会加强监管执法合作备忘录》和《中国证监会与香港证监会关于提供内地与香港股票市场交易互联互通机制下有关信息的协议》

2016年11月8日
中国证监会与财政部联合发布修订后的《期货投资者保障基金管理办法》及配套规定

2016年11月9日
基金业协会扶贫工作座谈会召开

2016年11月13日
基金业协会赴法国举办第二届中法资产管理论坛

2016年11月15日
中国证监会与中国人民银行联合发布《关于做好股权众筹风险清理整顿工作的通知》

2016年11月21日
中国证监会与国际货币基金组织签署了《关于开展中长期技术援助的谅解备忘录》

2016年11月25日
中国证监会批复上海证券交易所和深圳证券交易所发布《分级基金业务管理指引》

2016年11月27日
中国证监会国际顾问委员会第十三次会议在北京召开

2016年11月29日
中国证监会发布《基金管理公司子公司管理规定》《基金管理公司特定客户资产管理子公司风险控制指标管理暂行规定》

2016年12月2日
基金业协会第一届理事会第十三次会议暨第一届监事会第十三次会议召开

2016年12月3日
基金业协会第二届第一次会员代表大会召开

2016年12月5日
深港股票市场交易互联互通机制正式启动

2016年12月6日
全国社会保障基金理事会发布《基本养老保险基金证券投资管理机构评审结果公告》，公布21家基本养老保险基金证券投资管理机构

2016年12月12日
中国证监会发布《证券期货投资者适当性管理办法》

附 录

- **2016年12月16日**　中国证监会批准郑州商品交易所、大连商品交易所分别上市白糖和豆粕期权

- **2016年12月21日**　中国证监会与国家发改委联合发布《关于推进传统基础设施领域政府和社会资本合作(PPP)项目资产证券化相关工作的通知》

- **2016年12月23日**　中国证监会联合公安部开展打击防范利用未公开信息交易违法行为专项执法行动

- **2016年12月26日**　国家发展改革委、中国证监会联合发布《关于推进传统基础设施领域政府和社会资本合作（PPP）项目资产证券化相关工作的通知》

- **2016年12月27日**，基金业协会召开早期投资专业委员会成立暨第一次工作会议（前身为天使投资专业委员会）

- **2017年1月1日**，基金业协会正式实施新的《会员管理办法》《会费收缴办法》，进一步完善了会员管理和会费收缴机制

- **2017年1月24日**，中国证监会发布实施《关于避险策略基金的指导意见》

- **2017年2月14日**，基金业协会发布实施《证券期货经营机构私募资产管理计划备案管理规范第4号》-私募资产管理计划投资房地产开发企业、项目》

- **2017年2月24日**，基金业协会公募基金专业委员会在京召开成立会议

- **2017年2月27日**，基金业协会第二届理事会第二次会议暨第二届监事会第二次会议在北京召开

- **2017年3月1日**，基金业协会发布实施《私募投资基金服务业务管理办法（试行）》

- **2017年3月2日**，中国证监会发布《关于支持绿色债券发展的指导意见》

- **2017年3月30日**，基金业协会第二届合规与风险管理专业委员会成立会议在上海召开

- **2017年3月31日**，基金业协会发布《私募基金登记备案相关问题解答（十三）》

- **2017年4月20日**，基金业协会第二届国际业务专业委员会成立会议暨第一次工作会议在北京召开

- **2017年4月21日**，基金业协会金融科技专业委员会成立大会在杭州召开

- **2017年5月4日**，基金业协会发布《基金中基金估值业务指引（试行）》

- 2017年5月5日，基金业协会与中国证券登记结算有限公司共同发布《基金行业数据集中备份接口规范（试行）》

- 2017年5月26日，中国证监会发布实施《上市公司股东、董监高减持股份的若干规定》

- 2017年5月3日，中国证监会发布《区域性股权市场监督管理试行办法》，同年7月1日实施

- 2017年5月4日，基金业协会发布实施《基金中基金估值业务指引（试行）》

- 2017年6月6日，中国证监会发布《证券公司和证券投资基金管理公司合规管理办法》，同年10月1日实施

- 2017年6月15日，中国证监会联合财政部、人民银行发布《关于规范开展政府和社会资本合作项目资产证券化有关事宜的通知》

- 2017年6月21日，明晟公司宣布将A股纳入MSCI指数

- 2017年6月26日，基金业协会发布《关于基金从业人员资格管理实施有关事项的通知》

- 2017年6月28日，基金业协会发布《基金募集机构投资者适当性管理实施指引（试行）》，同年7月1日实施

- 2017年7月1日，《证券期货投资者适当性管理办法》正式实施

- 2017年7月7日，中国证监会发布《私募基金监管问答》，明确享受税收试点政策的创业投资基金标准和执行政策的流程

- 2017年7月26日，基金业协会资产证券化业务专业委员会成立大会暨第一次全体会议在北京召开

- 2017年8月4日，基金业协会第二届理事会第三次会议暨第二届监事会第三次会议在北京召开

- 2017年8月25日，中国证监会、基金业协会、汾西县精准扶贫项目签约仪式暨基金行业扶贫公益论坛在山西省临汾市汾西县举行

- 2017年8月30日，国务院法制办发布《私募投资基金管理暂行条例》（征求意见稿），向社会公开征求意见

- 2017年8月31日，中国证监会发布《公开募集开放式证券投资基金流动性风险管理规定》，同年10月1日实施

- 2017年9月4日，基金业协会发布《证券投资基金投资流通受限股票估值指引（试行）》

- 2017年9月5日,中国证监会发布《关于证券投资基金估值业务的指导意见》,对基金各类投资品种的估值原则进行规范

- 2017年9月13日,基金业协会发布《证券投资基金管理公司合规管理规范》,自10月1日起施行

- 2017年11月17日,中国人民银行会同银监会、中国证监会、保监会、外汇局等部门发布《关于规范金融机构资产管理业务的指导意见(征求意见稿)》,正式向社会公开征求意见

- 2017年9月18日,基金业协会证券期货经营机构私募资管百人论坛在南京召开

- 2017年11月20日,基金业协会母基金专业委员会成立仪式暨第一次工作会议在成都举行

- 2017年11月23日,基金业协会第二届托管与运营专业委员会成立会议暨第一届托管机构联席会议在北京举行

- 2017年12月22日,基金业协会发布《私募基金管理人登记须知》

二、2017 年协会大事记

1月6日,财政部和国家税务总局发布《关于资管产品增值税政策有关问题的补充通知》,对资管产品不追溯执行并予以6个月过渡期。

2月24日,基金业协会公募基金专业委员会成立会议在北京召开。

2月27日,中国证券投资基金业协会第二届理事会第二次会议暨第二届监事会第二次会议在北京召开。

3月1日,中国证券投资基金业协会发布《私募投资基金服务业务管理办法(试行)》,自发布之日起实施,原《基金业务外包服务指引(试行)》同时废止。

3月15日,中国证券投资基金业协会资产管理业务专业委员会举行2017年第一次全体会议。

3月17日,由中国证券投资基金业协会和联合国责任投资原则(UN-PRI)共同主办的"负责任的投资原则:ESG定义投资新趋势研讨会"在北京举行。

3月30日,中国证券投资基金业协会第二届合规与风险管理专业委员会成立会议在上海召开。

4月11日,基金业协会合规与风险管理专业委员会风险控制与压力测试小组召开成立会议。

4月20日,基金业协会第二届国际业务专业委员会成立会议暨第一次工作会议在北京召开。

4月21日,基金业协会金融科技专业委员会成立大会在杭州国际博览中心召开。

5月4日,基金业协会发布《基金中基金估值业务指引(试行)》,规范基金中基金的估值,保护基金份额持有人利益。

5月5日,基金业协会与中国证券登记结算有限公司共同发布《基金行业数据集中备份接口规范(试行)》,完善基金行业数据备份平台,构建完备的基金产品监管体系。

5月6日,基金业协会受邀参加由阿拉善生态基金会在北京基金小镇举办的第二届"绿色行走—公益长征"暨中国资本市场微马黄金联赛活动。

来自证券公司、上市公司和基金公司的千余名企业员工与北京市民2万余人以"迈开腿种树"的实际行动支持我国西部植树造林绿色公益事业和生态建设。

5月7日,基金业协会公募基金专业委员会2017年第二次工作会议在合肥召开。

5月9日,由基金业协会私募股权及并购基金专业委员会主办,全联并购公会、宏瓴资本、君和资本以及基石资本四家专委会单位协办的"私募股权及并购百人论坛"在上海举行。

5月17—18日,基金业协会在北京举办2017年度全国媒体培训班,共有来自81家全国各地媒体的115位记者编辑参加。

6月6日,为促进资管行业服务实体经济转型升级,践行以环境(E)、社会(S)和治理(G)为核心的社会责任投资理念,协会携手中国上市公司协会和亚洲公司治理协会在天津共同举办"2017年中国责任投资论坛"。来自相关政府机构、境内外知名资产管理机构、专家学者以及媒体机构的500余位嘉宾参加论坛。

6月13日,基金业协会法制工作专业委员会召开第一次全体会议。会议对基金行业实施"营改增"涉及的法制问题进行了专题研究。

6月24日,基金业协会和杭州市人民政府联合主办的第三届(2017)全球私募基金西湖峰会在杭州举行。本次峰会围绕"私募基金的责任"主题,国内外业内领袖、专家及行业龙头、机构代表等近千名嘉宾参会。

6月24日,基金业协会私募证券投资基金专业委员会2017年度第二次工作会议在杭州召开。

6月26日,基金业协会发布《关于基金从业人员资格管理实施有关事项的通知》,明确从业资格考试科目与资格注册、考试成绩认可期以及基金销售人员从业资格注册等事项的管理细则。

6月28日,基金业协会发布《基金募集机构投资者适当性管理实施指引(试行)》,配套发布了六大类业务参考模板,为基金行业贯彻落实《证券期货投资者适当性管理办法》提供指导。

7月6日,由基金业协会创业投资基金专业委员会和早期投资专业委员会主办的"创业投资和早期投资百人论坛"在深圳举行。

7月14-15日,基金业协会会长洪磊参加第五次全国金融工作会议。

中共中央总书记、国家主席、中央军委主席习近平出席会议并发表重要讲话，围绕服务实体经济、防控金融风险、深化金融改革"三位一体"的金融工作主题做出了重大部署。

7月26日，基金业协会资产证券化业务专业委员会成立大会暨第一次全体会议在北京召开，中国证监会李超副主席出席会议并发表致辞。

8月4日，基金业协会第二届理事会第三次会议暨第二届监事会第三次会议在北京召开。会议审议并表决通过了协会2017年上半年工作总结及下半年重点工作报告、2017年度年会费减免方案、《证券投资基金管理公司合规管理规范》《培训经费管理办法》（修订稿）、国际会员委员会换届和母基金专业委员会增补联席主席等事项。

8月9日，基金业协会第二届自律监察委员会召开第一次全体会议，协会会长洪磊、委员会成员及中国证监会稽查局专家出席了会议。会议提出，委员会将再接再厉，为坚守行业底线，净化行业生态，促进行业健康发展做出新贡献。

8月25日，中国证监会、基金业协会、汾西县精准扶贫项目签约仪式暨基金行业扶贫公益论坛在山西省临汾市汾西县举行。中国证监会党委委员、主席助理宣昌能、基金业协会党委书记、会长洪磊到会并讲话，34家参与捐助汾西县扶贫项目的公募、私募基金公司高管出席会议。

9月4日，基金业协会发布《证券投资基金投资流通受限股票估值指引（试行）》，规范证券投资基金投资流通受限股票的估值，保护基金份额持有人的利益。

9月5日，由中国金融学会绿色金融专业委员会、联合国环境署、中国工商银行、"一带一路"银行间常态化合作机制、CFA协会联合主办的绿色金融国际研讨会在北京顺利召开，陈春艳副秘书长出席会议。会上，协会与其他机构联合签署发布了《中国对外投资环境风险管理倡议》。

9月6日，基金业协会养老金专业委员会成立会议暨第一次全体会议在北京召开，中国证监会副主席李超，人社部中国社会保险学会会长胡晓义，养老金专业委员会顾问、全国社保基金理事会副理事长王忠民，基金业协会会长洪磊出席会议并讲话，委员会顾问及22位委员参与讨论。

9月10日，由基金业协会捐赠善款所建的"中国证券投资基金业协会生态林"在阿拉善举行揭碑仪式，协会副秘书长郑富仕同志出席仪式并致辞。

9月13日，基金业协会发布《证券投资基金管理公司合规管理规范》，自10月1日起施行。

11月20日，基金业协会母基金专业委员会成立仪式暨第一次工作会议在成都举行。会议听取了2 017母基金百人论坛筹办工作情况的汇报，审议通过了《母基金专委会工作规则（草案）》《母基金专委会2018年重点工作计划（草案）》《中国母基金联席会组建方案（草案）》等文件。

11月23日，基金业协会第二届托管与运营专业委员会成立会议暨第一届托管机构联席会议成功在北京举行。会议讨论了委员会职责、换届情况及2018年度工作安排等事项。

12月22日，基金业协会发布《私募基金管理人登记须知》，明确重点事项规范性标准，列明了不予登记的6大情形、所涉律师公示制度，明确了首只产品不能是顾问产品、高管不得随意兼职、完成首只产品备案前不得变更实控人等，并要求私募在完成登记后10个工作日内和当地证监局取得联系。

后 记

《中国证券投资基金业年报（2017）》在编写过程中，得到了中国证监会证券基金机构监管部、私募基金监管部、会计部和中证资本市场运行统计监测中心有限责任公司的大力支持，为年报提供了大量基础性数据。

在具体内容方面，上海证券有限责任公司、中国银河证券股份有限公司、天相投资顾问有限公司、普华永道中天会计师事务（特殊普通合伙）、清华大学中国金融研究中心为年报撰写提供了专业支持，在此表示感谢！

最后，感谢中国财政经济出版社的大力支持，在他们的努力下，本报告才得以更完美地呈现给大家。